Grundzüge

der

Staatswirthschaft

oder der

freien Volkswirthschaft

und

der sich darauf beziehenden

Regierungskunst.

Von

Dr. J. F. G. Eiselen,

Privatdocenten an der Universität zu Berlin, Ritter des eisernen Kreuzes

---

Berlin,

in der Realschulbuchhandlung.

1818.

Vorrede.

Die Nationalökonomie und sogenannte Gewerbepolizei haben in neuern Zeiten viele Bearbeiter gefunden, und gewiß sehr dadurch gewonnen; allein so mancher Punkt erscheint noch immer in fraglicher Gestalt, und mancher hat nur dazu gedient, die verschiedenen Beziehungen einseitig zu entwickeln, worin er sich auffassen läßt. Noch ist der Mensch nicht erschöpfend als sinnlich genießendes Wesen dargestellt, noch ist nirgends eine klare Einsicht in das Verhältniß, worin sich der Mensch zu der ihn umgebenden Natur befindet, gegeben worden. Wenige haben auch nur erkannt, worauf der wahre Wohlstand eines Volkes eigentlich beruhe, und wie sich die Staatsverwaltung, als leitendes Prinzip der Entwickelung eines Volkes, zu diesem verhalte. Diese über so viele Gebiete des gewerbsamen Lebens ausgedehnte Unklarheit zeigt sich denn auch deutlich genug in den meisten staatswirthschaftlichen Schriften: sie sind voll von Widersprüchen. Von ihnen suchte ich mich, durch keine einseitige

Ansicht bestochen, frei zu halten, indem ich mit Sorgfalt benutzte, was ich durch fremden und deutschen Fleiß vorgearbeitet fand. Wer nur das Rechte redlich will, wird auch durch seinen Irrthum Gutes stiften; wo aber leere Luftgestalten die Aussicht hindern und verfinstern, und selbst dem Angriffe nicht stehen, da fließen Wahrheit und Irrthum in einander, und der Angreifer hat nicht einmal den Trost, seine Kraft an einem starken Gegner geübt zu haben.

Meine Absicht war es indeß nicht, alle einzelne Theile der Staatswirthschaft vollständig zu entwickeln, ich wollte nur den Freunden dieser Wissenschaft ein Buch in die Hände geben, welches ihnen, wie von einer Anhöhe hinab, die unten liegende lebendige Welt zeigen sollte. Da aber, was für den Selbststudirenden als eine Einleitung erscheint, füglich bei dem mündlichen Vortrage einen Leitfaden abgeben kann; so gedenke ich, mich dieser Grundzüge zugleich bei meinen Vorlesungen zu bedienen, und habe ihnen deshalb die bewegliche Form von Paragraphen gegeben. Der mündliche Vortrag läßt sich nicht in Fesseln schlagen, und jeder Leitfaden erscheint als unbequem, wenn er nicht die Freiheit gestattet, die Ordnung in einzelnen Punkten abzuändern und das Getrennte zu verbinden. Büchertitel fehlen, weil sie an sich bloße Schatten, ja weniger als diese, sind, und es mich über meine enggezogene Grenze hinausgeführt haben würde, in der näheren Angabe ihres Inhaltes, ihren Leib zu geben. Diese Aufgabe zu lösen, bleibt füglich den Vorlesungen, für die Freunde der Staatswirthschaft aber begnüge ich mich, folgende Namen zu nennen: Quesnay, Mirabeau, Schmalz, Adam Smith, Kraus, Soden, Hufeland, Lotz, Say, Ganilh, Storch, Leipziger, Buquoy, Malthus. Die, welche in fremder Sprache geschrieben haben, sind durch den Druck bezeichnet.

Berlin am 1sten Nov. 1818.

Eiselen.

Inhalt.

Dritte Abtheilung.

Zweiter Theil.

Die Regierungskunst in Beziehung auf die freie Volkswirthschaft.

Erste Abtheilung.

Zweite Abtheilung.

Dritte Abtheilung.

Vierte Abtheilung.

Einleitung.

Die Staatswirthschaft.

§. 1.

Da der Begriff Staat in einem doppelten Sinne genommen wird, entweder als Inbegriff der zu einem bürgerlichen Vereine gehörenden Glieder, oder als leitendes Prinzip derselben, als Regierung; so kann man auch mit Staatswirthschaft einen doppelten Begriff verbinden, indem man entweder darunter die Lehre von den verschiedenen Wegen versteht, auf welchen der Inbegriff der Staatsbürger Vermögen erwirbt, erhält und verzehrt, oder die Lehre von den Mitteln, welche eine Regierung zu ergreifen habe, um das Staatsbürgervermögen zu erhöhen. Die Staatswirthschaft in dieser Ausdehnung zerfällt daher nothwendig in zwei Theile, die man durch die Benennungen: freie Volkswirthschaft National-Oekonomie), und — abhängige Volkswirthschaft, Staatswirthschaft im eigentlichen Sinne — bezeichnen könnte. Jeder derselben wird sich wieder in drei Abschnitte, in die Lehre von der Gütererzeugung, von der Wertherzeugung und von dem Verzehr zerspalten lassen, wie aus dem Folgenden deutlicher hervorgehen muß.

Erster Theil.

Freie Volkswirthschaft.

Vorbegriffe.

§. 2.

Aus nichts wird nichts! Was daher auch immer als ein genießbares Gut zur Erscheinung gebracht wird, ist in seinen Elementen schon vorhanden, und zwar ursprünglich in der Natur. In ihr liegt der Urstoff aller sinnlichen Genüsse verborgen, und treibt durch die eigene Kraft derselben, oder durch die künstliche Mitwirkung des Menschen hervor.

§. 3.

Wie reich aber auch die Natur erscheinen mag, des Menschen Geist ist der Zauberspruch, durch welchen belebt seine physischen Kräfte zur Wünschelruthe werden, um die verborgenen Schätze der widerstrebenden Natur an den Tag hervorzurufen und sie dem Genusse zuzuführen. Wer hat die Früchte des einen Welttheils nach dem andern verpflanzt?! Wer lockt durch künstlich ersonnene Treibhäuser, unter dem nördlichen Himmel Europas, Pflanzen hervor, die eine Zierde des heißen Asiens sind?! Wer trocknet Sümpfe aus?! Wer hat die Felsen von Malta mit fruchtbarer Erde bedeckt?!

§. 4.

Lassen wir daher auch immer der Natur die Ursprünglichkeit der Erzeugung, der Mensch ist es, der ihre Gaben vervielfältigt und dazu eine Fülle von Gütern häuft, zu denen die Natur nur den rohen Stoff hergiebt, die er aber erst durch künstliche Umgestaltung genießbar macht. So erscheint die hervorbringende Kraft des Menschen in ihrer ehrwürdigen Gestalt, und noch mehr, wenn wir bedenken, daß die ursprünglich von der Natur erzeugten Genußmittel nur den thierischen Menschen befriedigen, sein höheres Streben dagegen nur durch Gegenstände, welche sein Gepräge an sich tragen, Befriedigung erlangen kann. Ja wir dürfen es nicht unbemerkt lassen, daß die Natur überhaupt nur Dinge hervorbringt und diese erst zu Gütern werden, zu Mitteln, ein Bedürfniß des Menschen zu befriedigen, wenn seine Ansicht von ihrer Brauchbarkeit zu diesem Zwecke sie dazu stempelt. Die Natur bringt daher nur Dinge hervor. Aber auch nicht alles Erzeugen des Menschen ist ein Gütererzeugen, und zwar dann nicht, wenn dadurch blos eine Vermehrung der Naturdinge bewirkt wird.

§. 5.

Es scheint aber der Mensch durch die Natur auf einen bestimmten Standpunkt des Hervorbringens gestellt zu werden, indem ursprünglich die menschlichen Kräfte an denen der Natur sich üben und herausbilden.

§. 6.

Abgesondert ist der Mensch Nichts; erst das gemeinsame Leben mit seinen mannichfaltigen Reibungen ruft seine Thätigkeit hervor. Jedes gemeinsame Leben muß aber, soll es durch jene Reibungen zur wahren Kraftentwikkelung kommen, sich an eine bestimmte Natur anschließen, heimatlich werden. Der Fluß ist nur

Fluß durch die Ufer, die ihn einschließen! Diese bestimmte Natur wird nun seine Ernährerin, und, so wie der Mutter Eigenthümlichkeit sich in der des Kindes spiegelt, so muß sich die Natureigenthümlichkeit in dem Bewohner eines bestimmten Bodens abbilden.

§. 7.

Im allgemeinen können wir eine dreifache Natureigenthümlichkeit in Beziehung auf die Bildungsfähigkeit des Menschen annehmen. Entweder entspricht die Natur durch ihre Armuth und Unfruchtbarkeit der Bildungsfähigkeit des Menschen nicht, oder sie überbietet diese durch eine Fülle frei erzeugter Genußmittel, oder es findet zwischen der Natur und dem Menschen, in Hinsicht auf Kraftentwikkelung ein Gleichgewicht statt.

§. 8.

Im ersten Falle erhalten wir die Stufe der Unbildsamkeit der Natur, wegen des Mangels an in ihrem Innern schaffendem Leben. Starre Einförmigkeit ist ihr Charakter. Hier findet der Mensch keine, oder doch nur wenige Anknüpfungspunkte für die Entwikkelung seiner Freiheit, und die Einförmigkeit der Natur muß sich in ihm zur hülflosen Einseitigkeit gestalten. Zwar treibt ihn die Nothdurft zum Kampfe mit der dürftigen Natur; aber die Noth macht ihn in diesem Kampfe nicht erfinderisch, weil er nur an wenigen Gegenständen der Außenwelt seine Erfindsamkeit üben kann. Er bleibt durchaus einförmig — in Arbeit und Genuß.

§. 9.

Der Gegensatz dieser Naturstufe ist Ueberfluß und Ueppigkeit. Alles, dessen der Mensch bedarf, umgiebt ihn: ein heiterer Himmel, eine Fülle der Vegetation, eine reiche Abwechselung des Thierlebens. Immer frisch und jugendlich und zugleich reif und vollendet lebt und webt alles um ihn her. Frühling, Sommer und Herbst scheinen sich zu einer Jahreszeit vereinigt zu haben; kein rauher Winter bedeckt das bunte Gewand der Natur mit seiner Eisesrinde. Der Mensch darf nur seine Hand ausstrekken, um zu genießen, und sich niederstrekken, um auf dem weichsten Lager dem kommenden Genusse entgegen zu ruhen. Wie der Himmel, so milde, muß des Menschen Inneres hier werden: keine rauhe Arbeit, kein Kampf um Genuß giebt seinem Sinn Härte und Festigkeit. Heitere Bilder umgaukeln stets den ewigen Frühlingsmorgen seines Lebens. So wird sein Dasein ein träumendes Genießen und ein genießendes Träumen. Seine Phantasie mag immerfort arbeiten, seine andern Kräfte schlummern. Wie er sie auch üben wollte, was ihn umgiebt ist reicher und schöner, als alle Schöpfungen seiner Mühe und Arbeit sein würden. So treffen wir auch hier auf Einförmigkeit der freien Kraftentwikkelung. Auf jener ersten Stufe konnte nur sein Einförmigkeit des Verstandes; denn die Noth erfordert die Thätigkeit dieser Kraft, und die Einseitigkeit der Natur giebt ihr ihre eigene Eingeschränktheit zur Grenze. Auf dieser Stufe aber schlummert der Verstand, weil die freigebige Natur seine Arbeit übernommen hat, und die Phantasie wird rege durch die Mannichfaltigkeit der sinnlichen Anschauung, die durch die Außenwelt gesetzt ist, aber selbst wieder einseitig, da sie den Gegensatz des Lebens nicht kennt.

§. 10.

Zwischen diesen beiden Stufen in der Mitte läßt sich eine dritte denken, die gleichsam aus der Multiplication jener beiden Faktoren entsteht. Vollendet kann sie zwar nicht existiren, weil in der Natur nichts für sich ganz abgeschlossen und schroff besteht, und, aus Einem Urleben hervorgehend, auch in seiner Mannichfaltigkeit die Verwandschaft darlegt, aber mehr oder minder ist sie vorhanden, wie die beiden Endpunkte des Naturlebens. In diesem Mittelpunkte muß sowohl die Dürftigkeit der ersten Stufe, als die Ueppigkeit der letzten aufhören, und zwar in einer Verbindung beider Pole. Dieses ist nur möglich dadurch, daß theils Fülle und Armuth neben einander bestehen, theils in dem Schooße der Natur ein Ueberfluß verborgen ist, der nur die Schöpferkraft der Freiheit verlangt, um ins Leben gerufen zu werden. So vereinigt in sich die Natur die Möglichkeit, in dem Menschen Phantasie und Verstand frei zu entwikkeln. Ich sage frei; denn auf der ersten Stufe des Naturlebens war der Verstand an die Natur gebunden, von ihr hervorgezwungen und auch wieder begrenzt, und eben so die Phantasie auf der letzten. Sie ward dem Menschen als ein schon Vorhandenes gegeben, an das er zwar seine eigene Thätigkeit anreihen konnte, aber dennoch nur in der Form, die ihm gegeben war. Allein indem auf der Vereinigungsstufe der Natur der Mensch diese Natur selbst entwikkelt und belebt, erhält sowohl sein Verstand, als seine Phantasie, ein neues Feld des Lebens und Bewegens. Außer der gegebenen nothwendigen Natur entsteht ihm gleichsam eine zweite, die dadurch, daß sie von ihm hervorgerufen wird, die Form der Freiheit annimmt. Auf dieser Stufe ist daher mannichfaltiges Leben, welches sich aber um so mehr der Einseitigkeit nähert, je mehr es sich von diesem Mittelpunkte nach einem von den beiden Polen hinneigt. Je mehr also die Vegetation zunimmt, desto mehr entwickelt sich eine einseitige, aber das ganze Wesen immer mehr durchdringende Phantasie, wie auf der andern Seite der Verstand sich immer mehr von der Phantasie trennt und einseitig wird. So, möchte man auch sagen, geht auf der einen Seite hervor das höhere, himmlische Leben, auf der andern das niedere, irdische, und in ihrem Vereinigungspunkte das an das höhere Leben sich knüpfende irdische Dasein mit seiner ganzen Zeitlichkeit.

§. 11.

Aus dieser Betrachtung geht hervor, daß auch das gewerbsame Leben durch die verschiedene Natureigenthümlichkeit der Länder einen ganz verschiedenen Charakter annehmen müsse. Die Gewerbsamkeit des Menschen beruht ja hauptsächlich in ihrem Ursprunge auf dem Naturstoffe. Erst an diesen kann die Kunsterzeugung angeknüpft werden. Wie sehr irren daher diejenigen, welche diesen oder jenen Gang der Gewerbsamkeit durch Staatsmaaßregeln zu erzwingen rathen! Die Natureigenthümlichkeit ist die erste Gebieterin der Entwikkelung des Menschen im Ganzen, wie im Einzelnen.

§. 12.

Aber wir dürfen bei dieser Hindeutung auf den Zusammenhang zwischen dem Entwikkelungsgange des Menschen und der Natur, um uns denselben ganz klar zu machen, nicht stehen bleiben; denn es möchte sich finden, daß außer jener Spaltung der Natur in drei Stufen sich noch eine zweite annehmen ließe, die ebenfalls auf das eigenthümliche Leben des Menschen einen entschiedenen Einfluß haben muß. Jene, von uns beschriebene Abstufung der Natur nämlich ist nicht in allen ihren Theilen, wie ein geschlossenes Ganze, vorhanden, so daß eine Verschiedenheit des freien Lebens immer unmittelbar an die andere grenzt, Licht und Schatten allmählig in einander übergehn; sondern der ganze Schauplatz menschlicher Thätigkeit ist vielfältig zerrissen und oft nur erst durch den Menschen wieder zu einem Ganzen verbunden. Flüsse und Gebirge, die, schwimmend oder kletternd, der Mensch überwindet, machen kleinere Scheiden, aber Meere sind die gewaltigen Absonderer des freien Lebens. Das Meer aber hat entweder größere Massen abgesondert, wo sich die Natur wieder auf das mannichfaltigste äußert, oder es umwogt kleinere Erdgebiete, und bildet also theils Festland, theils Eiland. Hiebei ist nun zweierlei zu bemerken. Erstens ist das Festland und Eiland unter einer der drei aufgestellten Kategorien begriffen, und zweitens wird jede dieser Kategorien wieder modifizirt, bei den verschiedenen Volksgebieten des Festlandes durch die Umgebung und das gleichsam gesellschaftliche Leben mit den benachbarten Ländern, und bei dem Eilande durch das Abgeschlossene und auf sich selbst Gewiesene. Beschränkter erscheint demnach das Leben des Eiländers, aber auch auf sich selbst ruhender, als das des Festlandbewohners. Die kleinere Wohnung, das seltnere Zusammentreffen mit andern freien Kräften zwingt jenen zur Eintracht und leicht bildet sich bei ihm ein Volksleben, fest umschlossen durch das Meer und begrenzt durch die einfachere Gestaltung der Natur, die auf dem kleinen Inselraume unmöglich das mannichfaltige Leben des weit ausgedehnten Festlandes entwikkeln kann. Aber der Mensch hat keine Ruhe in seiner engen Wohnung; das Unbekannte zu sehen treibt ihn die Eigenthümlichkeit seines Wesens; nach dem, was jenseits der Meere liegt, sehnt sich der Eiländer. Der Baum wird zum Nachen und endlich zum vielmastigen Schiffe, und keck fliegt der Mensch auf der leichten Welle dahin. Doch überall, wohin er kommt, trägt er die fest abgeschlossene Volkseigenthümlichkeit mit sich, und mitten unter den Bewohnern des Kontinents zieht das Meer eine Grenzmauer des Charakters um ihn. So treibt ihn die Sehnsucht in die Fremde hinaus, und diese läßt ihn wieder die Heimat so ganz entbehren, daß er unbefriedigt zu dieser zurückeilt. Bei allem daher, was der Eiländer aus fremden Ländern auf seine Insel zurückbringt, bleibt er sich doch gleich und eigenthümlich, und das Ausländische berührt nur seine Oberfläche, und wird durch die Unruhe und rastlose Betriebsamkeit, zu der ihn die Natur bestimmt, ein Tauschmittel gegen anderes Fremde. Auf diese Art ist der Eiländer, hat sich einmal der Trieb nach der Fremde in ihm geregt, zu einer steten Rastlosigkeit verurtheilt, und auch in seinem heimischen Leben fühlt er nur Befriedigung, wenn er sich durch seine Thätigkeit eine Brücke über das Meer schlägt. Darum sind Handel und Gewerbe sein eigentliches Element.

Ganz anders erscheint dagegen der Bewohner des festen Landes. Ein Volk grenzt, mehr oder minder geschieden, an das andere, und schleift nach und nach in der Reibung des Lebens die rauhen Kanten, aber auch die feste Stütze der Eigenthümlichkeit ab. Der Trieb, sich auszuleben, befriedigt sich leichter und ruhiger, und nur die Wohnsitze an weit getrennten Küsten laden zu kecken und waglichen Unternehmungen ein. Der Grund und Boden nimmt die Thätigkeit in Anspruch. Arbeit und Beschwerde machen — im allgemeinen nothwendig — den Körper fest und gewöhnen ihn zur Ertragung von Mühseligkeiten. Dabei richtet sich der Sinn auf das Feste, Geordnete des Lebens. Alles wird angehalten, verarbeitet und zum Eigenthume geprägt. So gedeiht, auf viele Weise begünstigt, das Fremde eher auf dem Festlande, als unter den Insulanern, und das rege, unstäte Leben kann nur aus der Ferne zu ihm kommen, aber nicht aus seinem Innern hervorgehn, und wenn es zu ihm gekommen ist, nimmt es sogleich die festere Gestalt seines eigenen Wesens an. Dies erstreckt sich auf das öffentliche und häusliche Leben, durchdringt die ganze Aeußerung freier Thätigkeit.

Auch in dieser zweiten Spaltung der Natur giebt es natürlich wieder Abstufungen, der unendlich vielen zarten Uebergänge nicht zu gedenken, und es scheint mir, als dürfte man annehmen, daß zwischen die eigenthümlichen Erscheinungen der Insel und des Festlandes die Halbinsel und das Bergland als vermittelnde Glieder eintreten. Des Bergbewohners von Höhen eingeschlossener Wohnort ist dem vom Meere umflossenen Eilande ähnlich, und die Halbinsel erscheint in der Gestalt und dem Wesen eines Zwitters. Wie der Eiländer mit sehnlichen Blikken nach den Ufern spähet, die in blauer Ferne, durch die ungastlichen Fluthen des Meeres von ihm getrennt, liegen, eben so sieht der Bergbewohner von seinen Höhen nach den unter ihm liegenden sich weit ausdehnenden Gefilden; aber auch ihn kann die Fremde, wie das Fremde, nicht befriedigen; denn ihm hat sich die regsame Kraft in engen Thälern, zwischen Bergen und Klippen, zu einem festen eigenthümlichen Ganzen gebildet.

§. 13.

In welchem Verhältnisse aber auch der Mensch zur Natur stehen mag, so ist sie doch immer die ursprüngliche Quelle seiner sinnlichen Bedürfnißmittel, und in dem Maaße, als sie die Möglichkeit enthält, viele oder wenige Genußmittel darzureichen, nennen wir sie reich oder arm. Da dieses Maaß aber sehr unbestimmt ist; so wird sich mit dem Ausdrukke — Naturreichthum — kein bestimmter Begriff verbinden lassen, eben so wenig, wie mit dem im allgemeinen genommenen Ausdrukke Reichthum. Er setzt immer eine Vergleichung voraus, und hängt von der zwar schwankenden, aber in diesem Schwanken selbst auf gründlicher Zusammenstellung aller, das Urtheil der allgemeinen Meinung erzeugenden einzelnen Elemente ab. So wie der Preis der Waaren aus einer stillen Berechnung aller darauf Bezug habenden Umstände im allgemeinen entsteht, so auch die Meinung der unter gleichen Verhältnissen stehenden Welt.

§. 14.

Will man daher den Begriff Reichthum fixiren; so muß man immer das in ihm liegende Relative andeuten, die Beziehung auf den dadurch zu befriedigenden Kreis der Bedürfnisse und die besondern Verhältnisse, worin dieser Bedürfnißkreis gedacht wird. Wir können mithin weder mit Julius von Soden sagen: der Reichthum ist objektiv der Zustand des vollkommenen Genusses, und subjektiv die Summe der Mittel zu diesem Genusse; noch mit Jakob: ein Vermögen, das eine beharrliche Quelle ist, alle Arten von Bedürfnissen zu befriedigen, heißt Reichthum; noch mit Ganilh: nach seinem einfachsten und allgemeinsten Sinne besteht der Reichthum in einem Ueberflusse der Produkte über die Verzehrung, oder des Einkommens über die Ausgabe; und die Anhäufung, die mehr oder weniger angemessene Leitung und nützliche Verwendung dieses Ueberflusses, bilden die Größe und den Umfang der öffentlichen und Privatreichthümer. Wir wollen zuerst Vermögen, dem ursprünglichen Begriffe desselben gemäß, wonach es nur eine Möglichkeit ausspricht, von Reichthum unterscheiden, und verstehen darunter einen Inbegriff von Genußmitteln überhaupt, unter Reichthum aber den Inbegriff eines solchen Vermögens, welches die Möglichkeit enthält, auf einem bestimmten Standpunkte im geselligen Leben seine Bedürfnisse mit Leichtigkeit zu befriedigen.

§. 15.

Noch deutlicher wird uns werden, was die herschende Meinung unter Reichthum versteht, wenn wir den Kreis der menschlichen Bedürfnisse näher betrachten.

Jeder Mensch, mit wenigen Ausnahmen, strebt nach einer vollkommenen Uebereinstimmung aller Umstände seines jedesmaligen gegenwärtigen Lebens, nach einer vollkommenen Uebereinstimmung aller Bestandtheile seiner jedesmaligen gegenwärtigen Lage. Der Grund davon ist dieser. Jeder Mensch ist ein Erzeugniß seiner Zeit, und kann nicht anders, als, so viel an ihm ist, diese Zeit äußerlich darstellen. Es thut nichts zur Sache, daß wir oft die außerordentlichsten Gegensätze in einer Zeit finden, dieses zeigt nur an, daß die Zeit, durch eine den ruhigen Entwikkelungsgang störende Verkettung von Umständen, in einen partiellen Widerspruch mit sich selbst gekommen ist, an dem sich entweder das Bestehende befestigen oder aus dem sich ein neuer Zustand der Dinge gebären soll. Da nun mit jedem Standpunkte, den der Mensch in der Welt einnimmt, ein bestimmtes äußerliches Erscheinen durch die Meinung der Zeit verknüpft ist, der Mensch aber gerade von der Meinung, als dem Erfolgniß vieler zusammenwirkender Gedanken am meisten abhängt; so wird er auch dieses äußerliche Erscheinen zu verwirklichen suchen. Er wird diese Forderung an sich machen, nicht weil sie andere machen, sondern weil die Zeit sie macht und die Zeit in ihm lebt, ihn selbst gemacht hat. Um dieses äußerliche Erscheinen nun möglich zu machen, bedarf der Mensch eines bestimmten Kreises von Dingen, von Gütern, und dieser Kreis von Dingen macht den Inbegriff der Bedürfnisse dessen aus, der ihre Befriedigung zur Harmonie seines Zustandes für nothwendig hält.

Der Inbegriff dieser Bedürfnisse kann oft sehr bedeutend sein, aber der ganze Umfang der Bedürfnisse des Menschen ist doch noch nicht darin enthalten. Abgesehen von allen geselligen Verhältnissen, verlangt schon das bloße Fortbestehn des Menschen die Befriedigung gewisser Anforderungen seiner Natur. So erhalten wir zwei verschiedene Arten von Bedürfnissen, wovon die eine durch das gesellige, bürgerliche Leben des Menschen, die andere durch die bloße Natur seines Daseins hervorgebracht wird. Da nun in der Meinung, wie in der Natur, ein gewisser Zwang liegt, und die Befriedigung der Bedürfnisse des bürgerlichen Lebens, wie die Befriedigung der Bedürfnisse, welche aus der Natur hervorgehn, als nothwendig, wenn auch dem Grade nach verschieden, erscheint; so könnte man die Bedürfnisse der ersten Art die Bedürfnisse der geselligen Nothwendigkeit, und die der zweiten Art die Bedürfnisse der Naturnothwendigkeit nennen.

Genüsse, welche jenseits der Grenze liegen, welche die gesellige Nothwendigkeit zieht, gehören in das Gebiet des Luxus.

In sofern die Befriedigung der Bedürfnisse der geselligen Nothwendigkeit die Befriedigung der Bedürfnisse der Naturnothwendigkeit schon voraussetzt, können wir nun den Reichthum als dasjenige Vermögen erklären, welches die Möglichkeit enthält, die Bedürfnisse der geselligen Nothwendigkeit mit Leichtigkeit zu befriedigen, oder über das Gebiet der durch die gesellige Nothwendigkeit verlangten Bedürfnisse hinaus in das Gebiet des Luxus zu schweifen.

§. 16.

Im allgemeinen gehören zwar alle Dinge, die einen Genuß wirklich gewähren oder nur möglich machen, zu den Reichthümern, aber im strengern Sinne blos diejenigen, die einen Werth haben, zu denen nicht jeder gelangen kann, ohne einen andern Werth daran zu geben; denn, was das Besitzthum eines jeden ist, oder werden kann, sobald er danach begehrt, ist ohne Maaßstab der Schätzung, kann mithin auch kein Bestandtheil des Reichthums sein, dessen Begriff nur aus der Vergleichung mit andern werthvollen Dingen entspringt.

§. 17.

Die Reichthümer sind entweder möglich oder wirklich: möglich, wenn sie noch in der Werkstätte ihrer ursprünglichen Erzeugung, d. h. in dem Schooße der Natur ruhen. Die Natur ist daher die Quelle der Reichthümer oder des Vermögens. Wirklich sind die Reichthümer, wenn sie, dem Schooße der Natur abgewonnen, unmittelbar Bedürfnisse befriedigen, oder durch Kunst mittelbar in Genußmittel, oder in Werkzeuge zu ihrer Erlangung verwandelt werden können. Rechnet man den Grund und Boden mit zu den Reichthümern, so nennt man ihn den Naturfonds und setzt ihn dem Arbeitsertrage gegenüber.

§. 18.

Das nun, was dazu dient, der Natur die Reichthümer abzugewinnen, und aus solchen rohen Stoffen, die unmittelbar kein Bedürfniß befriedigen, wirkliche Genußmittel zu gestalten, wird mit Recht Hervorbringungsmittel des Reichthums genannt.

§. 19.

Im strengen Sinne kann nur die Arbeit, d. h. hier die Anwendung geistiger und physischer Kräfte des Menschen, um sämmtliche Güter zu erzeugen, als ein Hervorbringungsmittel des Reichthums gelten, denn der Verlag oder die Summe der über den unmittelbaren Verzehr hervorgebrachten Güter aller Art dient lediglich als Unterstützungsmittel der Arbeit. Da er aber einen bei weitem größern Umfang von Produkten, oft nur mit sehr geringen menschlichen Kräften in Verbindung, schafft; so kann man ihn im weitern Sinne ebenfals zu den Hervorbringungsmitteln des Reichthums rechnen.

§. 20.

Wenn zwar im allgemeinen die Natur die ursprüngliche Quelle des Vermögens ist, so ist sie es doch nicht unmittelbar für jeden besonderen Staat; denn mit dem Fortschreiten der Ausbildung des Menschen steigen die Bedürfnisse unverhältnißmäßig, welche durch künstliche Hervorbringung befriedigt werden müssen, gegen diejenigen, deren Befriedigung unmittelbar durch die Natur zu erlangen ist; und, so wie die Bewohner eines Staates dann ihr Vermögen am schnellsten vermehren, wenn sie die Mittel besitzen, den größten Umfang der herrschenden Bedürfnisse zu befriedigen, eben so werden auch ganze Staaten desto schneller im Wohlstande fortschreiten, je mehr sie andere Staaten in ihren Bedürfnißmitteln von sich abhängig machen. Es können daher Staaten, die ihren Reichthum auf Industrie und Handel gründen, oft diejenigen an Wohlhabenheit weit hinter sich lassen, deren Erwerbsquelle vorzugsweise die Hervorbringung von rohen Stoffen ist.

§. 21.

Man kann indeß die Natur als das beharrliche Befriedigungsmittel von Bedürfnissen ansehen, wogegen Kunstgewerbe und Handel nur als vorübergehende und veränderliche Hervorbringungsmittel von Reichthümern erscheinen. Die Natur kann nur durch zerstörende Naturbegebenheiten in ihrer Hervorbringung gehemmt werden; aber die veränderlichen Verhältnisse der Staaten zu einander wirken oft schnell, dauernd und zerstörend auf Kunstgewerbe und Handel.

§. 22.

Man könnte den Reichthum der Natur in den selbstständigen und abhängigen eintheilen, je nachdem er auf der Fülle von Erzeugnissen oder auf der günstigen geographischen Lage beruht. Beide vereinigt sind nur im

Stande, einem Lande den größtmöglichen Wohlstand zu verschaffen, wenn es nicht durch seinen Umfang und seine verschiedenartige Natureigenthümlichkeit den äußern Handel entbehrlich macht.

§. 23.

Wo auch zuerst Menschen wohnten und sich vermehrten, da konnte dies nur auf Kosten der Freigebigkeit der sie umgebenden Natur geschehen, also in einem Verhältnisse zur Natur, wo die Hervorbringungsfähigkeit derselben die menschliche Anstrengung unnöthig machte. Allein sobald die Menschen an Zahl zunahmen, und dieses mußte in dem Maaße geschehen, als der Naturreichthum ihr Wohlsein beförderte, wurde das anfängliche Mißverhältniß zwischen ihrem Bedürfnißkreise und den ihnen von der Natur dargebotenen Mitteln der Befriedigung immer geringer, und um so mehr, als ein fortschreitendes Bedürfen in der menschlichen Natur liegt. Dieses zwang sie, theils andere Gegenden aufzusuchen, wo sie mehr Befriedigung ihrer Bedürfnisse fänden, theils die Natur zu zwingen, ihre Gaben zu vermehren. Ein solches Zwingen der Natur setzt Arbeit voraus; die Vermehrung des Menschen nöthigt ihn daher zuerst zur Arbeit.

§. 24.

Die Arbeit wird natürlich anfangs immer die Befriedigung der durch die Naturnothwendigkeit gesetzten Bedürfnisse zum Ziele haben; dem Grund und Boden werden zu dem Ende seine Früchte abgewonnen. Allein wie roh der Mensch auch in der Kindheit seiner Entwickelung sei, immer zeigt er schon ein Streben, sein Leben zu verschönern. Befriedigung des Hungers und Durstes, Verfertigung einer nothdürftigen Kleidung, Errichtung einer schlechten Hütte treten mit der Zeit gegen feinere Genüsse in den Hintergrund, und, wenn sie auch

zuwei-

zuweilen ihre allgewaltige Kraft äußern, wenn auch viele Menschen Sklaven ihrer Nothdurft sind und bleiben, werden sie doch im allgemeinen nur als Mittel und nicht als Zweck des Daseins betrachtet.

§. 25.

Die auf solche Weise entstehende Vervielfältigung der Genüsse verlangt aber auch eine mannichfaltige Anwendung menschlicher Kräfte, und da die einzelnen Menschen mit diesen Kräften und den sie beseelenden geistigen Anlagen sehr verschieden ausgerüstet sind; so wird der eine diese, der andere jene Arbeitsanwendung vorziehen, und ein lebendiger, mit den Bedürfnissen immer wachsender Austausch der Genußmittel wird die Folge davon sein. Indeß so mannichfaltig diese Arbeitsanwendungen auch sind, lassen sie sich doch auf gewisse Zweige zurückführen, indem sie entweder auf Gewinnung roher Stoffe, oder auf künstliche Bearbeitung derselben, oder auf bloßen Austausch der verschiedenen Erzeugnisse, oder auf Entwickelung der geistigen und körperlichen Anlagen, oder auf die Unterhaltung und das Vergnügen, oder endlich auf die Uebernahme gewisser Dienstleistungen gerichtet sind.

§. 26.

Es ist nicht zu leugnen, daß alle diese verschiedenen Arbeiterklassen hervorbringen, daß ihre besondere Kraftanwendung mit einem Erfolge, sei es sichtbar oder unsichtbar, verknüpft ist. Allein, da die Staatswirthschaft es blos mit dem auf sinnlichen Gütern beruhenden Wohlstande der Staatsbürger zu thun hat, scheint es vielen passend, nur diejenigen hervorbringend zu nennen, welche entweder die Urstoffe, die rohen Produkte der Natur liefern, oder sie zum Genusse künstlich bereiten, oder Natur- und Kunsterzeugnisse dem ihrer Bedürfenden zuführen, ja manche sind der Meinung, der Ausdruck produktiv komme nur solchen Arbeiten zu, deren Produktionsgegenstand die Natur ist. Inzwischen leuchtet ein, und wird durch die folgenden Untersuchungen zur Ueberzeugung gebracht werden, daß man sich bei diesem Gegenstande mehr durch die unmittelbare Richtung der Arbeit, als durch den mittelbaren Erfolg derselben habe leiten lassen, ein Irrthum, der an sich unschuldig ist, aber zu schädlichen Folgerungen benutzt werden kann. Nur der Müßiggänger und der Arbeiter, dessen Arbeit ohne Erfolg bleibt, sie mag gerichtet sein, worauf sie will, sind unproduktive Staatsbürger. Es darf daher nie der Einfluß derjenigen auf den Nationalwohlstand unberücksichtiget bleiben, die nur mittelbar auf die Vermehrung äußerer Bedürfnißmittel hinwirken. Jedoch werden darauf unmittelbar hinwirkende Kräfte immer als der Hauptgegenstand der Staatswirthschaft erscheinen, und da diese entweder die Naturstoffe oder ihre künstliche Bearbeitung zum Gegenstande haben, und in beiden Fällen Güter erzeugen, oder nur auf den Austausch der verschiedenen Erzeugnisse gerichtet sind, und in sofern nur den Werth derselben vermehren, werden wir in der Lehre von der Hervorbringung der Reichthümer theils von der Gütererzeugung, theils von der Wertherzeugung reden müssen.

§. 27.

Wenn schon die Theilung der Arbeit theils aus der verschiedenen Individualität der Menschen, wie wir §. 25. sagten, theils aus dem nothwendigen sich Anschießen derselben an die Natureigenthümlichkeit der Gegend, welche sie bewohnen, hervorgeht, also ursprünglich kein Erzeugniß der Betriebsamkeit ist; so ist doch diese nur im Stande, ihr die möglichst größte Ausdehnung zu geben. Man muß indeß, wenn man auf den Erfolg sieht, die mechanische von der freien Thätigkeit wohl unterscheiden. Jene bewegt sich in dem durch ein Gesetz vorgeschriebenen Kreise blind gehorchend fort, während diese die Gesetze schafft und das Mannichfaltigste verknüpft. Der Mechanismus bannt daher den Menschen in enge Schranken, und nur die freie Thätigkeit eilt immer vorwärts, indem sie keine andere Grenze kennt, als die, welche die ihr zu Grunde liegende menschliche Kraft zieht. Beide aber sind dennoch zum Fortschritte des Lebens nothwendig. Nur durch den Mechanismus wird es möglich, schnell, und mithin in Menge, die mannichfaltigsten Gegenstände der menschlichen Bedürfnisse zu liefern, also auch diejenigen, deren sich die freie Thätigkeit als Hülfsmittel ihres Fortschreitens bedient. Da indeß, ungeachtet dieser Vortheile der menschlichen Kraftanwendung, der Mensch durch dieselbe von seiner weitern Ausbildung zurückgehalten wird; so wird das Streben höchst menschenfreundlich und zugleich staatswirthschaftlich sehr wohlthätig sein, wodurch Mittel erdacht werden, die an die Stelle des menschlichen Mechanismus treten können. Dieses erreicht man durch die Anwendung von Maschinen, und es ist zu hoffen, daß mit der Zeit alle streng mechanische Arbeiten des Menschen durch Maschinen werden ersetzt werden.

§. 28.

So weit man aber auch die Theilung der Arbeit und die Anwendung der Maschinen treiben kann; so wird es doch für beide eine Grenze geben, und zwar eine nothwendige und eine zufällige. Nur wenn die einzelnen Bestandtheile eines Arbeitsgegenstandes, von einander getrennt, zugleich bearbeitet werden, oder aus einer Hand in die andere übergehen können, ohne daß dadurch der früher Beschäftigte unbeschäftigt bleiben muß, kann Arbeitstheilung statt finden, aber wenn die Theile der Arbeit keine lange mechanische Uebung erfordern, oder einzeln an verschiedene Zeiten geknüpft sind, findet die Theilung der Arbeit eine nothwendige Grenze in der Arbeit selbst. Zufällig entsteht dagegen eine solche Grenze durch Mangel an Absatz des Arbeitsgegenstandes. In Hinsicht der Grenze der Maschinenanwendung kann man sagen: Wo eine Arbeit nicht bestimmten, immer wiederkehrenden Gesetzen folgt, sondern die jedem besondern Umstande sich anschmiegende Geistesthätigkeit des Menschen erfordert, da findet sich eine Grenze der Maschinenanwendung in der Unmöglichkeit, sie dem besondern Gegenstande anzupassen; wo dagegen durch Menschenhände ein Erzeugniß wohlfeiler geliefert werden kann, als durch Maschinen, tritt ein in der Unvollkommenheit des Maschinenwesens liegendes Hinderniß der Maschinenanwendung ein.

§. 29.

Ursprünglich erzeugt zwar die Mannichfaltigkeit der Natur die vielseitige Arbeitsanwendung, oder die Arbeitstheilung des Menschen, allein erst der Verlag, oder die Ersparniß des Arbeitsertrages über den Verzehr, macht die große Ausdehnung derselben möglich. Diese Ersparung fängt bei den Lebensmitteln an und erstreckt sich zuletzt über alle mögliche Genußmittel und alle zu Genußmitteln und deren Ermöglichung zu verarbeitende Materialien.

§. 30.

Da nun außer der Natur, als der ursprünglichen Quelle des Reichthums, dieser in allen möglichen Gegenständen des Arbeitsertrages besteht, der Arbeitsertrag aber, als Ueberschuß über den Verzehr, und zur Hervorbringung von Genußmitteln angewandt, vornehmlich zur Vermehrung des Reichthums beiträgt; so kann man sich leicht zu dem Schlusse verleiten lassen, daß die Ersparniß es eigentlich sei, die den Reichthum möglich mache. Aber näher betrachtet ist es diese im allgemeinen eben so wenig, als der Verzehr. Der Mensch strengt seine Kräfte an, um zu genießen, also um zu verzehren; allein schränkt er seinen Verzehr ein, genießt er weniger; so wird er auch seine Kraftanstrengung einschränken, weil der Grund wegfällt, der sie anspannte. Der bloße Verzehr dagegen würde nie einen Verlag aufkommen lassen, sondern immer mit der einen Hand vernichten, was die andere hervorbrachte.

§. 31.

Zwei Ursachen müssen sich nothwendig mit einander vereinigen, wenn der Reichthum entstehen soll: die Erweiterung des Bedürfnißkreises und die zunehmende Betriebsamkeit. Jene kann für sich bestehend in der menschlichen Natur gedacht werden, und erzeugt alsdann Luxus, Schwelgerei und daraus hervorgehende Armuth; nie aber wird man einen ganzen Staat finden, dessen Glieder blos arbeiten, um Gegenstände des Genusses aufzuhäufen, ohne die Absicht zu haben, sie wirklich zu genießen. Ein Anhäufen der Genußmittel ist dann freilich immer der Erfolg, aber dieses Anhäufen geht nicht aus der Ersparniß, sondern aus dem langsamen Verzehr hervor, und in sofern kann man auch sagen, der Reichthum entstehe aus dem den Verzehr überwiegenden Einkommen, denn Einkommen ist nichts anders, als der Arbeitsertrag nach gewissen Zeittheilen geschätzt. Will man dieses Verhältniß des Einkommens zum Verzehr Ersparniß nennen; so hat man Recht zu behaupten, daß der Reichthum aus Ersparnissen hervorgehe, und nach dieser Ansicht muß auch der §. 29. gebrauchte Ausdruck Ersparniß betrachtet werden, wenn er daselbst nicht blos auf Lebensmittel, sondern auch auf andere Gegenstände des Genusses angewandt wird. Denkt man sich dagegen unter Ersparung eine Einschränkung des Genusses;

so kann nur die Ersparung, welche man an unmittelbar verzehrbaren Dingen, an Lebensmitteln, macht, als eine Vermehrung des Reichthums betrachtet werden.

§. 32.

Was die Bestandtheile des Verlages anbetrifft, so lassen sie sich im allgemeinen nach ihrer geistigen und sinnlichen Natur eintheilen, je nachdem sie nämlich in den geistigen, durch Uebung erworbenen, Kräften des Menschen, oder in sinnlichen Gütern bestehen. Die letztern sind wieder entweder Naturstoffe in ihrer Urgestalt, oder durch Kunst veredelte Naturstoffe, also Kunsterzeugnisse. Jene, so wie diese, sind zwar von sehr verschiedener Art, lassen aber doch eine neue Unterabtheilung zu. Die rohen Naturstoffe zerfallen in unmittelbare Befriedigungsmittel eines Bedürfnisses und in Materialien; die Kunsterzeugnisse in unmittelbare Befriedigungsmittel eines Bedürfnisses, in Unterstützungsmittel der Hervorbringung, in solche Dinge, die zwar schon von der Kunst bearbeitet, aber noch nicht fähig gemacht sind, ein Bedürfniß zu befriedigen, also Materialien einer höhern Potenz, und in Aufbewahrungsmittel irgend eines besondern Verlages.

§. 33.

Im Gegensatze gegen den Grund und Boden, und alles das, was mit diesem durch Natur oder Kunst vereinigt ist, welcher Inbegriff von Gegenständen unbewegliches Eigenthum, Immobiliar-Vermögen genannt wird, pflegt man den hierunter nicht mitbefaßten Verlag bewegliches Eigenthum, Mobiliar-Vermögen zu nennen.

§. 34.

Sieht man auf die Art und Weise, wie der Verlag seine Bestimmung erfüllt, so theilt man ihn in Verbrauchsvorrath und Kapital, und dieses wieder in umlaufendes und stehendes Kapital, mag nun die Rede sein von einem

Privatmanne, oder von dem Volke, oder von dem Inbegriffe der Staatsbürger als einer Gesammtheit.

§. 35.

Unter Verbrauchsvorrath versteht man den Verlag, welcher unmittelbar Bedürfnisse seines Besitzers befriedigen soll, Kapital dagegen ist der Verlag, den man aufbewahrt, um Einkommen davon zu ziehen, und der diesen Zweck erreicht, entweder wenn er in den Händen seines Besitzers bleibt, oder wenn er in Umlauf gebracht wird, ein Unterschied, welcher zu der angeführten Eintheilung in stehendes und umlaufendes Kapital Anlaß gegeben hat.

§. 36.

Ausserdem findet auch noch die Eintheilung des Verlages in lebendigen, todten und ruhenden statt. Lebendiger Verlag heißt der, den man zu jeder Zeit gegen andere Genußmittel austauschen kann. Hat er diese Eigenschaft auf eine lange Zeit nicht, so nennt man ihn todten, und hat er sie nur auf eine kurze Zeit nicht, ruhenden Verlag.

§. 37.

Das stehende Kapital theilt man wieder in das dingliche und das persönliche ein. Zu jenem gehören alle sinnliche Güter, welche als Hervorbringungsmittel von Einkommen dienen, das persönliche Kapital dagegen besteht in dem Inbegriffe aller Kräfte und Geschicklichkeiten des Menschen, wodurch die bloße Naturkraft seines Leibes zu einer erhöhten Wirksamkeit fähig gemacht wird.

§. 38.

Die Bestandtheile des umlaufenden Kapitals sind alle Gegenstände, die einen Austausch gegen andere gestatten und dazu bestimmt sind, und die man unter den Ausdrücken Waaren, Feilschaften zusammenfaßt.

§. 39.

Will der Mensch nicht auf der niedrigsten Stufe des Lebens stehen bleiben, so muß sich mit der Natur und Arbeit der Verlag zur Hervorbringung von Genußmitteln vereinigen. Wer nun seinen Verlag dazu anwendet, hervorbringenden Kräften Beschäftigung zu geben, heißt ein Verleger. Einen Unternehmer dagegen nennt man denjenigen, der fremden Verlag auf eben die Weise, wie der Verleger seinen eigenen, anwendet. Wer seinen Grund und Boden benutzt, um ursprünglich hervorbringende Arbeiter, d. h. solche zu beschäftigen, die wirklich unmittelbar einen neuen sinnlichen Gegenstand erzeugen, und die wir deshalb Urproducenten nennen können, heißt ein Grund-, ein Boden-Eigner.

§. 40.

Weder der Arbeiter wird aber umsonst arbeiten, noch werden Verleger und Bodeneigner, jene ihren Verlag, diese ihr Grundeigenthum umsonst hergeben. Was der Arbeiter, zur Entschädigung für seine Arbeit, erhält, heißt Arbeitslohn; was der Verleger, an Vergütigung für die Anwendung seines Verlages, und der Bodeneigner, als Ersatz für die Benutzung seines Grundes, bekommt, heißt bei jenem Verlagsprofit, bei diesem Bodenrente.

§. 41.

Da nun die Natur die Quelle der Reichthümer ist, woraus diese durch Arbeit mit Hülfe des Verlages gezogen werden; so geht ursprünglich alles Einkommen eines Volkes aus der Vereinigung von Natur, Arbeit und Verlag hervor, oder es vertheilt sich ursprünglich an die Arbeiter, Bodeneigner und Verleger, und fließt erst von diesen den andern Klassen von Staatsbürgern zu, eine Bemerkung, worauf sich die Unterscheidung des Einkommens in ursprüngliches und abgeleitetes gründet.

§. 42.

Auch die Rentirer geben unmittelbar produktiven Arbeitern Beschäftigung, aber nur mittelbar; denn, indem sie ihren Verlag an Gelde gegen Zinsen ausleihen, setzen sie ihre Schuldner in den Stand, unmittelbar produktiven Arbeitern Beschäftigung zu geben, und theilen mit ihnen den Vortheil, den diese als Unternehmer ziehen.

§. 43.

Es sind zwar in dem bisher Gesagten Andeutungen genug über die Folgen des Reichthums vorhanden; aber eben weil es nur Andeutungen sind, scheint eine eigene Betrachtung dieses Gegenstandes nicht überflüssig. Das Streben nach Genuß ist in keinem Menschen zu verkennen, und weil dieses der Fall ist, hat er auch von Natur eine Abneigung gegen Arbeit, um so mehr, da sie in ihrer ersten Anwendung immer mechanisch ist, und sucht seine Bedürfnisse auf einem andern, wenn gleich mit Anstrengung verbundenem, doch durch Abwechselung erfreulicherem Wege zu erlangen. Er raubt, er führt Kriege. Ein auf diese Weise erworbener Reichthum hat aber nothwendig eine Eigenschaft, durch die er sich selbst zerstört. Wahren Genuß kann nur das mit Sorge und Arbeits-Anstrengung erlangte Eigenthum gewähren. Arbeit und Genuß verschmelzen mit einander auf das innigste; der Mensch sieht in seinem Erwerbe einen Theil seiner selbst, seine zur Anschauung gewordene Thätigkeit, und da er auf diese Weise fortwährend ein Maaß zwischen dem Erwerbe und dem Verzehr vor Augen hat, wird er zwar seinen Genuß in Grenzen einschließen, aber das Bewußtsein des Verhältnisses, worin der Genuß zu ihm steht, wird demselben einen weit höheren Grad geben. Dieses Gefühl wird aber nicht blos in diesem oder jenem statt finden, sondern in einem ganzen Staate sich zeigen, dessen Glieder, so wie jener Einzelne zum Genusse gelangt sind. Breitet sich jenes Gefühl auf eine solche Weise aus, dann wird man nicht allein die Achtung vor dem Besitzthume, sondern selbst einen höheren Sinn des Genießens entstehen sehn. Die leicht verzehrlichen Güter werden gegen die dauernden in den Hintergrund zurücktreten; man wird Kunstwerke aller Art als ein solides Besitzthum betrachten; in Kleidern, Hausgeräthen, Gebäuden wird man das Dauernde, wenn auch Kostbare, dem Vergänglichen, wenn auch Wohlfeilen, vorziehen. Ganz anders muß sich dieses gestalten, wenn der Reichthum als ein Raub, als eine Beute jemanden in die Hände fällt. Hier fehlt aller Maaßstab der Schätzung; hier ist kein steigendes Bedürfniß zu befriedigen; hier fallen einem oft Genüsse zu, die er nicht einmal dem Namen nach kennt. Er wird daher von ihnen überfüllt; sie erregen seinen Ekel, und nur in einer neuen abwechselnden Ueberfüllung kann er vorübergehenden Genuß finden. Auf diese Weise entsteht eine Unruhe des Genießens, eine Unbegrenzheit des Begehrens, die bald alle Kraft zerstören muß, da sie mit der Unmöglichkeit der Befriedigung kämpft. An die Stelle der Kraft tritt dann die List, und jedes Verbrechen wird in Anspruch genommen, um den Genuß zu befriedigen, der mit Arbeit nicht erkauft werden mag. Ein Volk, das erst diesen Gipfel erstiegen hat, muß nothwendig durch sich selbst zusammenfallen. Ein durch Arbeit wohlhabendes Volk geht dagegen einen ruhigen Gang der Entwickelung. Liebe zum Besitz erzeugt Liebe zum Gesetz, welches den Besitz beschützt; und Liebe zum Gesetz erzeugt Liebe zum Vaterlande. Dazu kommt, daß Liebe zur Arbeit die Laster nicht aufkommen läßt, welche die Begierde nach Genuß, verbunden mit der Neigung zur Trägheit, erzeugt; ja, die schönsten Tugenden müssen da gedeihen, wo keine wilde Leidenschaft die Gemüther entflammt, wo Wissenschaft und Kunst, in der Mitte durch lang fortgesetzte Anstrengung erworbener Schätze, aufblühen.

Erste Abtheilung.
Von der Gütererzeugung.

Erster Abschnitt.
Von der Naturproduktion.

§. 44.

Was die Naturproduktion oder die verschiedenen Arbeitsanwendungen, um der Natur ihre Schätze abzugewinnen oder sie zum Hervorbringen zu nöthigen, anbetrifft, so zeigen diese sich in Hinsicht der Vermehrung des Nationalvermögens von einer von einander sehr abweichenden Beschaffenheit; im allgemeinen kann man aber sagen, daß sie nur eine langsame und beschränkte Erweiterung desselben zulassen.

§. 45.

Zuerst fragt es sich, wie sich der Grund und Boden zum Nationalreichthume verhalte, wenn man ihn blos in Beziehung auf den Staat, dessen Territorium er ausmacht, und nicht auf seine Lage gegen andere Länder betrachtet. Da er die ursprüngliche Quelle der Reichthümer ist; so wird er auch nur in dem Maaße die Grundlage des Vermögens eines Staates sein, als er ergiebig ist, und als die besondere Art der Naturerzeugnisse, einen größern oder geringern Umfang von Bedürfnissen zu befriedigen im Stande ist.

§. 46.

Die Naturproduktion ist entweder auf die Benutzung der Oberfläche der Erde gerichtet, und kann in sofern im allgemeinen Landbau genannt werden, oder auf die Erlangung der freien Thiere, und ist in sofern theils Jagd, theils Fischerei, oder endlich auf die Gewinnung der in den Eingeweiden der Erde ruhenden Schätze, und heißt in sofern Bergbau.

§. 47.

Der Landbau spaltet sich wieder in mehrere Zweige, und liefert entweder Nahrungsmittel oder Materialien. Er benutzt den Grund und Boden entweder als Ackerland, Obstbaumland, Gartenland, oder zum Weinbau, zur Viehweide, oder als Wiesengrund, oder als Holzung.

§. 48.

Der Ackerbau, obgleich abhängig von der Witterung und zerstörenden Naturerscheinungen, gewährt einem Lande den sichersten Reichthum, indem er in Verhältniß den wenigsten Gefahren ausgesetzt ist und Erzeugnisse liefert, welche in mancherlei Gestalten genossen werden können, oder den Stoff zu einer großen Menge von Fabrikaten hergeben. Allein dennoch kann ein blos ackerbauender Staat niemals zu einem solchen Flore kommen, wie ein Fabrikstaat. Der Ackerbau erfordert weit mehr Menschen, als die Fabrikgewerbe, wenn man den Erfolg der beiderseitigen Arbeiten mit einander vergleicht; denn die Geschäfte bei dem Ackerbaue sind von der Art, daß die menschliche Thätigkeit gar nicht, oder nicht in einem solchen Umfange, wie bei den Fabrikgewerben, durch Maschinen ersetzt werden kann. Auch ist bei ihm keine so ausgedehnte Arbeitstheilung, wie bei diesen, möglich. Dazu kommt noch, daß Fabrikate sich leicht nach den entferntesten Gegenden verfahren lassen, während die Erzeugnisse des Ackerbaus, wegen des großen Raumes, den sie einnehmen, die Fortschaffung erschweren; und endlich muß man bedenken, daß ein ackerbauendes Volk, wegen der Eigenthümlichkeit seiner Lebensart, zu feinern Genüssen und einem größern Kreise von Bedürfnissen nicht hingezogen wird, also sich auch nicht aufs äußerste anstrengt, um seine Erzeugnisse zu vermehren. Nur durch gleichzeitige Entwickelung der Fabrikgewerbe hebt sich das seiner Natur nach träge Gewerbe des Ackerbaus zu einer regern Lebendigkeit.

§. 49.

Die übrigen Landbaugewerbe können in wenigen zu einiger Festigkeit gekommenen Staaten als ein selbstständiger Bestandtheil des Reichthums angesehen werden, und erscheinen meistentheils in Verbindung mit dem Akkerbau. Dieses ist hauptsächlich mit dem Obst- und Gartenbau und mit der Viehzucht der Fall. Es giebt zwar Gegenden, wo die Menschen sich hauptsächlich von Obst nähren, oder von den dafür eingehandelten Genußmitteln; allein ganze Staaten von Obstessern würden schwerlich lange von irgend einer Bedeutsamkeit bestehen, oder irgend einen Grad der bürgerlichen und menschlichen Ausbildung erlangen. Es ist hiebei nicht allein zu berücksichtigen, daß ein Land zur Obstbaumzucht benutzt nur eine geringe Bevölkerung würde ernähren können, sondern auch, daß diese Art der Naturproduktion noch weit weniger Reizmittel für die menschliche Thätigkeit enthält, als der Ackerbau, besonders wenn wir bedenken, daß sie einen fruchtbaren Boden und einen günstigen Himmel voraussetzt. Ein bloßes Obstland wäre ein Schlaraffenland. Indeß ist nicht zu leugnen, daß der Obstbau als Nebenzweig des Ackerbaus einen außerordentlichen Vortheil für den Naturproducenten hervorbringen kann, indem er eine große Mannichfaltigkeit von Früchten liefert, die theils in ihrer natürlichen Gestalt, theils durch Kunst umgestaltet Befriedigungsmittel von Bedürfnissen sind. Ueberhaupt darf es nie unbeachtet gelassen werden, daß jede Vermehrung der Genußmittel, wenn sie nicht an sich zerstörend wirkt, die Kraft vermehren hilft, welche die Räder des gewerbsamen Lebens in Bewegung setzt.

§. 50.

Gartenbau setzt die höchste Kultur des Bodens voraus, und der Ackerbau hat nur dann seinen Gipfel erreicht, wenn er wie Gartenbau betrieben wird. In ihm zeigt sich daher auch die Naturproduktion in ihrer schönsten Blüthe. Körperliche Anstrengung und sorgsame Ueberlegung vereinigen sich in dem Gärtner, indem er eine Menge von Gegenständen mit seinen Gedanken umfaßt und mit seiner Arbeit zum Genusse fördert. Dennoch aber ist der Gartenbau, wenn wir ihn nicht seiner Form, sondern seinem Wesen nach von dem Ackerbaue trennen, nur als ein Nebenzweig desselben anzusehen, weil er nicht das Hauptnahrungsmittel des Menschen erzeugt. Finden wir jedoch zwischen beiden Naturproduktionsarten nur zufolge der Bestellungsweise des Bodens einen Unterschied; so ist der Gartenbau die Hauptquelle des aus der Naturproduktion fließenden Reichthums eines Volkes.

§. 51.

Durch Kunst läßt sich auch der schlechteste Boden in Gartenland verwandeln; allein der Weinbau will in der Natur des Bodens seine Aufforderung finden, und verlangt dennoch nicht allein bedeutende Arbeit, sondern auch einen ansehnlichen Verlag, um betrieben zu werden. Wenn wir nun noch dazu rechnen, daß die Witterung auf seinen Ertrag einen außerordentlichen Einfluß hat, daß er nur ein Bedürfniß des Menschen und zwar in Konkurrenz mit ähnlichen Genußmitteln befriedigt, und daß er den Absatz ins Ausland verlangt, um lohnend zu sein; dann können wir ihm keine bedeutende Stelle unter den Quellen des Nationalreichthums anweisen.

Einzelne mögen sich dabei bereichern, aber der Wohlstand des Ganzen wird nicht gewinnen.

§. 52.

Nächst dem Getreide, den Gemüse- und Obstarten ist das Fleisch die Hauptnahrung des Menschen, und diese kann er sich auf einem doppelten Wege verschaffen, entweder durch Viehzucht oder durch Jagd. Die Viehzucht ist, bei Entstehung einer vernünftigen Landwirthschaft, mit dem Ackerbau genau verbunden, pflegt ihm aber in dem Entwickelungsgange der menschlichen Kultur voranzuschreiten, weil sie in ihrem rohen Zustande mit wenig Mühe und Anstrengung verbunden ist. Die Heerde zieht von einer Gegend zur andern, das Land wird nur als Weide benutzt. Daß aber bei einer solchen Lebensart auf einem großen Raume nur wenige Menschen leben können, und daß dieser Raum als ein herrenloses Gut betrachtet werden müsse, geht von selbst hervor, so wie es einleuchtet, daß auf diesem Wege kein Fortschritt in der Kultur gedacht werden kann.

§. 53.

Wird dagegen die Viehzucht neben dem Ackerbau getrieben, und schließt sie sich an die Natur des Bodens an, dann wird sie äußerst wohlthätig auf Belebung der Industrie wirken, indem sie eine Menge Bedürfnisse befriedigt, die nicht blos in den Kreis der Lebensmittel fallen. Immer kann sie indeß nur als eine Begleiterin des Ackerbaues erscheinen, weil sie von diesem zum Theil ihre Nahrung erhält, ohne ihn nur einer unbedeutenden Bevölkerung Lebensmittel geben würde, den Verwüstungen der Viehseuchen ausgesetzt ist, und einen auf sie beschränkten Staat in allen seinen andern Bedürfnissen vom Auslande abhängig machte, ohne doch durch Anstrengung die Summe von Erzeugnissen zu erlangen, welche nöthig wäre, seine steigenden Bedürfnisse zu befriedigen, und mit der Genußfülle anderer Staaten gleichen Schritt zu halten.

§. 54.

Was die Jagd anbetrifft, so muß diese, je größere Fortschritte ein Volk in dem Anbau des Landes macht, einen desto geringern Bestandtheil des Nationalreichthums abgeben. Nur wo Waldungen in überwiegender Menge vorhanden sind, kann die Jagd einen bedeutenden Ertrag gewähren; also da, wo wenige Menschen auf einem großen Raume beisammen wohnen und der Akkerbau in enge Schranken gebannt ist. Dazu kommt, daß die Jagd der Betriebsamkeit wenig Aufmunterung giebt, indem sie schon an sich die Arbeit nicht belebt, sondern zu einem müßigen Leben verleitet, wobei der Mensch mehr auf das Glück, welches ihm ein Wild in die Hände liefert, als auf seine Thätigkeit Rechnung macht. Dazu kommt noch, daß die Jagdprodukte nicht von unentbehrlicher und unersetzlicher Art sind, und wenn auch mannichfaltig in ihren Gattungen, doch nicht mannichfaltig in Beziehung der Bedürfnisse, welche dadurch befriedigt werden sollen. Ist es daher nicht die Eigenthümlichkeit einer Gegend, welche einen großen Wildstand hervorbringt; so ist es der Mangel an Anbau des Landes, immer aber macht die Jagd einen höchst unbedeutenden Theil des Nationalreichthums aus.

§. 55.

Mit der Jagd theilt die Fischerei im allgemeinen den eigenthümlichen Einfluß auf die Arbeitsthätigkeit eines Volkes, doch sind die übrigen Verhältnisse, worin beide Gewerbsarten zu dem Nationalreichthume stehen, nicht ganz gleich, wenn wir auf die verschiedenen Arten der Fischerei Rücksicht nehmen. Teich-, Fluß- und Meer-Fischerei lassen sehr von einander abweichende Betrachtungen zu. Die Teichfischerei muß mit zunehmender Bodendenkultur nothwendig verschwinden; die Flußfischerei liefert im ganzen eine sehr geringe Ausbeute und lohnt schlecht, weil sie eine zwar langweilige, aber mit weniger Anstrengung und geringem Verlage verbundene Arbeit voraussetzt; die Meerfischerei endlich erfordert eine ähnliche nur oft mit großem Unternehmungsgeiste gepaarte Arbeit, allein einen bedeutenden Verlag, und belohnt daher den Verleger oft reichlich, während der Arbeitslohn höchst unbeträchtlich ist. Es ist indeß der Umstand nicht aus den Augen zu lassen, daß die Meerfischerei einer seefahrenden Nation erfahrene und kühne Seeleute liefert, und auf diese Weise mittelbar einen wichtigen Vortheil gewährt.

§. 56.

Das Holz ist in den meisten Gegenden der Erde ein Bedürfniß der Naturnothwendigkeit, überall aber, wo der Mensch nur die erste Stufe der Bildung verlassen hat, ein Bedürfniß der geselligen Nothwendigkeit. Die Benutzung des Bodens zur Holzerzeugung ist daher von der größten Wichtigkeit, und ein Besitz von Waldungen, welche beide Bedürfnißarten in ihrem ganzen Umfange zu befriedigen im Stande sind, gehört um so mehr zur Zahl der wahren Nationalreichthümer, als Herbeischaffung des Holzes aus entlegenen Gegenden mit großen Kosten verknüpft ist. Daraus geht nun aber auch hervor, daß Holzungen nur dann in ihrer großen Wichtigkeit erscheinen, wenn sie so im Lande vertheilt sind, daß sie sich immer in der Nähe des Bedürfnisses befinden. Zwar theilt die Holzkultur mit der Jagd und Fischerei die Eigenthümlichkeit, daß sie keine angestrengte Thätigkeit erfordert; allein es ist dabei doch ein großer Unterschied zu bemerken. Es ist nicht allein zu wünschen, sondern die Entwickelung des Menschen strebt auch in ihren innersten Antrieben dahin, daß die mechanische Anwendung der menschlichen Kräfte in immer engere Grenzen eingeschlossen werde, damit das freiere Leben um so mehr Spielraum gewinne. Da nun die Naturproduktion im ganzen sehr mechanisch ist; so kann man es immer als einen bedeutenden Gewinn betrachten, wenn mit wenigen menschlichen Kräften viel hervorgebracht wird. Dieses ist nun zwar bei der Jagd und Fischerei der Fall; aber zugleich verurtheilen beide die menschliche Kraft in Zwischenräumen zur Unthätigkeit, weil ihre Produktion nicht blos von der menschlichen Kraftäußerung, sondern noch mehr vom Zufall und von vielen nicht zu berechnenden Umständen abhängt; und dieses macht den Unterschied zwischen ihnen und der Holzkultur aus, wo zwar wenig menschliche Kraft aufgewendet wird, allein immer einen Gegenstand der Beschäftigung findet. Außerdem aber haben Jagd und Fischerei das Eigenthümliche, daß sie nur uneigentlich produziren. Sie nehmen blos der Natur die Dinge ab, die sie freiwillig hervorbringt, vermehren die Genußmittel des Menschen, aber nicht die Zahl der Erzeugnisse, ja ihr Produziren ist ein Zerstören der Produktionsquelle. Zudem hat die Holzkultur den Vorzug, daß sie höhere Anwendung menschlicher Kräfte auf das mannigfaltigste erzeugt und somit zwei wohlthätige Eigenschaften in sich vereinigt. Noch muß man, um den Stand der Holzkultur unter den übrigen Naturproduktionsarten richtig zu würdigen, bedenken, daß die geringe Arbeit, welche sie erfordert, eben so, wie der geringe Verlag, dessen sie bedarf, nicht ermangeln wird, sie vielen empfehlenswerth zu machen, daß aber die Aussicht auf einen späten Gewinn davon abschrecken und nur wenigen erlauben wird, ihren Grund und Boden als Waldung zu benutzen.

§. 57.

Der Bergbau ist eine von denjenigen Naturproduktionsarten, welche im allgemeinen den Nationalreichthum am wenigsten unmittelbar vermehren, und zwar oft um so weniger, je edler das Erzeugniß ist, welches er liefert; denn sein Betrieb ist mit bedeutenden Kosten verbunden, erstattet oft spät, oft gar nicht die Vorauslage und steht in sehr genauer Beziehung selbst zu entfernten Bergwerken. Am vortheilhaftesten greift er dadurch in die Nationalbetriebsamkeit ein, daß er Veranlassung zur Entstehung einer Menge von Fabriken giebt, denen er das Material in die Hände liefert; und dieses wird dann immer um so mehr der Fall sein, je weniger fremde Bergwerke mit den einheimischen konkurriren können, und je wohlfeiler Feurungsmittel in der Nähe zu haben sind. Bei weitem kostbarer würde noch die Betreibung des Bergbaus sein, wenn nicht in civilisirten Ländern das Bergvolk dazu angewendet würde, welches, an Noth gewöhnt, sich gern der beschwerlichen, ungesunden und mit Gefahr verbundenen Arbeit um einen geringen Arbeitslohn unterzieht, und wenn in Ländern, wo Sclaverei zu Hause ist, nicht die Sclaven vorzüglich den Bergbau betreiben müßten.

Zweiter Abschnitt.

Von der Leibeigenschaft.

§. 58.

Der Mensch wird überall von der Begierde nach Genuß geleitet, und er stehet auf einer desto höheren Stufe der Bildung, je mehr geistige Bestandtheile in den Gegenständen seines Genusses enthalten sind. Dieser Trieb nach Genuß ist es aber auch, der ihm die Arbeit unangenehm macht, mit welcher unmittelbar kein Genuß verbunden ist. Daher haben, außer den frühern, auch in neuern Zeiten Völker, bei denen der Mensch noch nicht als Mensch geschätzt wird, sondern Egoismus den einen dem andern als Mittel für seine Zwekke unterordnet, Sklaverei und Leibeigenschaft eingeführt. Daß beide Formen der Unterdrückung die Menschheit herabwürdigen, indem sie einen Theil der Gesellschaft zur gezwungenen Maschine machen, die an den Winken ihres Herren hängt, wie die Räder einer Uhr sich mechanisch nach der Feder oder dem Gewichte bewegen, ist keinem Zweifel unterworfen; allein, ob sie der Erhöhung des Nationalwohlstandes, als eines Inbegriffs der Genußmöglichkeiten der einzelnen Glieder der Nation, förderlich oder hinderlich seien, ist eine andere Frage, die hier eine besondere Betrachtung verdient. Inzwischen weisen wir für's erste noch die Untersuchung über die Sklaverei, als die allgemeinere Form der Abhängigkeit des einen Menschen von der Willkühr des andern ab, und beschäftigen uns blos mit der Leibeigenschaft, die eine nähere Beziehung zur Naturproduktion hat.

§. 59.

Die Leibeigenschaft besteht in der Abhängigkeit eines Landmannes von seinem Herrn in Hinsicht seiner Arbeit, seines Unterhalts, seiner Heirath, seiner Kinder und seines Eigenthums, und ist, die Sklaverei ausgenommen, die dem Herrn auch das Recht über das Leben des Sklaven giebt, der höchste Grad der Unsicherheit der Personen und des Eigenthums. Der Herr hält den Leibeigenen durch ungemessene Dienste und kargen Unterhalt, durch Bestimmung über seine Verheirathung und das Schicksal seiner Kinder, durch die Erschwerung der Erlangung von Eigenthum, und durch die Macht, ihm den Genuß desselben unmöglich zu machen, in der größten Abhängigkeit. Welchen Einfluß dieselbe auf die Klasse der Leibeigenen ausübe, ist leicht zu zeigen, schwieriger scheint es, darzuthun, wie sie auf den Nationalwohlstand wirke. Wir können zu dem Ende einen doppelten Weg einschlagen, einen allgemeinen, indem wir die Beweisgründe aus der überwiegenden Wirksamkeit der freien Entwickelung eines Volkes über die zum Theil ganz bewußtseinlose Thätigkeit desselben hernehmen, und einen besondern, wo wir aus dem Erfolge der Leibeigenschaft auf die Naturproduktion die Nachtheile derselben für den Nationalwohlstand ableiten.

§. 60.

Nur durch Anstrengung seiner Kräfte lernt der Mensch dieselben kennen und wieder frei anwenden, und nur in einem Zustande der Gesellschaft, worin die Kräfte der Gesellschaftsglieder auf das mannichfaltigste angespannt werden, wird das größte Resultat dieser Kraftanstrengungen hervorgehn. Die größte Anstrengung des Menschen ist aber nur dann zu erwarten, wenn er die Aussicht hat, durch dieselbe ein begehrtes Gut zu erlangen. Nun nehmen aber mit zunehmender Entwikkelung des Menschen die begehrten Güter immer mehr zu, und zugleich wird durch steigende Bevölkerung die Mitbewerbung um dieselben größer und die Ueberzeugung fester, daß im allgemeinen nur durch Arbeit, Genuß erlangt werden könne. Daher suchen alle Menschen, mit wenigen Ausnahmen, sich von Stufe zu Stufe emporzuarbeiten, indem die Befriedigung eines Wunsches immer eine Menge anderer erzeugt. So wird eine allgemeine, freie, den Fähigkeiten und Kräften angemessene Regsamkeit entstehen, und wem der innere Wille lebendig ist, dem wird sich eine Fülle von Reichthümern als Ziel seines Strebens eröffnen. Dort wird er dem Glücke auf stürmischen Wellen nachjagen, hier in der Werkstäte seine Kräfte üben; dort seine Brust dem Donner des Geschützes entgegentragen, hier im Schweiße seines Angesichts den Pflugstier lenken; dort auf kahlen Felsen den Gemsen nacheilen, hier als ruhiger Fuhrmann dem fernen Kaufmanne die begehrten Güter zuführen! Wo ist dieses in einem Lande der Knechtschaft zu finden?! Während der eine die mühelos erworbenen Güter verpraßt, oder seine Freude am Anblikke der aufgesammelten Metallstücke hat, wird der andere lässig und stumpfsinnig die befohlene Arbeit vollbringen und die Nacht herbeisehnen, die ihn aus der Hand seines Drängers und Peinigers befreit. Dort ist das Land von freigesinnten Männern bewohnt, hier von Herren und Knechten; dort ist jeder Feind fürchterlich, weil von ihm nichts zu hoffen, aber Tod und Knechtschaft in mancherlei Gestalten zu erwarten sind, hier ist er einem großen Theile willkommen, weil er doch vielleicht Erlösung aus den Ketten der Unterdrückung verkündigt. Ein Land, wie das letztere, ist nur sicher durch die Blödsinnigkeit seiner unterdrückten Bewohner. Diese muß mithin sorgfältig erhalten, der Mensch zum Thiere herabgewürdigt werden, damit der Sinn der Freiheit, des wahren Menschengefühls, nicht auflebe und den künstlichen Bau der Unterdrückung zusammenstürze. Man vergleiche die Länder, wo die Leibeigenschaft aufgehoben ist, mit denen, wo sie noch in ihrer ganzen Strenge besteht, und man wird sich überzeugen, wie die Lähmung einer großen Bevölkerungszahl in freier Aeußerung ihrer Thätigkeit auf die Kultur eines Landes wirkt. Nur wo Handel, Fabrikation und Naturproduktion lebendig in einander eingreifen, kann echter Wohlstand hervorgehn. Wodurch ist Deutschland so blühend geworden? Durch seine freien Reichsstädte, durch seine Hansa, durch seinen rheinischen Städtebund! Hier waren die Zufluchtsörter der unterdrückten Leibeigenen, von hier ging der freie Bürgerstand aus, von hier aus verbreiteten sich Genüsse sinnlicher und geistiger Art zur Verschönerung des Lebens! War es nicht Frankfurt am Main, wo die Buchdruckerkunst geboren wurde? War es nicht Nürnberg, wo Albrecht Dürer malte, Holzschnitte machte, in Kupfer stach? War es nicht das freie Straßburg, wo der Münster sich erhob? Waren es nicht Kaufleute von Augsburg, die selbst den Besitzer von Peru aus seiner Geldnoth halfen?

§. 61.

Eben so einleuchtend ist es, welch' ein Nachtheil der Naturproduktion selbst und mittelbar dem Nationalwohlstande durch die Leibeigenschaft erwachse. Da die Leibeigenschaft die Leibeigenen in einen hoffnungslosen Zustand versetzt, und die Entwickelung ihrer Bildung künstlich erschwert wird; so werden sie nicht nur dumm, träge und unempfindlich gegen Zwang werden, sondern sich auch allen den Lastern hingeben, die der thierischen Natur des Menschen eigen sind. Boshaft und untreu, dem Trunke ergeben, liederlich und diebisch wird man sie finden, nicht zu gedenken, daß sie keinen Trieb haben können, zu erwerben und zu sparen. Wie schlecht ist daher nicht ihr ihnen zum Unterhalte eingeräumtes Stück Land bestellt, wenn man es auch noch so klein findet! Verlag und Arbeit können nur wenig daran gewandt werden, und wäre auch die Anwendung eines größeren Fleißes möglich, wo keine Liebe zum Besitze ist, wird er keinen Sporn finden! Und nicht viel besser erscheinen die weit ausgedehnten Felder der Gutsherrschaft, wenn wir das Verhältniß des ganzen Ertrages mit dem Umfange der liegenden Gründe vergleichen. Ein Theil derselben liegt unangebaut, während alle Arbeit der Leibeigenen auf einen im Verhältniß zum Ganzen kleinen Bezirk gewandt wird, um diesen in blühendem Zustande zu erhalten. Welcher Verlust gegen den kleinen Gewinn! Kann bei einem solchen Zustande der Wohlstand eines

Landes, kann seine Volksmenge zunehmen? Keineswegs! Wer sorgt für die Kranken unter den Leibeigenen und ihren Kindern, die im Schmutz und bei schlechter und kärglicher Nahrung aufwachsen müssen, zu geschweigen, daß Ehen oft von der Herrschaft gehindert werden, weil diese den sich vermehrenden Familien keine neuen Ländereien einräumen, ihnen den dazu nöthigen Vorschuß nicht geben will oder kann, ja wohl das den Leibeigenen eingeräumte Land wieder einzieht. Es ist aber auch außerdem nicht aus den Augen zu lassen, daß die Städte nothwendig von dem Lande die Ergänzung ihrer Bevölkerung erhalten müssen, dieses aber bei der Leibeigenschaft nicht möglich ist. In einem Lande, wo Leibeigenschaft herrscht, ist daher die Bevölkerung der Städte auch nur schwach, städtische Betriebsamkeit gering, und hauptsächlich von Fremden ausgeübt, besonders auf dem Lande. Daher die vielen Juden in Rußland und Polen!

§. 62.

Nach dieser Betrachtung der Leibeigenschaft wird es nicht schwer fallen, die Sklaverei gehörig zu würdigen, die noch eine Stufe höher in der Entwürdigung des Menschen steht. Es kann keinen Unterschied begründen, daß die Sklaven größtentheils Ausländer, ja Glieder ganz wilder Volksstämme sind: das Resultat für die Staatswirthschaft bleibt dasselbe, und für das menschliche Gefühl möchte die Leibeigenschaft in der Herstammung aus frühen Zeiten noch einen das Urtheil über sie mildernden Grund finden, der bei der Sklaverei, besonders bei dem Sklavenhandel unter gesitteten Völkern ganz wegfällt.

Minder, aber ähnlich nachtheilig wirken die Einschränkungen und Lasten, denen auch freie Arbeiter häufig unterworfen sind. Am schicklichsten werden sie da zusammengestellt, wo von den Maaßregeln der Regierung in Beziehung auf die Beförderung der Urproduktion die Rede ist.

Dritter Abschnitt.

Ueber die ungleiche Vertheilung des Grundeigenthums.

§. 63.

Das größte Hinderniß des Fortschrittes der Landwirthschaft (des Ackerbaus) sucht man häufig in der ungleichen Vertheilung des Grundeigenthums, und gründet darauf Staatsmaaßregeln, die tief in den freien Entwickelungsgang der ländlichen Gewerbsamkeit der Staatsglieder eingreifen würden, wenn irgend eine Regierung ihre Ausführung versuchen sollte. Doch von ihnen werde an einem andern Orte geredet, und hier nur gefragt: was wirkt die ungleiche Vertheilung des Grundeigenthums auf den Ackerbau und auf den Nationalwohlstand überhaupt?

§. 64.

Wenn der Ackerbau in seinem ganzen Umfange, in Verbindung mit seinen Nebenzweigen — Gartenbau, Obstbaumzucht, Viehzucht — auf eine zweckmäßige, den, unter bestimmten Umständen, möglich höchsten Ertrag liefernde Weise getrieben werden soll; so fordert er einen bedeutenden Verlag und eine unausgesetzte Thätigkeit, welche beide Erfordernisse in dem Maaße zunehmen müssen, als das Grundeigenthum ausgedehnt ist. Dabei ist die Thätigkeit des Wirthschafters von der Beschaffenheit, daß sie ihn allen Unannehmlichkeiten der Witterung aussetzt, seine Gegenwart zu manchen Zeiten unabänderlich nothwendig macht, wenn er sich nicht dem größten Nachtheile aussetzen will, und ihn oft mehr anhaltend und unangenehm, als angestrengt beschäftigt.

§. 65.

Daraus folgt, daß die Bewirthschaftung bedeutend großer Grundstücke eine Thätigkeit erfordert, welche man nur von wenigen Menschen erwarten darf, und am allerwenigsten von solchen, die ein so bedeutendes Grundstück besitzen. Durch ihre Mittel im Stande, eine höhere Ausbildung zu erlangen, oder sich dem Vergnügen zu überlassen, werden sie, entweder Staatsämtern oder einer den Geist ansprechenden Muße gewidmet, sich von der Bewirthschaftung ihres Eigenthums losmachen. Ja, wollten sie dieses auch nicht, sie würden doch oft nicht einmal im Stande sein, den weiten Umfang ihrer Grundstücke zu übersehen. Es bliebe ihnen also nichts anders übrig, wenn sie nicht zur Verpachtung ihrer Güter schreiten wollten, als sie bewirthschaften zu lassen. Dann darf man aber an einem nachtheiligen Erfolge für den Ertrag der Grundstücke nicht zweifeln. Der Wirthschafter sucht im allgemeinen nur seinen Nutzen zu befriedigen, keineswegs aber wird er sich zum Vortheil der Gutsherrschaft so anstrengen, daß er den möglich höchsten Ertrag der Bewirthschaftungsgegenstände bewirkt. Wenn man dagegen die Verbesserungen des Bodens, die kostspieligen und oft in ihren Folgen höchst ersprießlichen Versuche anführt, welche große Gutsbesitzer zu machen vermögen; so darf man wohl annehmen, daß diese Möglichkeit nur höchst selten in Wirklichkeit übergeht, vielmehr werden solche Gutsbesitzer zur Verschönerung ihres Lebens Schlösser bauen, Parks anlegen, auf die Jagd, auf Pferde u. s. w. große Summen verwenden. Der größte Vortheil, welchen sie dem Landbau gewähren, möchte immer der sein, daß sie Unglücksfälle, von denen sie betroffen werden, auf eine leichtere Art ertragen können, als die Landwirthe, deren Ackerbau sich füglich von einem thätigen Manne übersehen läßt, und also ein nicht sehr bedeutendes Vermögen voraussetzt. Solche bemittelte Landwirthe werden dagegen mit der größten Sorgfalt ihre Grundstücke anbauen und keinen Vortheil vorüber lassen, der ihnen einen größern Ertrag verspricht, also unstreitig weit mehr produciren, als die großen Güterbesitzer, ja sich durch Versicherungsanstalten selbst vor den Folgen mancher Unglücksfälle bewahren können, die ihrer Wirthschaft drohen. Nur, wenn der Landbesitz so klein ist, daß der Besitzer nur mit Mühe selbst davon leben, oder nur zum Theil davon leben kann, und Nebengewerbe aufsuchen muß, wird die Landwirthschaft einen geringen Ertrag liefern. Hier ist weder die Möglichkeit vorhanden, das Land mit allem Fleiße tüchtig zu machen, noch Maschinen und kostbare Werkzeuge anzuschaffen, noch auch einen vortheilhaften Fruchtwechsel zu beobachten. Eine mittlere, von einem Wirthschafter übersehbare Größe der Grundstücke scheint demnach die für die Landwirthschaft ersprießlichste Art der Vertheilung des Grundes und Bodens zu sein; allein wenn man bedenkt, daß der große Güterbesitzer eine auf zweckmäßigen Bedingungen beruhende Erbpacht als Auskunftsmittel anwenden kann, eine solche nämlich, die den Erbpächter einem Eigenthümer ziemlich gleich stellt, wenn man bedenkt, daß er durch die Möglichkeit einer höheren Ausbildung als Begünstiger der Künste und Wissenschaften und der Gewerbe im ausgedehntesten Sinne, als Freund geistigerer Genüsse zur Fortentwickelung einer Nation hauptsächlich beitragen kann, und im allgemeinen durch seine Lage dazu veranlaßt wird, ja, wenn man endlich bedenkt, daß durch den Grundbesitz ein eigenes Selbstgefühl in dem Menschen erzeugt wird, ein Streben nach Selbstständigkeit, welches weder im Innern des Staats, noch in Beziehung auf auswärtige Verhältnisse Willkühr ertragen mag, dann wird man nicht anstehen, die Vortheile der großen Gutsbesitzer in einem Staate anzuerkennen. Sie sind seine Hauptsäulen in allen Gefahren! Nur wo die Leibeigenschaft herrscht, möchte der ausgedehnte Grundbesitz dem Nationalwohle gefährlich erscheinen; auf der andern Seite dürfte es aber nicht vortheilhaft sein, durch künstliche Mittel denselben aufrecht erhalten zu wollen. Die freie Schätzung des Werthes eines bedeutenden Besitzes an Grundeigenthum wird ihn in seiner vollen Wichtigkeit am besten erkennen und benutzen lehren, und wenn die Staatsverfassung von der Art ist, daß sie ein Gewicht darauf legt; so wird die freie Schätzung an Kraft und Wirksamkeit noch wachsen. — Auf diese Weise wird in den Grenzen der Landwirthschaft eine schöne Regsamkeit erhalten, und der Mensch, der im allgemeinen mehr den Vorbildern nachstrebt, die sich ihm in der Wirklichkeit zeigen. als nach Grundsätzen und frei entworfenen Zwecken handelt, wird in den großen Grundherrn ein Ziel finden, welches seine Kräfte auf das lebendigste antreibt. Der große Grundherr dagegen wird seinen Besitz auf das innigste mit den Angelegenheiten des Vaterlandes verschmelzen, und das Gefühl der Selbstständigkeit, welches ihm seine Lage als Landbesitzer giebt, wird durch das nähere Anschließen an das allgemeine Wohl eine höhere Würde, eine unerschütterlichere Kraft erlangen.

Die Vortheile des großen Grundbesitzes haben zu mehreren positiven Formen desselben Veranlassung gegeben, und diese verdienen ebenfalls einer Erwähnung, doch mögen sie da ihre Stelle finden, wo die freie Volkswirthschaft in Beziehung auf positive Staatseinrichtungen betrachtet werden wird.

Vierter Abschnitt.

Die Regierung als Naturproducent.

§. 66.

In der Idee des Staates, als Regierung, liegt eigenes Produciren durchaus nicht. Soll sie die Seele, die belebende Kraft des Ganzen sein; so kann sie nicht zugleich einen Theil dieses Ganzen ausmachen, Wirkung und Gegenstand dieser Wirkung zugleich darstellen. Sie würde dann nothwendig ein doppeltes Streben haben: sich zu bereichern und diese Selbstbereicherung wieder in den Grenzen der gemeinen Gewerbsamkeit zu halten, sie den allgemeinen Gewerbegesetzen unterzuordnen. In der Natur eines solchen Verhältnisses liegt nothwendig Zwiespalt, und die durch so viele Beispiele klar erhellende Hinneigung der Regierungen, sich als etwas Besonderes, vom Volke Getrenntes, zu betrachten, und dieser Betrachtung gemäß zu handeln, wird dadurch nur noch mehr verstärkt werden. Die Regierung wird sich leicht verführen lassen, zu ihrem scheinbaren Vortheile; denn ihr wahrer Vortheil ist der des Volkes, eine Ausnahme von den allgemeinen Gesetzen zu machen, und sich ein Monopol zueignen. Wo daher die Regierung ihren Beruf richtig erkennt, wird sie alle Gewerbe aufgeben, die sie in die Klasse mit jedem andern Gewerbetreibenden versetzen. Ganz anders verhält es sich, wenn die Regierung die Betreibung gewisser Produktionsarten zum Vortheile des Ganzen übernimmt, weil sie die Nothwendigkeit derselben für den allgemeinen Wohlstand, oder gar für das Bestehen der Gesellschaft erkennt, und zugleich einsieht, daß die Lage der einzelnen Staatsbürger ihnen nicht erlaubt, sich mit dergleichen Gegenständen der Hervorbringung zu befassen.

§. 67.

Dazu kommt, daß die Regierung diejenigen Gewerbe, die sie in Konkurrenz mit den Staatsbürgern treibt, jedesmal zu ihrem Nachtheile treiben und nicht blos durch jene oben angedeutete Hinneigung zu ihrem Vortheile, sondern schon in der bloßen Absicht, ihr Gewerbe zu erhalten, sich ein Monopol beilegen werde. Des gewerbetreibenden Bürgers Wohl und Wehe hängt von seiner Thätigkeit ab, und wenn es einen Vortheil zu erlangen oder einen Nachtheil abzuwenden gilt, wird er alle seine Kräfte aufbieten, keine Anstrengungen, keine Unannehmlichkeiten scheuen. Jeder, auch der kleinste Gewinn hat Werth für ihn. Ueberall wird er mit dem geringsten Aufwande von Kräften das größte Resultat zu liefern suchen, Werkzeuge und Maschinen verbessern, kurz nichts versäumen, was seinen Gewinn, seinen Wohlstand zu vermehren im Stande ist. Und dieses gilt nicht blos von dem Naturproducenten, auch bei den Kunstgewerben und bei dem Handel ist es der Fall. Man könnte nur daran zweifeln, daß die einzelnen Gewerbetreibenden die Mittel besitzen werden, Verbesserungen oder Speculationen zu machen, die mit einem großen Kostenaufwande verbunden sind. Im allgemeinen werden sie allerdings hierin sehr vorsichtig zu Werke gehen; allein diese Vorsicht ist dann auch gerade das Unterpfand des Gelingens der Unternehmung. Versuche im Kleinen werden die Ausführung im Großen erst verbürgen müssen, und sollte die Regierung die Gewerbe rascher auf einen höhern Standpunkt stellen wollen; so bliebe ihr ja die Unterstützung der Gewerbetreibenden zu bestimmten Zwecken unbenommen. Allein dieses wird nur in sehr wenigen Fällen nöthig sein. Man muß nicht vergessen, daß in einem wohleingerichteten Staate, wo alle Kräfte sich frei zu entwickeln im Stande sind, die Bildung nach allen Richtungen hin sich gleichmäßig zu entfalten strebt, ein Zweig den andern beständig unterstützt, und daß ferner die Regierung die Seele des Ganzen sein, aber auch eben deshalb die Eigenthümlichkeit desselben treu abspiegeln wird, wenn es auch auf einer höhern Potenz geschieht. Volk und Regierung schreiten daher mit einander fort, und wenn die letztere mit ihren Ansichten auch vorauseilt; so folgt ihr jenes doch auf dem Fuße nach. Die Regierung wird daher das Volk weder in Sprüngen weiter führen können, noch wird sie dieses sollen. Verbesserungen, die sie anräth oder unterstützen möchte, müssen schon durch die Bildung des Volkes vorbereitet sein, und werden, wenn auch etwas später, doch gewiß zur Ausführung kommen und um so kräftiger gedeihen, als sie aus der freien Ueberzeugung hervorgehn. Die Geschichte zeigt uns auch dieses wieder sehr deutlich. Sowohl die Gewerbe der Urproducenten und Fabrikanten, als der Kaufleute sind durch Privatpersonen stets am vortheilhaftesten ausgebildet worden und häufig da verunglückt, wo die Regierung sich unmittelbar in ihren Gang gemischt hat.

§. 68.

Betrachten wir die Regierung insbesondere in Beziehung auf die Urproduktion; so fragt es sich: welche von den oben angegebenen Zweigen derselben (Landbau, Jagd, Fischerei, Bergbau) eignen sich am meisten, von ihr betrieben zu werden? Der Landbau ist es zwar, auf welchem ursprünglich die Erhaltung eines Staates beruht, allein die meisten der dazu gehörigen Zweige sind von der Art, daß sie sehr füglich von einzelnen Staatsbürgern betrieben werden können, ja, nur von ihnen betrieben, die Vortheile gewähren, auf welche die Gesellschaft Ansprüche machen muß, um ihre Erhaltung und ihr weiteres Fortschreiten möglich zu machen. Als Hauptzweige des Landbaus erscheinen der Ackerbau und die Holzzucht. Jener, haben wir gesehn, gedeiht am vortheilhaftesten, wenn der Grund und Boden in von Einem Wirthschafter leicht übersehbaren Antheilen sich in den Händen der Staatsbürger befindet, wobei jedoch der mittelbare Nutzen der groszen Grundbesitzungen nicht geleugnet wird, die vielmehr, unter jene vertheilt, die Landwirthschaft an ein höheres Element anknüpfen. Dieses letztere findet aber in Ansehung der Regierung, als Urproducenten, nicht statt; ja es werden die für den Akkerbau aus allzugroszem Landbesitze unmittelbar zu erwartenden Nachtheile am höchsten steigen, wenn die Regierung sich mit demselben eigens befaszt. Bei dem groszen Grundbesitzer waltet doch immer ein persönliches Interesse ob, welches ihn dahin streben läszt, den möglich höchsten Vortheil aus seinem Grundbesitze zu ziehen, ein Streben, welches nur durch die Unmöglichkeit der Erreichung seines Zweckes vereitelt, und durch die Nebenabsicht, den Landbesitz zugleich so angenehm als möglich zu machen, modificirt wird. Bei der Regierung ist aber durchaus kein persönliches Interesse möglich. Die Glieder der Regierung sind Stellvertreter des Staates, haben nur ein objectives Streben und sollen dieses nur haben; allein nie wird die Idee der objectiven Wirksamkeit die Staatsdiener so erfüllen, dasz sie mit der Thätigkeit handeln, als wenn ihr Handeln aus subjectiven Gründen hervorginge, vielmehr wird ihr persönlicher Vortheil sie oft den Vortheil des Ganzen vergessen lassen. Bei dem Akkerbaue ist dieses auch sehr leicht möglich, da eine fortgesetzte und strenge Aufsicht nicht ausführbar ist. Wenn sich auch offenbare Nachläszigkeiten in Hinsicht des gewöhnlich zu erlangenden Ertrages bemerken lassen, wer kann den Beamten zwingen, alle mögliche Gelegenheiten zu ergreifen, die einen höheren Nutzen der Grundstücke

gewäh-

gewähren, wer kann das Resultat der Ernten genau ausforschen, wer kann immer wissen ob der Beamte nicht zu seinem Vortheile mehr Vieh hält, als die vorschriftsmäßige Zahl, oder ob er sein Inventarium an Vieh nicht zum Theil zu Nebengewerben benutzt. Verpachtungen bleiben daher für die Staatsgüter das räthlichste, wenn ihr Verkauf nicht vortheilhaft scheinen sollte. Bei einer richtigen Einsicht in das Wesen des Staates, wonach die Regierung nichts außer dem Volke ist, ihr Wohlstand mit dem dieses letztern genau zusammenhängt, und Regierungsbedürfnisse durchaus nichts anders sind, als Volksbedürfnisse, wird der Staat nicht nöthig haben, einen Schutz gegen Gefahren anders, als bei den Staatsbürgern, zu suchen. Ist dieses, dann fällt auch die Nothwendigkeit der Beibehaltung der Domänen-Landgüter fort, ja der Nutzen ihrer Veräußerung liegt am Tage, weil auch die zweckmäßigsten Verpachtungen doch nicht den Wohlstand des Staates so, wie eigene Bewirthschaftung befördern.

§. 70.

Hiervon scheinen indeß Forsten und Bergwerke eine Ausnahme zu machen. Da der Mensch gern die Früchte seines Fleißes einerntet, sagt man, die meisten Hölzer aber erst nach einer langen Reihe von Jahren schlagbar sind; so wird schon dieses viele Menschen abhalten, sich mit der Holzkultur zu beschäftigen. Außerdem wäre aber der Umstand nicht aus den Augen zu lassen, daß nur große Forsten eine zweckmäßige Holzkultur zuließen, also die Befriedigung des Holzbedürfnisses nur von wenigen Besitzern großer Waldungen zu erwarten sei, die sich überdies nicht immer da befinden möchten, wo gerade die Nachfrage nach Holz statt fände. So würde das Holz theils einen Monopolpreis erlangen, theils nicht einmal das Bedürfniß befriedigen, besonders, wenn man bedächte, daß mancher schlechte Wirth in der Niederschlagung seiner Forsten seine Rettung suchen dürfte. Da es nun die Pflicht der Regierung ist, die Existenz der Staatsbürger so viel wie möglich zu sichern, schließt man, müsse sie auch für die Befriedigung des Holzbedürfnisses auf die für die Consumenten mindest drükkende Weise sorgen, und dieses könne nur geschehen, wenn sie sich wenigstens die Domänenforsten vorbehalte. Dadurch würde sie im Stande sein, dem Holze im allgemeinen einen billigen Preis zu bestimmen. Man könnte jedoch dagegen einwenden: 1) erhält der Besitzer einer Forst auch nicht die Früchte seines Fleißes, so doch die seiner Vorgänger; 2) bei zunehmender Einsicht der Naturproducenten werden Waldungen als ein vortheilhafter, eine sichere Rente abwerfender Grundbesitz erscheinen, und sich da immer mehr ausbreiten, wo Nachfrage nach Holz geschieht; 3) nur die Konkurrenz hindert den Monopolpreis, und wenn die meisten und bedeutendsten Forsten in den Händen der Regierung sind, wird sie sich, durch größere Verwaltungskosten außerdem bestimmt, leicht zu einem Monopolpreise verleiten lassen; große Grundbesitzer werden nicht allein des Vortheils, sondern auch einer gewissen Eitelkeit und der Befriedigung ihrer Jagdlust wegen, ihre Forsten zu erhalten suchen; 5) durch Anlegung von guten Landstraßen und durch Ziehung von Kanälen kann die Regierung die Herbeischaffung des Holzes nach den Gegenden des Bedürfnisses außerordentlich befördern.

§. 71.

Am wenigsten thunlich scheint die Verpachtung und Veräußerung der Bergwerke zu sein, weil ihr Bau einen Verlag verlangt, den Privatpersonen nicht leicht aufzubringen im Stande sind, mehrere Bergwerkserzeugnisse mit der Selbstständigkeit eines Staates genau zusammenhängen und andere beim Ackerbau nicht entbehrt werden können und, weit herbeigeschafft, die nothwendigsten Lebensmittel vertheuern würden, und weil überdies die Ausbeute der Minen höchst ungewiß ist und oft nur die Gewinnungskosten erstattet.

Mit den Salzquellen möchte es derselbe Fall sein. Auch sie werden am zweckmäßigsten in den Händen der Regierung bleiben. Sie liefern ein Bedürfniß der Nothwendigkeit, und lassen dabei nicht, wie das Holz eine künstliche Vermehrung zu. Die Salzquellen im Besitze von Privatpersonen würden daher sehr leicht einen Monopolpreis des Salzes veranlassen und dadurch die geringere Volksklasse äußerst bedrücken. Zwar würde sich auch die Regierung dazu wohl verleiten lassen; allein, wenn sie, was doch hier angenommen werden muß, von richtigen Grundsätzen ausgeht, würde sie ihren Vortheil doch nicht zum Nachtheile der Staatsbürger suchen und durch den Monopolpreis nur ihre höheren Verwaltungskosten decken.

§. 72.

Was die Jagd anbetrifft; so läßt sich diese nicht leicht von dem Besitze der Forsten trennen und ist daher theils Staats- theils Privat-Eigenthum, immer aber bestimmten Gesetzen in Hinsicht des Schadens unterworfen, den das Wild dem Ackerbau leicht zufügt, wenn es nicht in gewissen Grenzen gehalten wird.

Die Fischerei auf freien Gewässern muß durchaus unter der Aufsicht des Staates stehen, da sie als Privatbesitz nicht wohl gedacht werden kann, von der Regierung aber wird sie, wie aus ihrer Eigenthümlichkeit hervorgeht, am zweckmäßigsten verpachtet. Auf eine ähnliche Weise, wie hier von dem Grundeigenthums Besitze des Staates gesprochen worden ist, läßt sich der

Grundeigenthumsbesitz einer jeden moralischen Person betrachten.

Fünfter Abschnitt.

Von der Kunstproduktion (Fabrikation).

§. 73.

Es ist von wichtigem Einflusse zuerst zu untersuchen, wodurch die Kunstproduktion, unter der wir die Anwendung arbeitender Kräfte zur Erzeugung von unmittelbaren oder mittelbaren Genußmitteln durch die Umformung der Naturstoffe verstehen, hervorgebracht werde, und was die Möglichkeit ihrer Hervorbringung begründe.

§. 74.

Der Mensch will nicht nur leben, wozu ihn der blos thierische Trieb der Selbsterhaltung treibt, sein Streben geht weiter, er will sein Dasein verschönern, nach allen Seiten hin seine Kräfte entfalten, und dieses ist sein höheres Bedürfen, welches nur befriedigt werden kann, indem er als freies Wesen die Natur gestaltet, sie zwingt, die Form seiner eigenen Freiheit anzunehmen. Er will dieses, weil er Mensch ist, und wird es um so mehr wollen, je mehr die Menschheit in ihm lebendig wird. Damit er aber beides könne, muß die Natur die erste Sorge seiner Ernährung übernehmen. Was sie ihm giebt, nimmt er blos, und dieses Nehmen können wir kein Produziren nennen. Dagegen aber wird er, also von der Natur in seinem Dasein gesichert, durch den menschlichen Trieb der Lebensverschönerung angespornt, seine Kräfte an der Gestaltung der Natur üben, sich eine Hütte bauen, sich Kleider verfertigen und dergleichen mehr, und mithin wird die Kunstproduktion der auf die Natur gerichteten Produktionskraft des Menschen vorangehn. Es ist nicht erst nöthig, daß der Mensch ein Ackerbauer, ein Gärtner u. s. w. sei, um ein Handwerker zu werden, vielmehr mußten viele Kunsterzeugnisse vorhergehn, ehe er ein Naturproducent werden konnte. So sind viele Thiere instinktartige Kunstproducenten und überlassen der Natur ganz allein, für ihre Nahrung zu sorgen.

§. 75.

Die Kunstproduktion ist außerordentlich mannichfaltig uud trägt in dem Maaße zum Nationalreichthum bei, in welchem sie die menschlichen Kräfte auf eine freie Weise in Bewegung setzt, oder mit Aufbietung eines geringen menschlichen Kraftaufwandes eine große Summe von begehrten Erzeugnissen liefert.

§. 76.

Der Mensch schließt sich überall mit seiner Thätigkeit zuerst an die Natur an. Ist dieses der Fall; so fragt es sich, welche der drei oben angegebenen Stufen der Natureigenthümlichkeit der Entstehung und Ausbildung der Kunstgewerbe hauptsächlich günstig sei. Wo der Mensch durch die Natur selbst in einen Ueberfluß versetzt ist, wird das in ihm liegende Streben durch sich selbst seinen Zustand zu verbessern, durch seinen Geist die Natur zu gestalten, erst später erwachen. Wo dagegen die Nothdurft ihn überall umgiebt, wird er zwar bald auf künstliche Mittel sinnen, seine Lage angenehmer oder zum wenigsten minder beschwerlich zu machen, aber sein Streben wird bald eine Grenze finden. Nur, wo eine mittlere Ergiebigkeit des Bodens und Naturreichthums den Menschen umgiebt, wo seine Anstrengung nicht überall zurückgewiesen, sondern oft mit einer Fülle verborgener, durch ihn erst hervorgerufener Gaben belohnt wird, da wird er bald, was er um sich sieht zu seinem Dienste zwingen. Länder, in ihrer

Natureigenthümlichkeit Europa ähnlich, oder auf eine verwandte Art auf den Menschen durch ganz besondere Verhältnisse wirkend, wie Aegypten, wie Babylonien, werden daher der Fabrikation vorzüglich günstig sein; und trifft es sich, daß sie an Länder grenzen, die durch ihren natürlichen Reichthum der Kunst lange, wenigstens zum Theil, entbehren können; so werden sie ihre Erzeugnisse dorthin zu verpflanzen suchen, werden dort die Begierde nach Verschönerung des Lebens durch freie Schöpfungen des Menschen erwecken, und sich des Ueberflusses solcher Nachbarn an rohen Stoffen zur Erweiterung ihrer Betriebsamkeit bedienen. Dadurch wächst nicht nur ihr Reichthum; sondern ihre Nachbarn werden auch von ihnen abhängig, und, gegen sie in Kunsterzeugnissen zurückstehend, werden sie diese lieber durch Tausch, also durch eine ihnen leichte Erhöhung der Naturproduktion, als durch eigene ihnen schwierige auf Fabrikation gerichtete Kraftanstrengung zu erwerben suchen. So erhebt der Geist den zum Herrn über die Andern, der am besten versteht, die Natur zu seinen Absichten zu benutzen.

§. 77.

Der Verkehr verschiedener Völker und Staaten bringt immer eine gewisse Abhängigkeit derselben von einander hervor, die aber im allgemeinen eben so wenig drückend ist, wie die Abhängigkeit der Mitglieder eines Staates von einander. Nur wenn ein Staat in seinen Lebensbedürfnissen von einem andern abhängig wird, ist diese Abhängigkeit drückend, und daher kann man sagen, daß der auf Ackerbau gegründete Wohlstand der unerschütterlichste sei. Allein auch hier müssen ganze Staaten in demselben Verhältnisse, wie die Bürger eines Staates gedacht werden. Die Natureigenthümlichkeit der Länder, die mit einander Handel treiben, ist so verschieden, und der Getreidehandel bei der ausgebreiteten Schifffahrt so groß, daß ein Staat, dessen vornehmster Reichthum in Kunsterzeugnissen oder Geld besteht, nicht leicht in den Fall kommen wird, für seine Erzeugnisse kein Getreide zu erhalten, wenn auch hie und da Mißwachs die Länder drückt. Der Mangel an hinreichenden Lebensmitteln ist daher nicht leicht zu fürchten, um so weniger, da ein Fabrikstaat, denselben immer für möglich haltend, seine Maaßregeln danach bei Zeiten treffen wird. So kommt es denn auch, daß Länder weit mehr über die Abhängigkeit klagen, in der sie von andern in Hinsicht der Fabrikgegenstände leben, als Fabrikstaaten über die Abhängigkeit in Rücksicht der Lebensmittel, die sie aus der Fremde beziehen. Man könnte zwar sagen: mit der Zeit werden die übrigen Länder ebenfalls ihre Industrie entwickeln; allein eine allgemein vollkommene Gleichstellung des Kunstfleißes läßt sich nicht wohl unter den handelnden Völkern denken, und gesetzt auch in einer unübersehbaren Reihe von Jahren erfolgte sie wirklich, soll deshalb ein Volk das Streben nach blühendem Wohlstande aufgeben? soll es sich, aus Furcht, endlich einmal seinen Reichthum zerstört zu sehen, freiwillig zur Armuth verdammen? Und, können wir fragen, muß nicht auch ein ackerbauender Staat befürchten, daß durch Naturereignisse der Grund und Boden werde zerstört werden, worauf er sein Wohlsein gründet? Sobald ganze Staaten, wie einzelne Menschen sich einander nähern, wird auch das Verlangen entstehen, gegen einander in diesem Verkehre zu gewinnen, und wohl dem Menschengeschlechte, wenn nur dieses Streben unter den Völkern rege ist, und sie nicht mit Feuer und Schwerdt einander zu überwältigen trachten und durch Länderwechsel der Sinn für Vaterland, für vaterländische Sitten, Sprache, Gesetze und Bildung zu Grunde geht!

§. 78.

Die Fabrikation ist aber auch besonders deshalb wichtig, weil sie mit allen Wissenschaften zusammenhängt und den Menschen in jeder Hinsicht weiter zu fördern im Stande ist. Die Naturkunde auf allen ihren Gebieten ist eine Begleiterinn der Kunsterzeugung, selbst die Astronomie, der andern nicht einmal zu gedenken, schreitet fort durch fortschreitende Kunstbildung. Das Nützliche, das Angenehme, das Schöne, was sich unsern Sinnen als freies Erzeugniß des Menschen darstellt, erhält seine Entstehung durch den Kunstsinn und das mechanische Talent.

§. 79.

Da dieses Eingreifen in die Betriebsamkeit und selbst in die höhere Fortentwickelung eines Volkes nicht geleugnet werden kann; so ist es um so wünschenswerther, daß Fabriken und Manufakturen sich nicht blos an einigen Stellen eines Landes in Menge festsetzen, sondern sich nach allen Richtungen, desselben verbreiten, und zwar ist dieses deshalb um so mehr zu wünschen, weil neben den mannichfaltigen Vortheilen des gewerbsamen Lebens dasselbe doch auch manche Nachtheile, besonders für den gemeinen Fabrikarbeiter erzeugt. Die blos mechanische Arbeit hemmt den Aufschwung des Geistes und wirkt selbst nachtheilig auf den Körper; den Fabrikunternehmern aber giebt ihr Gewerbe eine zu einseitige Richtung auf den Erwerb hin. Da, wo sie die Aufsicht haben, dasselbe auf das vortheilhafteste auszuüben, werden sie sich am liebsten ansideln, die Liebe zur Heimath, zu einheimischen Sitten wird durch den beständigen Zusammenhang mit der Fremde, durch das Dienen der Mode unterdrückt. Wenn auch nicht in einem solchen Umfange gilt dieses doch auch von den gemeinen Fabrikarbeitern, bei denen außer dem unmittelbaren Nachtheile der me=

chanischen Arbeit noch der mittelbare des geringen Lohns hinzukommt, der diese Klasse von Menschen zu keinem Wohlstande gelangen läßt und sie besonders in Zeiten der Noth von den Fabrikherren ganz abhängig macht. Die aus Dürftigkeit hervorgehende Sittenlosigkeit findet sich daher auch ganz vorzüglich unter den gemeinen Fabrikarbeitern und wird unter ihnen noch durch das Beisammensein einer oft bedeutenden Menge vermehrt. In einem Fabrikorte wird man daher neben ansehnlichem Reichthume nicht selten die drückendste Armuth finden, und mithin Luxus auf der einen und auf der andern Seite Entbehrungen aller Art. Und nicht allein wird der Luxus sich unter den Fabrikherrn zeigen; sondern unter den andern Bewohnern des Ortes ebenfalls, und er wird den Wohlstand derer zerrütten, die, ohne gehörige Mittel, es den reichen Fabrikanten gleich zu thun suchen. Sind dagegen die Fabriken in einem Lande zerstreut; so werden die verschiedenen Gewerbe, besonders die beiden Klassen derselben, die Natur- und die Kunstgewerbe, ihre Einseitigkeit an einander abschleifen, und die letztern im Stande sein, zur Zeit der Ernte jenen mit Arbeitern auszuhelfen; so wie sie von ihnen wieder zu andern Zeiten Unterstützung bekommen können. Dieser Umstand kann dann sogar die gute Folge haben, daß die Fabrikarbeiter nicht ganz in die Gewalt ihrer Beschäftiger gerathen, ihre Lage verbessern und sie wohl gar auf ihr Alter durch Erwerbung eines kleinen Grundstücks sichern können. —

Der Gewinnungsort der Materialien, welche von einer Fabrik vornehmlich bearbeitet werden, oder deren sie zur Bearbeitung bedarf, und der Absatz der Fabrikate werden hauptsächlich die Kunstgewerbe, besonders die im Großen betriebenen, hervorrufen und ihre örtliche Lage bestimmen, sobald ihre Entstehung dem natürlichen Entwickelungsgange der Gewerbe überlassen ist. Vieles wird aber auch die Möglichkeit thun, die hinreichende Anzahl von Arbeitern zu bekommen.

§. 80.

Anders als große Fabrikanstalten müssen freilich die Handwerke betrachtet werden. Bei jenen ist entweder eine Maschine oder ein Element der Natur in Verbindung mit einer Maschine die vornehmlich wirkende Kraft, bei dieser dagegen beruht das Meiste auf der körperlichen Geschicklichkeit und der Anwendung einfacher Werkzeuge. Es gehört daher eine längere Ausbildung zu einem Handwerker, als zu einem Fabrikarbeiter, so wie auf der andern Seite der Fabrikherr einen weit größern Verlag nöthig hat, als der Herr einer Werkstäte. Auf diese einfachen Bemerkungen wollen wir folgende Untersuchung über die zweckmäßigste Einrichtung der Handwerke, in Bezug auf Nationalwohlstand, gründen.

§. 81.

Der gemeine Fabrikarbeiter fast ganz mechanisch wirkend, kann nur auf einen geringen Lohn Anspruch machen, und, wegen des großen Verlages einer Fabrik, nie die Hoffnung fassen, durch Anstrengung aller seiner Kräfte sich zum Fabrikherrn emporzuarbeiten. Er bleibt auf derselben Stufe, auf der er anfangs stand, ohne die belebende Aussicht, seinen Zustand von Zeit zu Zeit zu verbessern. Anders der Handwerker. Der geistige Theil seines Geschäftes steht durch den Gegenstand, den er, wenn auch nach einer fremden Vorschrift, hervorbringt, verkörpert vor ihm, er kann daraus Vorbilder sammeln und seine Produktivkraft bilden, um Aehnliches nach eigener Ansicht hervorzubringen. Der gemeinste Handarbeiter kann es daher mit der Zeit dem geschickten und einsichtigen gleich thun und durch den höheren Lohn, den er erhält, und bei dem geringen Verlage, dessen er bedarf, wenn er sich begnügt, auf Verdung zu arbeiten, sich in eine Lage versetzen, die es ihm möglich macht, nach eigener Vorschrift andere zu beschäftigen; während der Fabrikarbeiter bei seiner einfachen Beschäftigung selten sein ganzes Gewerbe wird übersehen lernen, und, wenn er dieses auch vermöchte, doch nur durch ein bedeutendes Kapital in den Stand gesetzt werden kann, sich Maschinen, Werkzeuge und Gebäude und den Verlag anzuschaffen, womit der Fabrikherr Maschinen und Arbeiter beschäftigt. Ausbildung in seinem Gewerbe kann daher dem gemeinen Fabrikarbeiter nichts nützen, auch kann er sie nicht bezahlen, wohl aber dem Fabrikunternehmer und dem Handwerker. Bei jenem besteht sie hauptsächlich in Erforschung des Wesens der bei seiner besondern Fabrikation wirkenden Kräfte und der zu bearbeitenden Gegenstände, und in der Kenntniß solcher Fabrikanstalten, die mit der seinigen ein gleiches Produkt liefern. Seine Bildung erlangt er daher durch eigenes Nachdenken, durch Schriften und durch Reisen, vorzüglich jedoch auch durch Belehrung, nur ist diese durch das Eigenthümliche der Fabrikgewerbe, auf einen kleinen Kreis eingeschränkt. Die Einträglichkeit der Fabriken hängt vornehmlich von manchen Fabrikgeheimnissen, großen oder kleinen Vortheilen in den Fabrikationsgeschäften ab, und diese würden sehr bald verrathen werden, wenn das Erlernen der Fabrikgewerbe wie das der Handwerke, geschähe. Durch Belehrung erhält daher nicht leicht ein anderer die volle Einsicht in ein Fabrikgewerbe, als der, den der Fabrikherr als seinen künftigen Nachfolger oder Gehülfen betrachtet. Deshalb läßt sich auch kein Zusammenhang unter den einzelnen Fabrikanstalten gleicher Art denken, wie er bei den einzelnen Handwerksarten möglich ist, und die Geschichte ihn in reger Wirksamkeit gezeigt hat. — Wenn es nun darauf ankommt, die Eigenthümlichkeit der Ausbildung des Handwerkers zu zeigen; so müssen wir nothwendig auf zwei Punkte sehen: auf seine Ausbildung als Handwerker und auf seine Ausbildung als Mensch; denn der Staat hat die Aufgabe, die Gesammtheit der Bürger weiter zu entwickeln, weil die Entwickelung seiner selbst die bewußte oder unbewußte Aufgabe ist, welche jeder Mensch zu lösen sucht, weil nur ein tüchtiger Mensch ein tüchtiger Bürger ist, und weil nur von tüchtigen Bürgern wahrer Nationalwohlstand erzeugt werden kann.

Was die Ausbildung eines Handwerkers, als eines solchen, anbetrifft; so ist diese mit nicht großem Zeitaufwande, bei einem Handwerke indeß mit mehr, als bei dem andern, zu erlangen. Aber in welcher Zeit die Ausbildung auch zu erlangen sein möge, immer werden sich doch zwei Bildungsstufen festsetzen lassen. Auf der ersten muß der Lehrling kennen lernen, was zu seinem Handwerke gehört, und nach Vorschrift seine Kenntniß zur Erzeugung der Produkte fähig gemacht werden, welche sein Handwerk liefert. Die zweite Stufe soll die Anwendung der auf der ersten Stufe erlangten Kenntnisse und Geschicklichkeiten zur Fertigkeit bringen, und das blos vorschriftsmäßige Arbeiten in eine freiere Thätigkeit verwandeln. Sie erfordert mannichfaltigere Uebungen und bei manchen Handwerken eine große Genauigkeit und gründliche Kenntniß des zu bearbeitenden Stoffes. Beide Stufen lassen sich, wie gesagt, in einem jeden Handwerke in weit kürzerer Zeit erlangen, als hergebracht ist; allein es fragt sich, ob diese lange Zeit nicht auf die Ausbildung des Menschen einen vortheilhaften Einfluß äußere. Nur der Mensch wird an innerer Kraft tüchtig, der sich früh an Mühe und Arbeit gewöhnen muß und, langsam nach seinem Ziele fortschreitend, den Ernst des Lebens kennen lernt. Dazu dient aber vor allem das stufenweise Vorrücken, der strenge Gehorsam gegen Vorgesetzte. Nur durch Gesetze besteht der Staat, und früh muß sich der Knabe in allen seinen Verhältnissen an Gesetzmäßigkeit gewöhnen. Dann wird er als Jüngling im Gehorsam gegen andere, deren Gebot ihm Gesetz sein soll, Meister werden, und als freier Bürger die Gesetze des Staates verehren und in allen Beziehungen zu andern Mitbürgern die Willkühr als das größte Uebel hassen. Aus diesem Grunde ist daher die Lehrzeit der Handwerker wenigstens nicht sehr abzukürzen, und wenn dies auch bei der ersten Stufe, oder den sogenannten Lehrjahren, geschähe, um Zeit für eine allgemeinere Bildung zu gewinnen; so dürfte es doch nicht bei den Gesellenjahren statt finden.

Aber mit Zurücklegung dieser beiden Stufen darf man die Ausbildung des Handwerkers in seinen beiden Beziehungen noch nicht als vollendet ansehen. Da es am zweckmäßigsten ist, daß der Lehrling bei einem Meister auslerne und der Geselle wenigstens eine Zeit lang in seiner Heimath arbeite; so wird dadurch weder eine vollständige Kenntniß des Gewerbes, noch eine feste Ausbildung des Charakters erlangt werden können. Diese erreicht der Handwerker hauptsächlich durch die so weise eingeführten Wanderjahre, während welcher er fremde Sitten und Einrichtungen und in Hinsicht seiner Arbeit manches neue Verfahren, manche Verbesserung kennen lernt.

Sechster Abschnitt.

Die Regierung als Kunstproducent.

§. 82.

So wie die Regierung ihren Charakter aufgiebt, wenn sie als Urproducent erscheint, so auch, wenn sie sich die Betreibung von Kunstgewerben angelegen sein läßt. Sie tritt dann in die Reihe der Staatsbürger ein, und wird um so unfähiger sein, das Nationalvermögen in eben dem Maaße, als diese, zu vermehren, je mehr nur das Interesse, durch Anspannung aller Kräfte, die wandelbaren Verhältnisse der Gewerbsamkeit zu überwältigen im Stande ist. Bei der Urproduktion herrscht mehr oder minder, aber doch immer, eine gewisse Gleichförmigkeit, und überdies läßt sie sich, zum Theile wenigstens, als eine der Regierung, als solcher, ganz nahe liegende Sorge darstellen, während bei der Fabrikation ein steter Wechsel herrscht und deshalb ein schnelles Ergreifen des Augenblicks nothwendig wird, und nur einzelne Gegenstände sich für die besondere Betreibung durch die Regierung eignen. Das bloße Schaffen des Stoffes folgt sehr einfachen Gesetzen, die Bearbeitung desselben dagegen, seine Formung erheischt eine genaue Kenntniß der Stufe des Genusses, worauf der Mensch steht, die Berücksichtigung aller konkurrirenden fremden Güter der Kunstgewerbsamkeit. Welcher Staatsdiener wird von demselben Eifer geleitet werden, wie der Privatmann, alle diese Umstände schnell aufzufassen und zu seinen Gunsten zu benutzen? ja, welcher Staatsmann wird im Stande sein, dieses zu thun, da ein Theil seiner Thätigkeit durch die beständige Anfrage, Berichterstattung, Rechnungslegung und durch anderweitige Arbeit seiner doch stets abhängigen Behörde verloren geht, und vielleicht gerade die Zeit, die er zur Benutzung der augenblicklich günstigen Verhältnisse verwenden müßte, wenn er den möglich höchsten Vortheil von seinem Gewerbe haben wollte, verschwindet? Von welchem Beamten darf man die strenge Aufsicht auf seine Untergebenen erwarten, welche der selbst interessirte Gewerbsmann auszuüben pflegt? Wer wird stets dahin trachten, mit den wenigsten Kräften die höchsten Erfolgnisse herbeizuführen? überall die größten Ersparnisse zu machen? Auch die weiseste, die vollkommenste Staatsverwaltung wird sich in diesem Punkte mit dem Privatunternehmer nicht messen können; und die auf solche Weise entstehenden größern Schaffungskosten werden dann auch hier die Regierung häufig zur Monopolisirung ihrer Fabrikationsgewerbe veranlassen, ein Verfahren, welches um so nachtheiliger für den Nationalwohlstand sein muß, da zu dergleichen Betriebszweigen bei weitem nicht die Kosten erfordert werden, wie zu den meisten Urproduktionsarten, sie aber gleichwohl weit mehr Umsicht und eine lebendigere Thätigkeit, als die letzteren, erheischen. Durch dergleichen Staatsmonopole hört aller Wetteifer nicht nur mit den fremden, sondern auch einheimischen Kunstgewerbtreibenden auf, und während die Nation einen höheren Preis bezahlen muß, erhält sie obenein eine schlechtere Waare, gewiß eine doppelte Aufforderung, die fremden Erzeugnisse derselben Art einzuschwärzen, welche eine größere, durch Conkurrenz zu erlangende Vervollkommnung der inländischen Industrie, durch einen geringen, auf die ähnlichen fremden Waaren gelegten Zoll begünstigt, leicht von der Grenze würde abgehalten haben. Dieses einsehend hat man die Kunstproduktion durch die Regierung auf diejenigen Gegenstände einzuschränken gerathen, die zur Erhaltung des Wohls und der Selbstständigkeit eines Staats nothwendig sind, wie das Ausprägen der Metallmünze und die Erzielung mehrerer Kriegsbedürfnisse, z. B. des Pulvers, der Gewehre und Geschütze. Was die Metallmünze anbetrifft, so ist die Regierung der Bürge derselben, und sie kann nur ihr vollgültiger Bürge sein, wenn sie unter ihren Augen zur Erscheinung gebracht, ihre Fabrikation durch Staatsdiener geleitet wird. In Hinsicht der Kriegsbedürfnisse erscheint die Regierung größtentheils als der alleinige Abnehmer und kann nur versichert sein, mit ihren Bedürfnissen vollständig versehen zu werden, wenn sie die Fabrikation selbst leitet. Besonders ist dieses bei denjenigen Gegenständen der Fall, die einen eigenen Fabrikationszweig ausmachen; denn andere, für deren Anschaffung immer durch die Menge der Gewerbe gesorgt werden kann, welche ähnliche Waaren liefern, wie die Sattler-, Riemer-, Stellmacher-, Schmidearbeiten u. dgl., werden einer besondern Aufmerksamkeit der Regierung nicht bedürfen. Solche Gewerbzweige bestehen durch die allgemeine Nachfrage, während jene nur durch die Staatsbedürfnisse erzeugt und unterhalten werden können. Eine weitere Frage würde noch sein, ob die Regierung besser thäte, dergleichen Gewerbe zu verpachten, oder selbst zu verwalten; allein diese Untersuchung gehört in eine, zwar häufig in die Nationalökonomie gezogene, aber streng genommen für sich bestehende Wissenschaft, in die Wissenschaft von den Staatsbedürfnissen und ihrer zweckmäßigsten Befriedigung. Man könnte sie mit Recht die Staatswirthschaft nennen.

Siebenter Abschnitt.

Ueber den Einfluß der mittelbar hervorbringenden Arbeiter auf die Produktion.

§. 83.

Den Urproducenten, den Kunstgewerbetreibenden und den Kaufleuten, sie alle als unmittelbare Producenten betrachtet, wollen wir die übrigen arbeitenden Klassen als mittelbare Producenten gegenübersetzen, und im allgemeinen ihren Einfluß auf die Produktion zu zeigen suchen.

§. 84.

§. 84.

Von welcher Art sie auch sein mögen; so werden sie entweder auf die Uebernahme gewisser Dienstleistungen, oder auf körperliche und geistige Ausbildung Anderer, oder auf Vergnügen und Unterhaltung ihre Thätigkeit richten.

Die Uebernahme von Dienstleistungen findet im Kreise theils des öffentlichen, theils des Privatlebens statt, und mußte, jene mit Entstehung eines Staates, diese mit der Arbeitstheilung, also immer in einem sehr frühen Zustande der gesellschaftlichen Entwickelung des Menschen entstehen, weil diese nur durch Bildung von Staaten und Einführung der Arbeitstheilung möglich ist.

Was die Dienstleistungen der Staatsdiener anbetrifft; so muß davon an einem andern Orte geredet werden. Die Dienstleistungen der Privatpersonen sind von der mannichfaltigsten Art und beziehen sich entweder blos auf den Umfang einer Familie oder auf Einzelne, oder gehen auf die Verhältnisse zwischen verschiedenen Privatpersonen. Der Arzt übernimmt die Sorge des Einzelnen für seine Gesundheit, und indem er ihm diese erhält oder wieder verschafft, sichert er natürlich die Produktion, die von diesem Einzelnen ausgeht, oder erhöht sie noch. Seine Dienstleistungen sind nicht möglich ohne einen bedeutenden Umfang von Kenntnissen, und würden daher einen großen Theil der Produktivkraft vernichten, wenn jeder Einzelne sein eigener Arzt sein sollte.

Gleich vortheilhaft für die Produktion sind die Sachwalter, die Person und Eigenthum der Staatsbürger beschützen, indem sie dieselben vor Gericht vertreten, eine Dienstleistung, die um so wichtiger ist, je verwikkelter die Rechtsverhältnisse mit fortschreitender bürgerlichen Gesellschaft werden, und je mehr sich dadurch der

Umfang von Kenntnissen und die Beurtheilungskraft des Sachwalters erweitern muß. Zudem sind die Rechtshändel oft von der Art, daß sie sich nicht auf einen Ort, nicht auf den Wohnort des darin Verwickelten beschränken. Zu den Kenntnissen, welche ein Sachwalter nöthig hat, würden daher nicht nur manche Versäumnisse an Ort und Stelle kommen, sondern nicht selten auch sogar kostspielige Reisen, und diese Erfordernisse und zufälligen Umstände würden den einzelnen Staatsbürger theils unmittelbar häufig von seinem Gewerbe abziehen, theils ihn auch mittelbar läßig in der Betreibung desselben machen. Tüchtige rechtskundige Sachwalter, die zugleich ihr Amt mit Rechtschaffenheit verwalten, sind daher für die Fortschritte des Nationalwohlstandes wesentlich nothwendig.

§. 85.

Nach ihren einzelnen Erfolgen scheinen die niedern Arten der Dienstleistungen, welche von der besondern Klasse der Dienstboten verrichtet werden, einen geringern Erfolg auf die Produktion zu haben; allein, was sie im Einzelnen nicht leisten, leisten sie im Ganzen, und zwar auf eine doppelte Weise, indem sie die mittelbaren und die höhern Arten der mittelbaren Producenten in den Stand setzen, eine ungestörte Thätigkeit auf ihren besondern Zweck hinzurichten, und sie der Arbeiten überheben, die ihren Geist niederdrücken und sie weniger fähig machen würden, ihr eigentliches Streben zu verfolgen. Wenn sie daher auch, ihren mechanischen Beschäftigungen gemäß, nur einen geringen Lohn erhalten; so sind sie doch ein wesentlicher Bestandtheil in der Kette der die Nationalproduktion vermehrenden Thätigkeiten.

§. 86.

Andere mittelbar produktive Arbeiter, die geistige oder

körperliche Ausbildung ihrer Mitbürger bezweckend, sind, wenn man sie in ihrem ganzen Umfange betrachtet, die Seele der Volksbildung. Ohne sie würde ein Volk mehr oder minder auf der ersten Stufe der Kultur stehen bleiben, sich rohen Genüssen hingeben, der Sinnlichkeit folgen und durch ungezügelte Leidenschaften oder durch Trägheit, den Nationalwohlstand nie gedeihen lassen. Durch sie verbreitet sich Gesetzkunde und Arzneiwissenschaft, und durch eine zweckmäßige Bildung des Gemüthes, durch religiöse Belehrungen erhalten die Gesetze eine mächtige Stütze und wird ihre Anwendung auf einen weit geringern Kreis von Fällen eingeschränkt werden, so wie die Ausbildung und Uebung des Körpers diesen geschickt macht, Beschwerlichkeiten zu übernehmen, Krankheiten zu trotzen, Gefahren auszuweichen und selbst weit schneller mechanische Fertigkeiten zu erwerben, als wenn er ungesund und siech der geistigen Entwickelung nachhinkte. Wie aber diese wirkt, zeigt uns ein jedes, selbst das einfachste Gewerbe. Was haben Naturgeschichte, Physik, Chemie und Mathematik nicht gewirkt, und wie erregen nicht andere Wissenschaften und Kenntnisse den Geist zu weiteren Forschungen und zu nützlicher Anwendung der Kräfte?! Im Kriege macht die Wissenschaft sich furchtbar, während sie im Frieden Segen verbreitet. Die geistigsten Völker waren von jeher immer die kräftigsten und wohlhabendsten, wenn die geistige Bildung nicht einseitig den Menschen entwickelte, sondern sein ganzes Wesen umfaßte, seinen Charakter ausbildete. Freilich scheint die Geschichte Beispiele darzubieten, welche diese Behauptung nicht bestätigen; aber gehen wir tiefer auf den Grund, so wird sich finden, daß andere Verhältnisse mächtiger wirkten und das Hervortreten jenes Erfolges verhinderten.

§. 87.

Einem sich lebendig entwickelnden Volke wird es auch nie an Menschen fehlen, die ihre Kräfte dem Vergnügen ihrer Mitbürger widmen, indem sie ihrer eigenen Neigung folgen. Obgleich auch sie mittelbar auf die Bildung des Menschen hinwirken; so ist doch ihr Zweck nicht die Bildung, sondern die Erheiterung, die Ergötzung der Gemüther, und so wie der Schlaf den abgespannten Kräften neue Stärkung giebt, so auch das wahre, sittliche Vergnügen. Nur, wenn das Vergnügen einen unsittlichen Charakter an sich trägt, wird es, statt den Menschen neu zu beleben, ihn erschlaffen, verweichlichen, entmannen. Arbeit und Vergnügen, Anstrengung und Erholung stehen in der nothwendigsten Verbindung, und können ohne einander nicht gedeihen, und, wer den Sinn erheitert, ist oft ein wirksamerer Producent, selbst in Beziehung auf sinnliche Güter, als wer unmittelbar auf Erzeugung von Gegenständen des materiellen Genusses hinarbeitet. Nur der heitere Geist schafft mit emsiger Anstrengung und schafft mit Sinn und Freiheit! —

Zweite Abtheilung.

Von der Wertherhöhung der Güter oder von dem Umlaufe der Güter.

Erster Abschnitt.

Von dem Tausche, dem Tauschwerthe und den Bedingungen seiner Höhe.

§. 88.

Alle Produktion würde nur einen sehr geringen Kreis von Gegenständen umfassen, wenn nicht ein Austausch der verschiedenartigsten Gegenstände statt fände. Theils ist es verschiedene Neigung der Menschen, theils die besondere Eigenthümlichkeit der Natur, welche sie umgiebt, wodurch die Mannichfaltigkeit der Hervorbringung bedingt wird; aber erst die sich immer weiter ausdehnende Genußfähigkeit des Menschen ist es, welche den Umlauf der Güter erzeugt. Von den Lebensmitteln und den nothwendigsten Materialien hebt der Austausch an und geht zuletzt zu den Kunsterzeugnissen über. Ohne ihn würde der Mensch auf die ihn umgebenden Naturprodukte und die eigene Neigung zur Hervorbringung eingeschränkt sein, es würde also auch keine Arbeitstheilung statt finden. Der Austausch der Güter wirkt daher auf eine ganz außerordentliche Weise auf die Hervorbringung, obgleich er selbst keine Güter erzeugt, sondern nur Werthe erhöht, da jedes Produkt dadurch, daß es dem Begehr zugeführt wird, nothwendig einen höheren Werth erlangen muß.

§. 89.

Alle Dinge erhalten dadurch, daß sie in den Kreis der Güter treten, einen Werth, und zwar einen Werth, der aus ihrer Vergleichung mit dem Genusse hervorgeht, dem sie als Mittel dienen sollen, und dieses ist der wahre, oder wie man ihn auch genannt hat, der positive Werth der Güter. Sobald derselbe Grade haben soll, muß nothwendig eine Vergleichung mit andern positiven Werthen statt finden, und streng genommen giebt es gar keine andere Werthvergleichung, weil Werth immer nur der Ausdruck der Tauglichkeit eines Dinges ist, als Genußmittel zu dienen.

§. 90.

Durch eine solche Vergleichung zweier positiven Werthe mit einander erhält man den verglichenen Werth, den man wieder in einen absoluten und relativen eintheilt, je nachdem die Vergleichung von der Art ist, daß sie den verglichenen Werth allen andern mit ihm zu vergleichen möglichen gegenüberstellt, oder nur einem oder einigen.

§. 91.

Den positiven Werth der Güter kann man auch ihren Gebrauchswerth nennen, und dann ist es keinem Zweifel unterworfen, daß derselbe dem Tauschwerthe zum Grunde liege, d. h. der Tauglichkeit eines Gutes, für dasselbe ein oder mehrere andere begehrte Güter einzutauschen, oder mit andern Worten: der Tauschwerth der Güter setzt immer einen Gebrauchswerth voraus, obgleich nicht alle Güter, die einen Gebrauchswerth haben, auch einen Tauschwerth haben müssen. Versteht man aber unter Gebrauchswerth die Tauglichkeit eines Gutes, als Mittel für eine oder mehrere bestimmte Zwecke eines bestimmten Individuums, welches jenes Gut entweder besitzt oder doch zu besitzen wünscht, zu dienen; so hängt allerdings der Tauschwerth nicht davon ab. Es scheint mir indeß zweckmäßig, den Ausdruck Gebrauchswerth für den weitern Begriff beizubehalten und den engern Begriff durch die Benennung — individueller Tauschwerth — davon zu trennen.

§. 92.

Wenn gleich der Tauschwerth nur durch die Tauglichkeit eines Gutes, gegen ein anderes begehrtes Gut umgesetzt zu werden, möglich wird; so bestimmt sich dadurch doch nur der Umfang, aber noch nicht die Höhe des Tauschwerthes, sondern diese richtet sich nach der Leichtigkeit oder Schwierigkeit, sich den Besitz eines begehrten Gutes zu verschaffen, hängt also von der leichtern oder schwierigern Hervorbringung desselben ab. An der Hervorbringung haben aber Natur, Verlag und Arbeit Antheil, und, wenn wir den Aufwand von Kräften zur Erlangung eines Gutes Schaffungskosten nennen wollen; so werden diese aus Bodenrente, Verlagsprofit und Arbeitslohn bestehen, und der Tauschwerth eines Gutes wird um so höher sein, je größer die Summe ist, welche Bodenrente, Verlagsprofit und Arbeitslohn, die bei der Erzeugung jenes Gutes in Anschlag kommen, zusammen betragen.

§. 93.

Der Grund und Boden ist als ein Verlag, oder als ein Kapital anzusehen, von welchem der Eigener, so wie der eigentliche Verleger von seinem Verlage, einen Gewinn verlangt, und diesen Gewinn nennen wir, sofern er nicht Arbeitslohn und Verlagsprofit zugleich mitenthält (nämlich von dem Verlage an Gebäuden, Maschinen, Werkzeugen, Arbeitsvieh u. s. w.), Grundrente, Bodenrente. Dieses ist die echte oder reine Rente, von der man die rohe Rente unterscheidet, in welcher noch der Verlagsprofit enthalten ist. Da die Bodenrente nur als solche bei der Verpachtung wirklich erscheint; so nennt man gewöhnlich den Pachtzins allein Bodenrente, und setzt sie dem Grundeinkommen entgegen, worunter man alles das versteht, was ein Grundstück, Land oder Wasser, und was immerhin damit durch Kunst oder Natur, als Gegenstand der Natur, vereinigt ist, an Einkommen gewährt.

§. 94.

Will man daher erfahren, welchen Bestandtheil im Tauschwerthe eines Gutes die Natur ausmache; so muß man fragen, welche Bodenrente dieses Gut in seiner ursprünglichen Gestalt, also als Naturprodukt, abwerfe; und diese Untersuchung ist ganz verschieden von derjenigen, die sich damit beschäftigt, die Gründe aufzufinden, welche dem Grundbesitzer eine größere oder geringere Rente gewähren. Wir wollen deshalb die Höhe und den Umfang der Bodenrente unterscheiden. Jene entsteht aus der Vergleichung der Bodenrente, welche ein Erzeugniß abwirft, mit der, welche ein anderes unter denselben Umständen giebt; dieser geht aus der Vergleichung der Ertragsfähigkeit eines Grundstücks mit der eines andern und aus ihrer mehr oder minder vortheilhaften Lage gegen den Markt hervor.

§. 95.

Die Höhe der Bodenrente eines Gutes hängt ganz allein von dem Verhältnisse der Nachfrage danach zu dem Angebote desselben ab. Gegenstände, daher, die wegen der besondern Eigenthümlichkeit des Bodens, oder wegen zufälliger Umstände nur in geringer Menge erzeugt werden, können daher eine hohe Rente geben, so wie alle solche, deren Hervorbringung blos von der Natur abhängt, wenn nämlich in beiden Fällen die Nachfrage nach ihnen stark genug ist, und dieses kann auch dann der Fall sein, wenn ihre Erzeugung einen großen Aufwand von Arbeit und Verlag erfordert. Doch wird bei gleicher Nachfrage nach verschiedenen Gütern dasjenige die höchste Rente abwerfen, welches mit den geringsten Hervorbringungskosten erlangt werden kann.

§. 96.

Höchst schwierig ist die Untersuchung über die Art und Weise, wie die an einen Gegenstand gewandte Arbeit den Tauschwerth desselben bestimme. Indeß können wir uns doch der Wahrheit nähern, wenn wir das Wesen der verschiedenen Arbeiten im allgemeinen angeben. Jede Arbeit ist entweder überwiegend geistiger oder mechanischer Art, sie mag nun auf die Befriedigung höherer oder niederer Bedürfnisse gerichtet sein, d. h. entweder auf solche, welche einen höhern Grad von Bildung voraussetzen, oder auf solche, bei denen dieses nicht der Fall ist; denn auch viele geistige Arbeiten, welche bedeutende Kenntnisse und ausgezeichnete Anlagen voraussetzen, haben doch nur die Hervorbringung von Gütern zum Zwecke, die ein niederes, in das gewöhnliche Leben eingreifendes Bedürfniß befriedigen. Wie dem nun aber auch sei, so läßt sich behaupten, daß Arbeiten seltener Talente keinen bestimmten Maaßstab des Lohnes zulassen und diesen nur zufolge des Verhältnisses der Nachfrage zu dem Angebote erhalten können. Arbeiten dagegen, die mehr oder minder mechanisch sind, lassen sich im allgemeinen von jedermann und in einer ziemlich gleichen Zeit erlernen, und werden immer von einer hinreichenden Anzahl von Arbeitern geliefert werden, also auch nur einen gegen geistigere Arbeiten verhältnißmäßig geringen Lohn erlangen, der indeß natürlich wieder nach der Beschaffenheit des Geschäftes, ob es mit Gefahr, Beschwerde, Unannehmlichkeit oder Schande verbunden, oder leicht zu verrichten, oder angenehm ist, verschieden sein muß. Für dergleichen Arbeiten giebt die Zeit einen schicklichen Maaßstab des Lohnes an, obgleich freilich keinen mathematisch genauen, der überhaupt in solchen Verhältnissen des geselligen Lebens nicht erwartet werden darf.

§. 97.

Was endlich drittens den Verlagsprofit anbetrifft; so ist zuerst zu bemerken, daß man ihn, wie die Bodenrente, in reinen und rohen eintheilt. Unter dem letztern versteht man den gesammten Profit, ohne allen Abzug, unter dem erstern dagegen den Theil des rohen Profits, welcher übrig bleibt, wenn man die zur Deckung möglicher Verluste bei der Verlagsanwendung nöthige Summe abgezogen hat. Das Verhältniß beider zu einander ist bei verschiedenen Verlagsanwendungen sehr verschieden.

§. 98.

Da der Tauschwerth eines jeden Gegenstandes des Verlages aus Arbeitslohn, Bodenrente und Verlagsprofit besteht; so muß der Verleger bei der Bestimmung seines Verlagsprofites zuerst nach der Höhe der Bodenrente, des Arbeitslohnes und Verlagsprofites, die schon an seinem Verlage haften, sich richten. Wenn man daher den Verlagsprofit rein anschauen will, ohne ihn wieder durch schon vorangegangenen Verlagsprofit bestimmt zu sehen; so muß man ihn auf seine einfachsten Anwendungen zurückführen, wo er als Null angesehen werden kann. Indeß bleibt dieses doch stehen: je größer das Kapital ist, welches der Verleger aufwenden muß, um sich den Verlag zu irgend einem Gewerbszweige anzuschaffen, desto höher muß auch der Profit sein, den er davon zieht. Jedoch davon allein hängt noch die Höhe des Verlagsprofites nicht ab. Manche andere Umstände kommen hinzu, ihn näher zu bestimmen. Der Verlagsprofit muß aber in einer doppelten Beziehung betrachtet werden, entweder in Hinsicht des Verhältnisses der einzelnen Verlagsanwendungen zu einander, oder in Rücksicht auf den Umfang des Verlages. Was den ersten Punkt anbetrifft; so wird der Verlagsprofit in denjenigen Verlagsanwendungen höher stehen, welche mit Unsicherheit oder Unannehmlichkeit verbunden, oder erst neu entstanden sind, als in solchen, bei denen dieses nicht der Fall ist. Was dagegen den Umfang des Verlages anbelangt; so strebt eine Zunahme desselben, den Gewinn zu erniedrigen, weil er ein größeres Bedürfniß an Arbeitern voraussetzt und dadurch einen höhern Arbeitslohn erzeugt, und weil die zunehmende Mitbewerbung der Verleger, die ebenfalls eine Folge dieses Zustandes ist, sie zwingt, theuer einzukaufen und wohlfeiler zu verkaufen. Dieses gilt indeß nur alsdann, wenn die Nachfrage nach Gegenständen des Verlages nicht oder nicht in dem Maaße, als der Umfang des Verlages, zunimmt. Eilt dieselbe aber der Zunahme des Verlages voraus; so wird der Verlagsprofit, ungeachtet seines erweiterten Umfanges, dennoch zunehmen.

Zweiter Abschnitt.

Von dem Gelde und der Münze im allgemeinen.

§. 99.

Die Schwierigkeit bei dem bloßen Austausche verschiedener Erzeugnisse gegen einander ist immer diese, theils den Maaßstab für ihren absolut verglichenen Werth zu finden, theils den bestimmten Gegenstand des Begehrs für das Gut zu erlangen, welches man über seinen Bedarf besitzt und deshalb zum Tausche anbietet, und diese Schwierigkeit kann nicht anders vollständig gelöset werden, als wenn man ein bestimmtes Gut zum Werthmesser aller übrigen macht. Man nennt ein solches Gut — Geld. Von diesem Gelde, welches ein wirklich vorhandener sinnlicher Gegenstand ist, und welches man daher auch Real-Geld nennt, unterscheidet man das Ideal-Geld, worunter man sich einen bloßen Begriff denkt. Allein man irrt, wenn man glaubt, daß es ein reines Begriffsgeld, ohne die stillschweigende Annahme eines ihm zu Grunde liegenden Gutes, geben könne. Etwas Unsinnliches läßt durchaus keine Vergleichung mit einem sinnlichen Gute zu, beide sind wesentlich von einander verschieden, und wenn sinnliche Güter ihrem verschiedenen Werthe nach bestimmt werden sollen, kann dieses nur durch eine Vergleichung derselben mit einander geschehen. Aus dieser Vergleichung kann man sich alsdann freilich eine gewisse Größe, die nicht wirklich vorhanden ist, die aber doch als ein aliquoter Theil der verglichenen Güter oder als eine Vervielfältigung des einen gedacht wird, als Maaßstab vorstellen. Bei Anwendung desselben ist indeß immer der Tausch nicht zu vermeiden und an einen Handel nicht zu denken. Man hat weiter nichts gewonnen, als einen Maaßstab zur Vergleichung, als den absolut verglichenen Werth der Güter; allein das Geld soll ja nicht blos die Möglichkeit gewähren, die Güter unter einander ihrem Werthe nach vergleichen zu können, sondern vielmehr die oben angezeigte Schwierigkeit des Tausches aufheben. Man hat auch Unrecht, das Geld einen Werthmesser des Vermögens zu nennen, wenn es außer dieser Eigenschaft noch die Möglichkeit gewährt, die verschiedenartigsten Theile des Vermögens durch eine einfache Größe auszudrucken. Im weiteren Sinne verdienen auch diejenigen Geldarten den Namen des Idealgeldes, die eine bestimmte Größe des Realgeldes bezeichnen, ohne doch als eine solche Größe in einem eigenen Geldstücke vorhanden zu sein, obgleich zwischen beiden Arten des Idealgeldes ein großer Unterschied ist.

§. 100.

Wenn man unter dem Gelde den sichtbaren oder unsichtbaren Werthmesser der Güter versteht; so liegt dasselbe dem allgemeinen Tausch- und Werthvergleichungsmittel, welches wir Münze nennen wollen, und welches ein sinnlicher Gegenstand sein und eine Anweisung auf alle mögliche Tauschwerthe enthalten muß, zum Grunde.

§. 101.

Außer der beim bloßen Tausche nothwendigen Schwierigkeit, immer gegen ein uns überflüssiges Gut das Gut oder die Güter zu erlangen, deren wir bedürfen, und die beim Münzverkehr wegfällt, hat dieser auch noch den Vortheil, daß er demjenigen, welcher Münze gegen Waare austauschen will, im allgemeinen dieselbe wohlfeiler verschafft, daß er einen unbeschränkten Fleiß veranlaßt und eine unbeschränkte Sparsamkeit, so wie eine größere Arbeitstheilung, erst möglich macht. Wegen der Eigenschaft der Münze nämlich, vermöge welcher sie jedem Gegenstande von Werth gleich gemacht werden kann, und also von jedermann gern angenommen wird, kann man für sie zu jeder Zeit allerlei Bedürfnißmittel eintauschen, welche andere über ihren Bedarf besitzen; aber, da es schwer hält, den aufzufinden, der gegen eine von uns angebotene Waare gerade die Waare geben möchte, deren wir bedürfen; so werden wir ihn dazu oft nur durch einen ihm gewährten bedeutenden Vortheil vermögen können. Dieselbe Eigenschaft der Münze ist es auch, die den Fleiß der Menschen erregt. Weil der Besitz von Münze jeden andern Besitz möglich macht, wird er als höchst wünschenswerth erscheinen und das Streben danach hervorrufen, während die Anhäufung anderer Güter selten und nur mit Schwierigkeit und Verlust uns die begehrten Güter verschafft. In diesem Streben nach der Vermehrung des Münzvorrathes liegt auch zugleich das dadurch ermöglichte Ersparen, das Aufhäufen von Gegenständen eines langsamen Verzehrs. Indeß ist doch ganz vorzüglich die durch Münze erweiterte Möglichkeit der Arbeitstheilung wichtig. Ohne sie würden nämlich nur die Güter gegen einander ausgetauscht werden, die ein Bedürfniß beider tauschenden Parteien wären, und sehr viele Güter oder Arbeiten, die nur von Zeit zu Zeit begehrt werden, und die dem Producenten oder Arbeiter den Unterhalt auch für die Zeit gewähren müssen, in der sie nicht begehrt werden, würden gar nicht getrennt von andern Produktionsgegenständen oder Arbeiten erscheinen können, weil es unmöglich für den Producenten oder Arbeiter wäre, sich in der Zeit des Begehrs nach seiner Arbeit mit allen Gütern zu versorgen, deren er auch dann bedarf, wenn diese Nachfrage aufgehört hat; da er im Gegentheil in der Münze das Mittel erhält, sich immer dann mit seinen Bedürfnissen zu versorgen, wenn sie ihm nothwendig oder wünschenswerth sind.

§. 102.

Die Münze kann man wieder in die Realmünze und in die Idealmünze eintheilen, je nachdem sie entweder einen Tauschwerth hat, der die Möglichkeit gewährt, den verschiedensten Vermögenstheilen gleich gestellt zu werden, oder selbst einen so unbedeutenden Tauschwerth besitzt, daß sie nur durch besondere Umstände in den Stand gesetzt werden kann, Güter von dem verschiedensten Tauschwerthe einzutauschen. Eine Realmünze ist z. B. die Metallmünze, wenn sie nicht im Stande ist, im Verkehr Güter einzutauschen, die einen höheren verglichenen Tauschwerth haben, als sie. Ist dieses letztere der Fall; so nennt man die Münze wohl eine Ideal-Real-Münze: allein da diese Benennung einen Widerspruch enthält; so dürfte es zweckmäßiger sein, eine solche Art der Münze blos eine ausgeartete Realmünze zu nennen. Eine Idealmünze ist dagegen unter andern das Papiergeld.

Die Realmünze theilt man wieder in die Geld-Real-Münze und in die Waaren-Real-Münze, und versteht unter jener dasjenige Austauschmittel, welches zugleich Werthmesser des Vermögens ist, unter dieser aber ein solches, dem noch ein besonderer Vermögensmesser zur Seite geht.

§. 103.

Die vollkommenste Realmünze ist die Geldrealmünze, und ihre erforderlichen Eigenschaften lassen sich leicht aus der Bestimmung erklären, die sie erfüllen soll. Sie muß zuerst allen möglichen Gütern, die einen Tausch zulassen, gleich gemacht werden können, sie muß ferner den möglichsten Grad der Unverzehrbarkeit besitzen, der

Verfälschung so wenig, als möglich, unterworfen sein, kein Bedürfniß der Naturnothwendigkeit befriedigen, aber dennoch an sich einen Tauschwerth haben, und endlich leicht fortzuschaffen und aufzubewahren sein.

§. 104.

Daß diesen Erfordernissen die edlen Metalle, Gold und Silber, am besten entsprechen, ist keinem Zweifel unterworfen; allein mehr noch als Gold eignet sich Silber zum allgemeinen Tauschmittel, weil jenes im häufigen Verkehre viel an seinem Werthe verlieren und eine beständige und schwierige Prüfung verlangen würde, und weil es verhältnißmäßig gegen Silber nur in wenigen Gegenden und in geringer Menge gefunden wird. Werden beide Metalle neben einander in einem Lande als Austauschmittel gebraucht; so wird eins davon nothwendig als eigentlicher Maaßstab für den Werth der Güter angenommen werden müssen, das andere aber kann nur als Waare betrachtet werden, weil unmöglich zwei verschiedene Größen, die ein wandelbares Verhältniß zu einander haben, zugleich werthbestimmend sein können.

§. 105.

Die Realmünze theilt man auch wohl in die unmittelbare und mittelbare ein, je nachdem sie sich in dem wirklichen unmittelbaren Besitze des Inhabers befindet, oder er nur eine Anweisung auf sie in Händen hat. Die mittelbare Realmünze hat Aehnlichkeit mit der Idealmünze, darf indeß nicht mit ihr verwechselt werden, weil diese eine Anweisung auf alle ihr gleiche Tauschwerthe, jene aber nur eine Anweisung auf die unmittelbare Realmünze und durch diese auf die ihr gleichgeschätzten Tauschwerthe enthält.

Leicht anwendbar ist dieser Unterschied der Unmittelbarkeit und Mittelbarkeit auch auf die Geld- und Waaren-Realmünze und selbst auf die Ideal-Realmünze.

§. 106.

In Hinsicht des Umfangs, den der Umlauf einer Münze ausfüllt, läßt sie sich in Privat-, National- und Weltmünze eintheilen. Die erste ist auf den Tauschverkehr von Privatpersonen eingeschränkt, sei es durch ein stillschweigendes oder förmliches Uebereinkommen, und kann zu den Ideal-, Real- oder Ideal-Real-Münzen gehören. Die Nationalmünze ist dagegen diejenige, die von der Regierung eines Staats als Tauschmittel im Tauschverkehre sämmtlicher Staatsbürger gebraucht wird, und kann zu den Real- oder Ideal-Real-Münzen gehören, ja sie würde selbst zu den Idealmünzen gehören können, wenn der Handel des Staats blos auf ihn selbst beschränkt wäre oder sich beim Verkehre mit dem Auslande der Vertausch der National-Idealmünze möglich machen ließe, vorausgesetzt noch außerdem, daß die Staatsbürger das vollste Vertrauen zur Regierung und keinen andern Gedanken, als ihr stets anzugehören, hätten. Die Weltmünze endlich kann nur eine Realmünze oder Ideal-Realmünze sein, über deren allgemeinen Gebrauch man nach und nach in der Handelswelt übereingekommen ist, weil der allgemeine Verkehr es mit sich bringt, die Münze mehr als Waare, denn als Werthmesser der Güter zu betrachten; und da die edlen Metalle, wegen ihrer, den Erfordernissen einer vollkommenen Geld-Realmünze entsprechenden Eigenschaften, bei allen handeltreibenden Nationen als Tauschmittel eingeführt worden sind, so ist es leicht zu begreifen, daß sie im Welthandel ebenfalls dazu dienen.

Drit-

Dritter Abschnitt.

Vom Preise.

§. 107.

Wenn schon hauptsächlich die Schaffungskosten und zum Theil auch die Seltenheit den Tauschwerth der Güter bestimmen, so bestimmen sie doch nicht den Preis derselben unmittelbar, obgleich sie die Richtschnur für die Preisbestimmung sind, oder für die Bestimmung des wirklich vollzogenen Tauschgeschäftes. Denn so wie der Tauschwerth aus der Möglichkeit hervorgeht, ein Gut zu vertauschen, so geht der Preis aus der Wirklichkeit des Tausches hervor, und ist nichts anders als das Gut, welches beim Tausche für ein anderes Gut wirklich gegeben wird. Alle Vortheile daher, welche beide tauschende Parteien über einander geltend zu machen wissen, werden den Preis bestimmen. Daß aber der Tauschwerth und mithin der Schaffungskostenbetrag zur Grundlage dienen werde, läßt sich nicht leugnen und nur die Unbekanntschaft mit den Schaffungskosten vieler Gegenstände scheint das Gegentheil glauben zu machen. Diese Unbekanntschaft ist jedoch nicht so groß, als man wähnen dürfte, da von den einfachen Gütern sich die Schaffungskosten sehr wohl berechnen lassen und die der zusammengesetzten aus der Zusammenzählung der zu den dieselben bildenden Bestandtheile gehörigen Schaffungskosten hervorgehn. Die letzten und eigentlichen Konsumenten sind freilich am wenigsten damit bekannt, aber die Konkurrenz der Verkäufer kommt ihrer Unbekanntschaft zu Hülfe, indem sie stets den Preis der Güter den Schaffungskosten derselben zu nähern sucht. Im Grunde ist selbst die Seltenheit nichts anders, als eine Art von Schaffungskosten, indem der Mensch die Quelle, woraus ein in Beziehung zur Nachfrage danach seltenes

Erzeugniß hervorgeht, als ein Kapital von einem höheren Werthe, zu dessen Erlangung selbst höhere Schaffungskosten nöthig sind, betrachten, und sich in dem höheren Preise nur die dem Kapitale gemäßen Zinsen anrechnen wird.

§. 108.

Bei Gütern, die häufig in Verkehr kommen, werden sich die Preise immer am meisten nach den Schaffungskosten richten, und da diese in einer und derselben Gegend ziemlich gleich sind; so wird sich auf dem Markte derselben der Preis der Güter einerlei Art auch immer ziemlich gleich stellen. Einen solchen Preis der Güter kann man ihren Marktpreis nennen.

Manche Güter dagegen sind so selten, daß ihre Preise durchaus nicht von der Konkurrenz ihrer Verkäufer abhängen; sie können daher auch keinen Marktpreis haben, und werden sich zuweilen in Hinsicht ihres Preises nur sehr entfernt nach den Schaffungskosten richten.

§. 109.

Um sich den Preis in seinen verschiedenen Beziehungen recht anschaulich zu machen, hat man ihn danach in mehrere Arten eingetheilt. So versteht man unter Naturpreis denjenigen Preis, welcher blos die Schaffungskosten wiedererstattet. Wollte man dagegen durch ihn den Aufwand von hervorbringenden Kräften, die zu der Erzeugung eines Gutes erforderlich sind, bezeichnen; so ließe sich nur sehr uneigentlich von einem Preise sprechen. Den Naturpreis nennt man auch wohl den Kostenpreis.

Andere Unterscheidungen sind der einseitige, der doppelseitige, der erkünstelte, der Sachpreis, der Nennpreis oder Geldpreis und andere mehr.

§. 110.

Auf die Unterscheidung des Nennpreises von dem Sachpreise hat man oft einen großen Werth gelegt, aber, wie es scheint, mit Unrecht; auch läßt sich nicht behaupten, daß durch die neusten Untersuchungen größere Klarheit über ihr Wesen verbreitet ist.

Die Absicht bei der Trennung des Sachpreises von dem Naturpreise kann keine andere als diese sein, statt des wandelbaren Maaßstabes des Tauschwerthes der Güter, den das Geld, d. h. eigentlich die Münze, darbietet, einen unwandelbaren zu finden, und, diesen Gedanken festhaltend, muß man unter Nennpreis den nach Münze bestimmten, unter Sachpreis aber den nach einem unwandelbaren Maaßstabe berechneten Tauschwerth der Güter verstehen, aber nicht den Preis, den ein Gut durch den Austausch gegen ein anderes Gut erhält, weil die Münze selbst, nämlich die beim Verkehre jetzt übliche edele Metallmünze, neben ihrer Eigenschaft als Geld (Werthmesser) und als Tauschmittel auch die Eigenschaft einer Waare, eines Gutes besitzt, und eben deswegen, wie jedes andere Gut, einen wandelbaren Tauschwerth hat.

§. 111.

Man hat als unveränderlichen Maaßstab theils das Geld (die Münze), theils die Arbeit, theils das unentbehrlichste Lebensmittel vorgeschlagen. Es scheint zwar ein Widerspruch in der Anwendung der Münze als eines unveränderlichen Maaßstabes zu liegen, indem der Tausch von Gütern gegen dieselbe, also die Vergleichung beider Größen dem Tauschwerthe nach, den Begriff des Nennwerthes erzeugt hat; allein man will die Münze auch nur abgeleiteter Weise als allgemeinen Maaßstab gebrauchen, so daß man aus ihrem Verhältnisse zu einem andern Gute ihre von Zeit zu Zeit eintretende Tauschwerth-Veränderung aufsucht. Man würde die edele Metall-Münze auch unmittelbar als Maaßstab des Sachpreises der Güter anwenden können, wenn nicht eben die Veränderung ihrer Schaffungskosten und der Nachfrage nach ihr von Zeit zu Zeit bedeutend auf die Veränderung ihres Tauschwerthes einwirkten, und die Münze im Verkehre immer als Realmünze und nicht größtentheils als eine Ideal-Realmünze erschiene, deren wahrer Tauschwerth bedeutend und bald mehr bald minder von ihrem Idealwerthe abweichend gefunden wird.

§. 112.

Bei der Arbeit, als allgemeinen Maaßstab des Sachpreises der Güter angewandt, erheben sich ebenfalls mancherlei Schwierigkeiten, obgleich ich nicht zugeben kann, daß die Arbeit überhaupt, als etwas Unkörperliches, nicht zur Vergleichung des Tauschwerthes der Güter angewandt werden könne. Wäre dieses; so ließe sich niemals an einen nach der Zeit bestimmten Arbeitslohn denken. Freilich ist es in den Augen desjenigen, der eine Arbeit eintauscht, nicht die Arbeit, die er bezahlt, sondern das Produkt der Arbeit; allein das Produkt steht in einem nothwendigen Zusammenhange mit der Produktivkraft, die es hervorbrachte, und von welcher der Arbeiter ausgeht, indem er den Preis seiner Arbeit bestimmt, und so ist es eigentlich immer die Arbeit, oder die Anwendung produktiver Kräfte, welche bezahlt wird. Dadurch werden indeß die Schwierigkeiten noch nicht gehoben, welche der Arbeit, als Maaßstab des Sachpreises, entgegenstehen; denn um sie dazu gebrauchen zu können, müßte, gesetzt auch die Arbeit von der gemeinsten Art könnte für die übrigen als Maaßstab dienen, diese Arbeit immer mit Waare, und nicht mit Münze, oder mit Münze und Waare bezahlt, auch nicht unter verschiedenen Verhältnissen angewandt worden sein, wovon einige den Arbeitslohn höher[,] andere ihn niedriger stellten. Dürfte man alle Umstände, welche auf den Preis der Arbeit wirkten und wirken, bei verschiedenen Völkern und in verschiedenen Zeiten, als gleich annehmen; so müßte man doch wieder seine Zuflucht zu dem allgemeinen Werthmesser, der Geldmünze nehmen, um ihren Tauschwerth nach dem Preise der gemeinsten Arbeit zu bestimmen.

§. 113.

Endlich ist es auch sehr schwierig, durch die Vergleichung des Tauschwerthes der Güter mit dem gemeinsten Lebensmittel ihren Sachwerth zu finden, weil der Tauschwerth des gemeinsten Lebensmittels selbst manchen Veränderungen unterworfen ist, und weil überhaupt, um irgend ein Gut als Sachwerthmesser zu gebrauchen, dasselbe als Tauschmittel in den Zeiten und bei den Völkern angewandt worden sein müßte, deren Produkte man danach bestimmen wollte. Nur zur Auffindung des Tauschwerthes der edlen Metalle, also der Metallmünze, dient das gemeinste Lebensmittel, bei uns das Getreide, am zweckmäßigsten, weil es gegen andere Erzeugnisse die geringsten Veränderungen erleidet. Durch Vermittelung des Getreides würde daher die Metallmünze am füglichsten den Sachwerthmesser der Güter abgeben können.

Vierter Abschnitt.

Von der Metallmünze.

§. 114.

Wegen der Eigenschaften der edlen Metalle ist besonders die Münze, deren Stoff aus edlem Metalle besteht, für den Welt- und National-Verkehr wichtig geworden, obgleich auch andere Metalle, doch nur für den innern Verkehr eines Landes, von Wichtigkeit erscheinen. Indeß ist zu bemerken, daß selbst jede edele Metallmünze für den Weltverkehr nicht von gleicher Brauchbarkeit ist; denn da in diesem die einzelne Nationalmünze nur als Waare erscheinen kann; so wird die Ideal-Realmünze, als solche, in seinem Umfange nicht angewandt werden können, also überhaupt darin keine Anwendung finden. Wie aber bei jeder Waare ihr Tauschwerth im allgemeinen das Regulativ ihres Preises ist, so ist dieses auch bei den edlen Metallen der Fall und eine Ausmittelung desselben von Wichtigkeit.

§. 115.

Der Tauschwerth jeder Waare richtet sich theils nach ihren Schaffungskosten, theils nach dem Verhältnisse des Angebots derselben zur Nachfrage nach ihnen. Da nun die Fortschaffungskosten der edlen Metalle gegen ihren hohen Tauschwerth sehr unbedeutend sind; so werden sie überall einen ziemlich gleichen Sachpreis haben, und weichen daher in diesem Punkte sehr von den meisten andern Waaren ab, die wegen ihrer großen Fortschaffungskosten nach der Entfernung des Marktes auch einen sehr verschiedenen Preis haben. Aus dieser besondern Eigenschaft der edlen Metalle läßt sich auch erklären, wie ihr Preis bei den ergiebigsten Bergwerken den Preis derselben in allen Ländern bestimmt und die Einstellung des Betriebes derjenigen Minen veranlassen kann, die zu bedeutende Schaffungskosten erfordern, als daß sie ihr Erzeugniß zu demselben Preise, wie jene, liefern könnten.

Nimmt die Nachfrage nach edlen Metallen bedeutend zu, und vermehrt sich die Menge derselben nicht in dem gleichen Maaße; so muß der Preis derselben steigen, so wie er abnimmt, wenn ihre Schaffungskosten sich vermindern und die Nachfrage nach ihnen gar nicht oder doch nicht im Verhältnisse der steigenden Schaffungskosten nachläßt. Zunahme oder Abnahme der Betriebsamkeit, Verarbeitung des edlen Metalls zu allerlei Gegenständen des feinern Bedürfnisses, Einführung von Idealmünze oder dieser sich blos sehr nähernden Ideal-Realmünze sind Umstände, welche nebst der Zu- oder Abnahme der Gewinnung edler Metalle auf den Preis derselben wirken, sein Schwanken verursachen und oft zur falschen Beurtheilung des Sachpreises der edlen Metallmünze oder der Waaren Veranlassung geben.

§. 116.

Besteht die Weltmünze aus edler Metallmünze; so kann eine auswärtigen Handel treibende Nation der edlen Metallmünze gleichfalls nicht entbehren, und sie wird um so weniger Schwierigkeit im Verkehr mit andern Nationen finden, je mehr sich ihre Metallmünze einer wahren Realmünze nähert. Daraus folgt indeß nicht, daß sie sich nicht im innern Verkehre auch der Idealmünze und der unedlen Metallmünze bedienen könne.

§. 117.

Der Verkehr einer jeden Nation geht entweder auf den Umtausch von Gütern und Gütermassen, die einen bedeutenden Tauschwerth haben, oder er setzt geringere und die geringsten Tauschwerthe um. Zu jener Art des Verkehrs dient besonders die grobe Metallmünze, so wie zu dieser die Scheidemetallmünze. Da nun zwischen diesen beiden Arten des Gütertausches ein gewisses Verhältniß statt findet; so muß auch zwischen den ihnen dienenden Metallmünzarten ein ähnliches Verhältniß bestehen, wenn nicht der Verkehr an seiner Lebhaftigkeit verlieren oder die Nation nicht zu Mitteln greifen soll, die dem Nationalwohlstande gefährlich sind. Der Gebrauch fremder Metallmünze, die Einführung von Privatmünze, und die Anreizung zum Falschmünzen, wegen der dann gewöhnlichen Aufmünze auf die fehlende Metallmünzart, sind die Folgen eines Mißverhältnisses zwischen der groben Metallmünze und der Scheidemetallmünze.

§. 118.

Zur gröbern Metallmünze bedient man sich, um an dem Weltverkehre Theil nehmen zu können, der edlen Metalle, des Goldes und Silbers, aber nicht ohne sie zu legiren, d. h. nicht ohne ihnen einen Zusatz von unedelem Metalle zu geben, weil man behauptet, daß die ganz fein ausgeprägte edele Metallmünze dem natürlichen Verzehr zu sehr unterworfen sei und das Einschmelzen der neu ausgemünzten dadurch begünstiget werde.

§. 119.

Die Art der Ausmünzung, oder das Verhältniß der Menge von gleichartigen Münzstücken, die aus einem bestimmten Gewichte edlen Metalls ausgeprägt werden, zu diesem Gewichte nennt man den Münzfuß. Man theilt ihn in schweren und leichten ein, je nachdem weniger oder mehr Münzstücke aus einem gewissen Gewichte edlen Metalls geprägt werden. Daß der leichte Münzfuß die Betriebsamkeit mehr begünstige, weil er die Arbeit für einen geringern Lohn erlangen lasse, ist eben so wenig zu erweisen, als daß ein Staat durch die Formen der Ausgleichungsmittel auf die Dauer über andere Staaten gewinnen werde. Eine solche Hoffnung gründet sich auf Täuschung, aber diese kann bei dem überall so weit fortgeschrittenen Münzwesen nur von sehr kurzer Dauer sein, und wirft dann einen Schatten auf die Regierung, die sich dergleichen Künste erlaubt, Künste, die auch nur für den Augenblick täuschen können, wenn sie die eigenen Staatsbürger zugleich täuschen.

§. 120.

Die Ausmünzung der Metalle ist mit bedeutenden Kosten verknüpft, die natürlich den Tauschwerth der Metallmünze erhöhen und am zweckmäßigsten von der Regierung, die sich das Recht, Metallmünze zu prägen, als ein Regal vorbehält, zu dem Preise, zu welchem die Münze in Umlauf kommt, hinzugefügt wird. Geschieht dieses nicht; so müssen die Prägkosten oder der Schlagschatz durch die Staatsauflagen gedeckt werden, ein Verfahren, welches andern Staaten im Verkehre einen Vortheil zufließen läßt und das Einschmelzen der durch den Umlauf noch nicht abgenutzten Münzstücke begünstigt.

§. 121.

Zur Ausgleichung der geringsten Tauschwerthe wendet man am besten unedele Metallmünzen an, theils weil edele Metalle, zu diesem Behufe angewandt, höchst unbequem im Gebrauche sein würden, theils weil dergleichen Ausgleichungen nur im innern Landesverkehr vorkommen, und in diesem eine der Idealmünze nahe kommende unedele Metallmünze leicht in Kredit erhalten werden kann, wenn die Regierung nur für eine solche Ausprägung sorgt, die das Nachmachen derselben kostbar und daher unergiebig macht.

§. 122.

Wird die Gattung der Metallmünze geringer, als ihr Tauschwerth nebst dem Schlagschatze angenommen; so entstehen dieselben Folgen für den Staat, welche die Nichtberücksichtigung des Schlagschatzes hervorbringt, und wird sie höher angenommen; so trift den Staatsbürger eine unzweckmäßige und ungerechte Abgabe, der Verkehr mit Fremden wird gehemmt nnd der Werthmesser zerrüttet. Die Geltung muß daher dem Tauschwerthe der Metallmünze nebst den Prägkosten gleich sein.

Fünfter Abschnitt.

Von dem Wesen des Münzumlaufes in dem Verkehre eines Landes und von dem Münzbedarfe desselben.

§. 123.

Man kann den Münzumlauf, oder den Austausch derselben gegen Waare, in doppelter Rücksicht betrachten, in Beziehung auf die Menge der umlaufenden Münze, und in Hinsicht der Schnelligkeit, mit welcher sie ihre Bestimmung erfüllt. Jene Art des Münzumlaufs können wir den Umfang, die Stärke, diese die Lebhaftigkeit desselben nennen.

§. 124.

Die Masse der in einem Lande umlaufenden Münze kann theils eine Folge des vortheilhaften Zustandes sein, worin sich der Nationalwohlstand befindet, theils aber aus verkehrten Ansichten über den Staatsverzehr, aus Verschwendung unter den Staatsbürgern und selbst aus einer unglücklichen Lage des Staats hervorgehn, und läßt also keinen unbedingten Schluß auf den Zustand des Nationalwohlstandes zu, immer aber wird sie, ohne gehörige Lebhaftigkeit des Umlaufs, das Zeichen einer nicht mannichfaltig in Bewegung gesetzten Volksbetriebsamkeit sein. Daher darf man auch nicht der Meinung sein, auf diese durch eine große umlaufende Münzmasse vortheilhaft wirken zu wollen. Diese gewinnt nur dadurch, daß die Produktionsgegenstände rasch aus einer Hand in die andere gehen, also wenn ihr Umsatz gegen Münze nicht stockt. Ein lebhafter Münzumlauf ist mithin das Zeichen eines fortschreitenden Nationalwohlstandes. Beide sind genau mit einander verbunden, jedoch so, daß der rasche Münzumlauf als eine Folge des fortschreitenden Wohlstandes der Nation erscheint, also nicht unabhängig davon gedacht und als Ursache desselben angesehen werden kann. Indeß, so wie auch der größte Reichthum an Erzeugnissen nur durch die Einführung von zweckmäßiger Münze erst zum wahren Leben kommt; so kann auch der Münzumlauf durch mancherlei Einrichtungen befördert, beflügelt werden, und in sofern kann man sagen: die Anstalten, welche den Münzumlauf, oder die Möglichkeit, Waaren gegen Münze umzusetzen, vergrößern, wirken vortheilhaft auf den Nationalwohlstand.

§. 125.

Ob der rasche Münzumlauf den Preis der Waaren erhöhe oder erniedrige, kann streng genommen nicht gefragt werden, und zwar wieder deshalb, weil er keine unabhängige Erscheinung ist. Der Preis der Waaren hängt, außer von ihren Schaffungskosten, von dem Verhältnisse der Nachfrage nach ihnen zu ihrem Angebot ab. Nehmen beide gleichmäßig zu oder ab; so wird der Waarenpreis nicht geändert werden, aber der Münzumlauf wird im erstern Falle rascher, im andern langsamer sein. In sofern erscheint er blos als die Folge des Verkehrs, sehen wir aber auf seine künstliche Belebung; so kann er rückwirkend Prinzip der Beflügelung werden, und die oben aufgestellte Frage heißt alsdann: wie wirken die Unterstützungsmittel des Münzumlaufs auf die Waarenpreise? Sie erzeugen eine größere Nachfrage, aber auch ein größeres Angebot von Gegenständen des Begehrs, sie wirken also im allgemeinen wohlthätig auf die Betriebsamkeit und werden in dem Maaße die Preise der Waaren erhöhen, als es schwieriger ist, ihr Angebot der Nachfrage nach ihnen gleich zu stellen, eben so wie sie dieselben erniedrigen, wenn das Angebot die Nachfrage übertrifft. Im Anfange darf man eine größere Nachfrage und also eine Erhöhung der Waarenpreise annehmen, weil der Vortheil der auf den Münzumlauf hinwirkenden Anstalten eben nur diesen betrifft; mit der Zeit aber erweckt die Nachfrage eine größere Produktion und die Preise der Waaren sinken nicht nur zum Theil auf ihren früheren Stand gegen Münze zurück, sondern noch unter denselben; eine Erscheinung, welche besonders solche Fabrikate betreffen wird, deren Preis größtentheils aus Arbeitslohn und Verlagsprofit besteht.

Entsteht der rasche Münzumlauf aus einer Anhäufung von Münze; so ist hier in Hinsicht seiner Einwirkung auf die Waarenpreise ein doppelter Fall zu unterscheiden, ob nämlich die Münzmasse unmittelbar auf Produktion gewandt, oder des bloßen Verzehrs wegen in Bewegung gesetzt wird. Jenes veranlaßt Erniedrigung, dieses Erhöhung der Waarenpreise.

§. 126.

Fragt man, wie groß im allgemeinen der Bedarf einer Nation an umlaufender Münze sei; so muß man von der Bestimmung der umlaufenden Münze ausgehen und forschen, wie sie diese Bestimmung erfüllt. Die umlaufende Münze dient als Tauschmittel der Güter, und geht auf diese Weise aus einer Hand in die andere, während die Güter, welche sie eintauscht, diese nach einem, andere nach mehreren Wechseln ihres Besitzers, an ihren Consumenten gelangen. Daher kann eine geringe Münzmenge die mannichfaltigsten Tausche vollziehen, und um ihren Bedarf in einer gewissen Zeit berechnen zu wollen, müßte man die Summe der Güter, die sie während dieser Zeit eingetauscht hat, nach Münze bestimmt, durch die Zahl ihrer verschiedenen Besitzer in eben der Zeit dividiren, ein Unternehmen, welches wohl schwerlich jemals mit Genauigkeit wird ausgeführt werden können. Ist nun schon auf diese Weise die Angabe des Münzbedarfs eines Landes überhaupt schwierig; so ist es noch weit schwieriger, den Metallmünzbedarf anzugeben, weil man alsdann von der gefundenen Summe nicht nur die Idealmünze, sondern auch die verschiedenen durch bloßen Kredit bewirkten Waarentausche abziehen müßte. Auf diese Kenntniß kommt es aber auch durchaus nicht an, besonders da sie immer nur, selbst mit der größten Genauigkeit verbunden, einen einzelnen Zeitpunkt betreffen könnte. Wichtiger ist es, zu wissen, ob überhaupt ein Münzmangel oder ein Münzüberfluß vorhanden sei, und wie beide auf die Nationalbetriebsamkeit und durch diese auf den Nationalwohlstand wirken. Um darüber genügend urtheilen zu können, müssen wir zuerst sehen, wie eine Nation zu ihrem Münzbedarf gelangt.

§. 127.

Das Münzbedürfniß wurde zuerst durch die Entstehung eines ausgedehnteren Verkehrs erzeugt. Dieser ist aber theils ein einheimischer, theils ein auswärtiger, und erfordert im erstern Falle nur ein hinreichend gesichertes reines Tauschmittel, also Idealmünze. Läuft sie in einem Lande allein um; so wird ihr Preis lediglich durch das Verhältniß ihrer Menge zu der Menge zu vertauschender Güter bestimmt. Ihre Schaffungskosten sind zu unbedeutend, als daß sie einen Sachpreis haben sollten. Ihr Preis wird folglich mit Zunahme der zu vertauschenden Waarenmenge steigen, und mit ihrer Abnahme fallen. In Hinsicht ihrer wird daher selten von einem Mangel und nie von einem Ueberflusse die Rede sein. Jener Umstand wird eintreten, wenn der Verkehr wegen nicht hinlänglicher Idealmünze zu stocken anfängt, ein Nachtheil, welchem die Regierung leicht abhelfen kann.

Ist dagegen die Idealmünze neben der Metallmünze vorhanden; so wird das Fallen ihres Preises gegen den Preis der Metallmünze ihren Ueberfluß anzeigen. Ihr Mangel in dem Privatverkehre kann abgesondert von der Metallmünze nicht erkannt werden, weil derselbe durch die letztere ersetzt werden würde. Nur wenn beide gleichstehen und eine Stockung im Verkehr sich zeigt, ist ihr beiderseitiger Mangel anzunehmen.

Treibt ein Land mit andern Ländern Handel; so bedarf es dazu der Weltmünze, also der edlen Metallmünze, und diese kann es entweder durch eigene Minen oder durch Tausch erlangen, ja der Tausch ist es allein, der einem, auch dem metallreichsten Lande seinen Bedarf sichern kann. Die Gold- und Silbermenge von Brasilien und Peru verschwindet bald aus einem Lande, welches nur diesen Reichthum besitzt und dafür alle übrigen Bedürfnisse anschaffen muß, und kann dann nur durch neuen Zufluß ersetzt werden, wenn nicht alle Genußquellen sich sogleich verstopfen sollen. Dagegen wird ein an Gütern reiches Land nie in Verlegenheit wegen Mangels an Ausgleichungsmitteln sein dürfen. Güter werden begehrt um ihrer unmittelbaren Genießbarkeit willen, Münze nur als das Mittel, wodurch Güter erlangt werden.

§. 128.

Was zuerst den Ueberfluß an edler Metallmünze anbetrifft; so ist dieser nicht leicht zu erwarten, da edele Metallmünze eine Waare ist, die überall Abnehmer findet, und vor allen andern die Märkte aufsuchen kann, wo die meiste Nachfrage nach ihr herrscht, d. h. wo die meisten Waaren zum Austausche gegen Münze angeboten werden. Es bleibt daher der edlen Metallmünze immer dieser Ausweg, wenn sie der Besitzer nicht selbst produktiv anwenden kann, und so wird selten der Zustand eintreten, worin die vorhandene Metallmünzmasse den

Bedarf übersteigt. Fände aber doch in einer Zeit ein Münzüberfluß statt; so würde dieser, indeß nur durch verstärkte Nachfrage nach Waaren, die Preise derselben für den Augenblick erhöhen, und so lange hoch erhalten, bis sich das Gleichgewicht zwischen Nachfrage und Angebot wieder hergestellt hätte.

§. 129.

Der Metallmünzmangel kann auf doppelte Weise entstehen, entweder durch Mangel an Verkehr mit dem Auslande, von welchem die edlen Metalle gezogen werden, oder durch Zahlungen an das Ausland, für welche kein Ersatz an Gütern geleistet wird, die auf einem Umwege wieder Metallmünze anzuschaffen im Stande wären. Der erste Fall kann jedoch nur bedingungsweise statt finden, wenn nämlich die ganze in einem Lande umlaufende Metallmünzmasse durch einen unbedeutenden ausländischen Verkehr bezogen werden soll, der doch in den meisten Fällen mit Gütern gegen Güter getrieben wird. Der zweite Fall kann eintreten, wenn ein Staat an einen andern Kriegssteuern bezahlen muß oder ihm Hülfsgelder sendet. Kriegssteuern und Subsidiengelder können allerdings durch Entfernung der nöthigen Tauschmittel sehr nachtheilig auf den Nationalwohlstand wirken, aber häufig kann ihr schädlicher Einfluß ganz oder zum Theil dadurch abgewandt werden, daß nicht wirklich Münze gezahlt wird, sondern Waare. Zwar bleibt der Nachtheil in Hinsicht des Nationalvermögens auch dann noch immer groß, allein er wird doch nicht noch durch ein Mißverhältniß zwischen den Waaren und den Bewegungsmitteln des Waarenumlaufs vergrößert.

Sechster Abschnitt.

Von den Beförderungsmitteln des Münzumlaufs und des Verkehrs überhaupt.

§. 130.

Auf den Verkehr und den Münzumlauf kann auf eine mannichfaltige Weise, aber streng genommen nur in einer doppelten Form eingewirkt werden, theils durch Verminderung und Vereinfachung der baaren Zahlungen, theils durch solche Stellvertreter der Metallmünze, welche, indem sie die Vortheile derselben erhöhen, einen rascheren und umfassenderen Verkehr möglich machen.

Alle diese Hülfsmittel ruhen entweder auf Kredit oder nicht. Das letztere gilt von dem Scontriren und den Girobanken, jenes von den verschiedenen Arten der Kreditscheine, von der Idealmünze, von den Zinsen tragenden Darlehnen, von den die Beförderung des Landbaus beabsichtigenden Kreditsystemen.

I. Von dem Scontriren und den Girobanken.

§. 131.

Das Scontriren oder Rescontriren besteht darin, daß man die Zahlung der Schulden einer Stadt oder einer Gegend an einem Orte vereinigt, wo alle Schuldner, die zugleich Gläubiger sind, ihre Schulden mit ihren Forderungen abrechnen können, so daß ihnen nichts übrig bleibt, als die kleinen Summen, welche sich auf diese Weise nicht ausgleichen lassen, in baarer Münze zu saldiren. Die Versammlungen der Kaufleute auf der Börse dienen gleichfalls zweckmäßig dazu.

§. 132.

Die Erleichterung, welche dieses Verfahren dem Verkehre gewährt, fällt deutlich in die Augen; aber noch größer ist der Nutzen, welchen die Girobanken dem Handel leisten. Auf ihre Einrichtung mußte man durch den

sehr-

sehr frühen Gebrauch des Scontrirens kommen. Sie bestehen nämlich darin, daß die Kaufleute eines Ortes oder einer Gegend, und unter ihrem Namen auch entferntere, in eine gemeinsame Kasse beliebige Summen Metallmünze niederlegen, über welche eine Rechnung geführt wird, worin die Bankinteressenten ihre besonderen Rubriken haben. Ein jeder Theilnehmer hat nun das Recht, von dem Betrage des von ihm niedergelegten Kapitals so und so viel auf einen andern Theilnehmer übertragen zu lassen, so daß auf diese Weise Schulden und Forderungen ohne alle baare Zahlung mit einander ausgeglichen werden können und ein Fonds vorhanden ist, der diese Zahlungen sicher stellt. Dieser Vortheil ist für den Handel sehr groß, besonders, da der Kaufmann sein in der Bank liegendes Geld nicht seinen Geschäften entzieht, indem er nur grade die Summe auf solche Weise verwendet, die er ohnehin für laufende Zahlungen würde haben liegen lassen müssen; allein noch wichtiger werden die Girobanken durch die Aufrechthaltung der Unbescholtenheit der Münze, da sie keine Münzgattung annehmen, die nicht zu ihrem Nominalwerthe ausgeprägt ist, oder gar, wie dieses in der letzteren Zeit geschehen, nur Silberbarren zu einem bestimmten Gewichte, wobei sie noch den Vortheil genießen, daß sie die Prägekosten ersparen, und noch weit sicherer sind, gerade die Menge edlen Metalls zu besitzen, die sie besitzen sollen. Mit Papieren, in Bankgeld ausgestellt, ist daher der Handel weit leichter, als mit andern Münzgattungen, da bei diesen immer erst das Verhältniß ihres Nennwerthes zu ihrem Feingehalte angegeben werden muß, was bei jenen nicht nöthig ist.

In sofern mit den Girobanken auch Leihbanken verbunden werden, kommen sie in die Klasse der Kreditanstalten; doch immer nur uneigentlicher Weise, wenn sie, ihren wahren Vortheil einsehend, nur bis zu dem Betrage des Unterpfandes, welches immer in Gold oder Silber bestehen sollte, Kredit auf die Bücher in der Bank geben.

II. Von Kredit im allgemeinen.

§. 133.

Der Kredit ist das Zutrauen, welches man in jemand setzt, er werde seine frei übernommenen Verbindlichkeiten erfüllen. An sich hängt der Kredit von zwei Bedingungen ab, von dem Vermögen und dem Willen, jene Verbinblichkeiten zu erfüllen, welche man beide bei dem voraussetzt, dem man ein solches Zutrauen schenkt. Nimmt man aber Rücksicht auf den Staat, worin der Kreditnehmer lebt; so kommt noch der Zwang mit in Anschlag, welchen derselbe gegen diesen ausübt, in sofern er sich seinen Verpflichtungen zu entziehen sucht. Nach diesen drei Umständen wird sich daher der Umfang des Kredits richten, und ist er hierauf allein gegründet; so ist er ein wahrer, ein persönlicher Kredit, der sich höchstens durch einen Empfangschein, durch eine Schuldverschreibung ein gegebenes Darlehn beglaubigen läßt. Wo das Darlehn durch eine Hypothek, also durch eine Anweisung auf das Eigenthum des Darlehnempfängers, oder gar durch ein von diesem gegebenes zum Ersatz hinreichendes Pfand gegen die Möglichkeit der Nichterfüllung der Verbindlichkeit von Seiten desselben gesichert ist, kann streng genommen nicht mehr vom Kredit die Rede sein.

§. 134.

Zwar wird der Kredit von den drei angegebenen Umständen bestimmt, aber nicht einer wirkt so stark auf denselben, als der andere. Der Charakter des Creditnehmers und vornehmlich die Erfahrung in Hinsicht seiner Pünktlichkeit, seiner Ordnung und seines guten Willens, und die Strenge oder Nachsicht der Gesetze gegen den bösen Schuldner sind die beiden Punkte, welche von dem Kreditgeber am besten beurtheilt werden können, und von welchen also auch am meisten der Grad seines Zutrauens abhängt.

§. 135.

Der kaufmännische Kredit ist die Seele des Verkehrs. Da die baare Münzübersendung mit sehr vielen Schwierigkeiten verbunden und mancher Kaufmann nicht immer dann im Stande ist zu zahlen, wann er gerade die Gelegenheit vor sich sieht, vortheilhafte Geschäfte zu machen; so müßten viele Handelsunternehmungen ganz unterbleiben, wenn der Kredit diese Schwierigkeiten nicht höbe.

III. Von den auf Kredit beruhenden, den Münzumlauf und Verkehr befördernden Mitteln.

A. Von den Zinsen gebenden Darlehnen.

§. 136.

Der Mensch hat durchaus zu seinem Lebensziele den Genuß, und da die Münze als das allgemeine Eintauschmittel der Gegenstände des Genusses Bürge desselben ist; so wird jeder bemüht sein, sich davon so viel als möglich zu verschaffen, entweder zum gegenwärtigen Verzehr oder zur Sicherung des zukünftigen. Einen Theil seines Einkommens wird er immer in der letzteren Absicht zurückzulegen suchen und mithin seinen gegenwärtigen Genuß einschränken, oft mit vieler, oft mit geringer Schwierigkeit. Da nun aber auf diese Weise dem Verkehr so manche Kapitalien entzogen werden, die in allen Zweigen der Produktion mit Vortheil hätten angewandt werden können; so wird der Producent sich bemühen, dergleichen Kapitalien als Darlehn zu erhalten, und geneigt sein, den durch sie erlangten Vortheil mit dem Darlehner zu theilen. Es kommt nur darauf an, daß sie sich über den dem Kapitalisten für die Benutzung seines Eigenthums zu gewährenden Ersatz mit einander vereinigen, und wenn wir die Höhe dieses Ersatzes, nach Procenten bestimmt, den Zinssatz, Zinsfuß nennen wollen; so läßt sich die Frage aufwerfen: welche Momente sind es, die den Zinsfuß bestimmen werden?

§. 137.

Aller Kredit hängt größtentheils von dem Zutrauen des Gläubigers zu dem Schuldner ab, und mithin wird danach zuerst der Gläubiger den Zinsfuß bestimmen. Für die Unsicherheit seines Kapitals und selbst seiner Zinsen wird er sich durch einen hohen Zinssatz zu entschädigen suchen, und diese Erhöhung des Zinssatzes über seinen üblichen Stand kann man schicklich die Zinsassekuranzprämie nennen. Ursprünglich wird diese zwar durch das mangelnde Zutrauen des Gläubigers zu dem Schuldner hervorgebracht; allein der Zustand der Justizverfassung des Landes, worin sich der Schuldner befindet, so wie die Entfernung des Aufkündigungstermins des Darlehns und die Anwendung, welche jemand von dem Darlehne zu machen gesonnen ist oder der Gläubiger doch voraussetzt, haben ebenfalls einen bedeutenden Einfluß darauf. Je gewisser der Darlehner ist, daß die Justiz den Schuldner anhalten werde, seine Verbindlichkeiten zu erfüllen, desto weniger wird er geneigt sein, sich durch eine Erhöhung des Zinssatzes für die Furcht, die Zinsen oder gar das Kapital zu verlieren, schadlos zu halten. Je weniger er dagegen auf gerichtliche Hülfe rechnen darf, desto mehr wird er sich selbst gegen Verlust zu decken suchen. Dasselbe wird auch der Fall sein, wenn jemand ein Darlehn zu einer unsichern Produktion oder Unternehmung oder gar zum Verzehr bestimmt.

Wer ein Kapital bei einer als einträglich bekannten Produktion, oder bei einem sichern Handelszweige benutzen will, wird leichter und unter bessern Bedingungen ein Darlehn erhalten, als wer es auf eine mißliche Speculation zu verwenden gesonnen ist. Am schwierigsten wird aber derjenige ein Kapital erhalten, der es blos zum Verzehr oder zur Bezahlung einer frühern Schuld anzuwenden gedenkt. Es versteht sich indeß, daß bei allen diesen Kapitalsanwendungen die übrigen Umstände als gleich gedacht werden: gleiches persönliches Zutrauen, gleiche Sicherheit durch die Justizverfassung und gleiche Dauer des Darlehns. Wer die Aussicht hat, sein Kapital bald wieder zurücknehmen zu dürfen, steht immer in geringerer Sorge wegen des Verlustes, als wer auf lange Zeit borgt.

§. 138.

Wenn aber diese verschiedene Unsicherheit des Darlehns in keine Betrachtung kommt, so fragt es sich, wonach sich eigentlich der Zinssatz richte? So wie der Preis der Waaren nicht einseitig von dem Käufer oder Verkäufer abhängt, so wird auch der Zinssatz weder von dem Darlehner, noch von dem Darlehnempfänger allein bestimmt. Beide suchen alle möglichen Vortheile gegen einander geltend zu machen; hauptsächlich wird sie aber theils die Schwierigkeit, Kapitalien zu sammeln, theils der Vortheil, der sich durch die produktive Anwendung derselben machen läßt, bei der Bestimmung des Zinsfußes leiten. Die Betrachtung dieser Umstände würde aber natürlich eine außerordentliche Verschiedenheit des Zinssatzes hervorbringen, indem dem Einen die Bildung eines Kapitals weit schwerer als dem Andern wird, und indem ein Producent mit demselben Kapitale oft einen weit größern Gewinn machen kann, als ein anderer; wenn nicht die Konkurrenz der Kapitalisten und der Darlehnsuchenden einen gewissen Zinssatz hervorbrächte, den man als den zu einer Zeit in einer Gegend üblichen ansehen und den Marktsatz der Zinsen nennen könnte. Von diesem Marktsatze würde man alsdann den natürlichen Satz der Zinsen unterscheiden, d. h. denjenigen, welcher dem Kapitalisten nur einen solchen Vortheil ließe, der ihn allein für die Mühe, Kapitalien zu sammeln, entschädigte, ohne ihm einen reinen Gewinn zu gewähren.

§. 139.

Sinkt der Zinssatz unter seinen natürlichen Stand, dann hört natürlich das Angebot von Kapitalien auf, weil es sich alsdann nicht der Mühe verlohnt, Kapitalien zu sammeln und als Darlehn zu benutzen. Unter diesen natürlichen Zinssatz können daher die Zinsen nicht leicht fallen, aber sie können auch nicht leicht so hoch steigen, daß sie dem Darlehnempfänger alle Vortheile rauben, die er nothwendig machen muß, wenn ihm die Benutzung fremder Kapitalien wünschenswerth scheinen soll. Steigen sie wirklich so hoch; so läßt die Nachfrage nach Kapitalien nach; allein ihre Vermehrung wird dessenungeachtet nicht ganz aufhören, weil große Kapitalien auch bei geringen Zinsen zunehmen können, indem bei ihnen, um diese Absicht zu erreichen, nur eine Einschränkung des Verbrauchsvorrathes nöthig ist, kleine Kapitalien dagegen oft nur soviel Zinsen tragen, daß dadurch die Nothwendigkeiten des Lebens, an denen nur mit Mühe, durch Darben, eine Ersparung gemacht werden kann, gedeckt werden. Geht das durch die Abnahme der Nachfrage veranlaßte Sinken des Zinsfußes freilich bis unter seinen natürlichen Stand zurück; so werden sich die Kapitalisten entweder genöthigt sehen, ihre Kapitalien selbst produktiv zu benutzen, oder im Auslande als Darlehne unterzubringen, bis sich das Gleichgewicht zwischen Nachfrage und Angebot wieder hergestellt hat.

§. 140.

Die Besitznahme neuer Ländergebiete, wo ein geringerer Grad der Betriebsamkeit, wegen Mangels an Kapitalien, herrscht, die Entstehung neuer Gewerbzweige und die schnelle Verminderung der Kapitalien können selbst in einem sehr reichen Lande den Zinssatz erhöhen, und diese Umstände sowohl, als die schon früher angeführten, werden entweder mit einander oder gegen einander auf die Bestimmung des Zinsfußes wirken, und wenn man auch nicht stets im Stande ist, die Ursachen deutlich zu erkennen, welche ihn erhöhen oder erniedrigen; so darf man doch immer annehmen, daß er, sich selbst überlassen, auf Gründen ruht, die aus der Natur des Verkehrs mit Nothwendigkeit hervorgehen, und die sich nicht unterdrücken lassen, ohne der Gewerbsamkeit Fesseln anzulegen, von denen sie entweder untergraben werden, oder sich auf irgend eine Weise loszumachen wissen wird.

B. Von den landschaftlichen Kreditgesellschaften.

§. 141.

Je nachdem die Menschen in dem bürgerlichen Vereine mehr oder minder in Beziehung zu einander stehen, ihr Gewerbe sie mehr oder minder fähig macht, mit andern in eine nähere Verbindung zu treten, um gemeinschaftliche Maaßregeln zur vortheilhafteren Betreibung desselben zu ergreifen, wird man auch häufiger oder seltener unter ihnen Anstalten entstehen sehen, welche auf diesen Zweck hinwirken.

Der Grundbesitz eignet sich aus vielen Ursachen zu einem solchen näheren Anschließen, und man kam um so eher darauf, diesen Umstand zu benutzen, als die Regierungen von jeher wenig gethan haben, die lebendigere Entwickelung der Urprodukzion zu begünstigen. So wie es aber bei allen Gewerben hauptsächlich auf das zum Betriebe derselben zu benutzende Kapital ankommt, so ganz vorzüglich bei der Urproduktion und insbesondere bei der Landwirthschaft, weil hier durch kluge Berechnung von Absatzverhältnissen im allgemeinen weniger zu hoffen ist, als von der Menge der Erzeugnisse, und die Anlage eines Kapitals sich oft erst nach langer Zeit verzinset. Deshalb muß es dem Urproducenten vornehmlich darauf ankommen, unter Bedingungen Kredit zu bekommen, die ihm möglich machen, sich für den Aufwand zur Erlangung des Kredits zu entschädigen. Diese Betrachtung veranlaßte die sogenannten landschaftlichen Kreditsysteme, die im Preußischen der große Geist Friedrichs II. zur Ausführung brachte, die damals sich äußerst wohlthätig zeigten, in den neuesten Zeiten aber zum Theil ganz zerrüttet worden sind.

§. 142.

Das Wesen dieser und ähnlicher Kreditanstalten besteht darin, daß die Gesammtheit der davon Vortheil ziehenden Grundeigenthümer sich verbindlich macht, für die auf die Grundstücke der Gesellschaftsglieder geliehenen Kapitalien zu haften, und durch eine eigene Behörde ihr gemeinsames Kreditwesen verwalten läßt.

Hieraus fließen unbedenklich große Vortheile sowohl für den Kapitalisten, als den Grundbesitzer, wenn die Grundsätze, von denen man ausgeht, nicht selbst auf eine Zerstörung des Kreditwesens hinführen, und in ihrer Ausführung stets heilig gehalten werden. Der Hauptnutzen ist die Form, Kredit zu erhalten und seine Kapitalien unterzubringen und die Sicherheit des Gläubigers in Hinsicht seines Kapitals und seiner Zinsen. Würde man freilich bei der Abschätzung der Grundstücke, die zur Hypothek dienen sollen, nicht alle, ihren Werth bestimmenden Eigenschaften und Umstände berücksichtigen, würde man nicht alle darauf liegende Lasten in Abzug bringen, oder sich wohl gar durch die Hoffnung großer Verbesserungen zu Taxationen verleiten lassen, die den Werth der Grundstücke übersteigen; so würde auch die Zerrüttung des landschaftlichen Kreditwesens nicht ausbleiben. Diese übermäßige Leichtigkeit, Kapitalien zu erlangen, würde die Grundbesitzer nicht zu Verbesserungen antreiben, sondern zu Verschwendungen verleiten, und das Mittel, was zu ihrer Hülfe dienen sollte, würde zu ihrem Verderben gereichen, nicht zu gedenken, daß bei außerordentlichen Lasten der Kredit des Instituts gänzlich zerrüttet werden würde. Es scheint zwar billig, daß für die Verpfändung eines Werthes, ein gleicher Werth hingegeben werden müsse; allein da dieser, das Kapital, ein unveränderlicher, jener aber ein veränderlicher, durch Natur und schlechte Wirthschaft zerstörbarer ist; so muß, wo gegen jene Assekuranzanstalten vorhanden sind, wenigstens gegen diese der Gläubiger sicher gestellt werden, d. h. in dem gegenwärtigen Falle unmittelbar die Kreditgesellschaft, und dieses kann nur geschehen, wenn sie nicht Darlehne für den ganzen Werth der Grundstücke bewilligt.

§. 143.

Aber wenn auch diese Kreditanstalten zweckmäßig eingerichtet sind, so läßt sich ihnen doch der Vorwurf machen, daß sie zum Vortheile des einen Theils der Gutsbesitzer, und zwar der wohlhabenderen, dem andern Theile, welcher der Unterstützung durch Kapitalien am meisten bedarf, diese entziehen, und daß, wenn selbst dieser Nachtheil durch Ausdehnung der landschaftlichen Kreditsysteme auf die bürgerlichen und bäuerlichen Grundeigenthümer gehoben wäre, noch die Schwierigkeit oder Unmöglichkeit übrig bleibt, für die übrigen gewerbetreibenden Klassen auf eine ähnliche Weise zu sorgen. Ungleichheit der Gewerbebegünstigung würde daher immer die Folge der landschaftlichen Kreditsysteme sein, und man dürfte sie nur alsdann als wohlthätig ansehen, wenn sie ohne alle Begünstigung der Regierung sich bildeten und ihr Kredit nicht abhängig würde von dem öffentlichen Kredite, also auch für sie auf keinen besondern Staatsschutz zu rechnen wäre.

Eine weise eingerichtete Hypothekenordnung, die nicht allein die Sicherheit des Gläubigers, sondern auch die Vortheile der Grundeigenthümer berücksichtigte, möchte vielleicht auch für die Urproduktion das beste Mittel sein, um ihr die Vortheile fremder Kapitalbenutzung zuzuwenden, besonders, wenn alle Lasten entfernt würden, welche vorzugsweise auf dem Grundeigenthume ruhen.

§. 144.

In der Nähe großer Städte und solcher, die einen lebhaften Verkehr treiben, wird es den Grundeignern auch ohne Kreditanstalten nicht leicht an Darlehnen fehlen, theils wegen der größern Leichtigkeit, womit sich die Kreditgeschäfte alsdann abmachen lassen, theils wegen des allgemein größern Vertrauens der Kapitalisten, wenn die Schuldner gleichsam unter ihren Augen leben, theils wegen der Aussicht der letztern, sich für die gemachten Verbesserungen bald durch einen größern Ertrag, auf dessen vortheilhaften Absatz sie mit ziemlicher Bestimmtheit rechnen dürfen, entschädigen zu können. Freilich werden die entfernteren Grundeigenthümer durch die freie Gestaltung des Kreditwesens minder leicht die Benutzung fremder Kapitalien erlangen, allein, da ihre Verhältnisse in Hinsicht der vortheilhaften Benutzung ihres Ertrages ganz anderer Art sind; so ist diese größere Schwierigkeit für ihren eigenen und den Wohlstand des Ganzen von vortheilhaften Folgen. So zeigt sich der naturgemäße Entwickelungsgang des Kreditwesens von einer günstigen Seite, die bei dem Bestehen eines landschaftlichen Kreditsystems nie vollständig aufgefaßt werden kann, weil die Abschätzung des Werthes der Grundstücke nach der Absatzmöglichkeit der Erzeugnisse die allerschwierigste Aufgabe ist, von ihr aber hauptsächlich die Sicherheit des Grundeigenthümers in Hinsicht der Erstattung des auf Verbesserungen gewandten Kapitals und mithin auch die Sicherheit des Kapitalisten in Hinsicht der Erstattung seines Darlehns und des richtigen Zinsenempfangs abhängt.

C. Von den Versicherungsgesellschaften.

§. 145.

Auf die Benutzung der Geldkapitalien, also auf die Kreditgeschäfte, wirken ohne Zweifel die Versicherungsanstalten aller Art sehr vortheilhaft. Sie sind als die Hypothek von der Hypothek zu betrachten; denn, wie kann sich der Kapitalist gegen den Verlust seines Kapitals und der Zinsen gedeckt sehen, wenn die Hypothek selbst dem Untergange oder einem wesentlichen Verderben ausgesetzt ist?! Wer mag dem Kaufmanne seine Kapitalien anvertrauen, wenn er bedenkt, daß ein Seesturm die reiche Ladung desselben verschlingen, wer einem Hauseigenthümer bei dem Gedanken, daß die Wuth der Flammen die Hypothek in Asche verwandeln, wer einem Grundeigenthümer bei der Furcht, daß eine Ueberschwemmung nicht allein die Früchte des Feldes vernichten, sondern auch dem Grund und Boden seine Ertragsfähigkeit auf mehrere Jahre rauben kann?!

§. 146.

Das höchste Gut des Menschen in Beziehung auf die irdischen Besitzthümer ist das Bewußtsein ihrer Gewißheit. Wem stets ein drohendes Schwert an leichtzerreißbarem Faden über dem Haupte schwebt, wird alle Schätze der Erde mit Zittern genießen.

Diese Betrachtung war hinreichend, die Menschen um so mehr zur Errichtung von Versicherungsanstalten, die gegen einen angemessenen Beitrag die Gefahr übernehmen, welche unter gewissen Umständen den versicherten Gegenstand betreffen kann, zu bestimmen, je mehr mit Entwickelung des geselligen Verkehrs die Liebe zum sichern Besitze zunimmt. Was man dagegen eingewandt hat ist unhaltbar. Betrügereien können zwar vorkommen, aber die Gefahr der Entdeckung ist bei ihnen zu groß, als daß sie durch ihre Häufigkeit die Vortheile aufwiegen sollten, die aus dergleichen Assekuranzanstalten hervorgehen.

D. Von den Aktien und Wechseln.

§. 147.

Selten wird der höchste Grad des Zutrauens bei den Darlehnen statt finden können, ein solches nämlich, welches weder auf einer schriftlichen Nachweisung, noch auf Zeugen beruht, und daher sucht sich der Darlehner durch eine Schrift, welche der Darlehnempfänger als Bescheinigung des Darlehns ausstellt, zu sichern. Dergleichen Scheine nennt man Kreditscheine, Kreditbriefe, und theilt sie in Verschreibungen und Banknoten ein, so wie jene wieder in direkte und indirekte Verschreibungen.

§. 148.

Die direkten Verschreibungen sind von mannichfaltiger Art, sowohl in Hinsicht ihrer Form, als in Hinsicht des ihnen durch die Gesetze eines Landes beigelegten Grades von verbindender Kraft. Vorzüglich verdienen die Aktien und Staatsschuldscheine herausgehoben zu werden, von denen aber nur jene hier betrachtet werden können. Sie entspringen aus der Vereinigung Mehrerer zur Aufbringung des zu einer bedeutenden

Unternehmung erforderlichen Kapitals, welches deshalb in eine gewisse Anzahl gleicher Theile getheilt wird, und bestehen in der Urkunde, die ein jeder Theilnehmer über seinen Antheil am Kapitale erhält. Die Aktionäre dürfen ihre Antheile vor Beendigung der Unternehmung nicht zurückfordern, aber sie dürfen sie verkaufen, und da sie von Zeit zu Zeit im Verhältnisse ihrer Aktienzahl einen nach Procenten berechneten Vortheil genießen, den man die Dividende nennt; so wird ein lebhafter Verkehr mit Aktien getrieben, weil Furcht vor Verlust und Hoffnung auf Gewinn ganz verschieden auf den Menschen wirken. Mit der Dividende steigt und fällt natürlich der Kurs der Aktien, doch steht er gemeinhin etwas niedriger, als der übliche Zinssatz.

§. 149.

Das Wesen der indirekten Verschreibungen besteht in der Uebertragung der Schulden auf einen Andern, von welchem sich bezahlen zu lassen der Gläubiger einwilligt. Durch dieses einfache, unter drei Personen statt habende Verhältniß entsteht die Anweisung oder der einfache Wechsel, von welchem sich der eigentliche oder trassirte Wechsel dadurch unterscheidet, daß der Schuldentausch unter vier Personen vor sich geht. Man nenne sie A, B, C, D und nehme an, daß A und B in Berlin, C und D in London sich befinden und C Gläubiger von A, D aber Schuldner von B sei, so wird A von B einen Wechsel kaufen und ihn an C senden, damit er sich denselben von D bezahlen lasse. A heißt der Remittent, B der Trassant, C der Präsentant und D der Acceptant des Wechsels. Wird es dem Präsentanten des Wechsels durch den bei seinem, in den Wechsel gesetzten Namen befindlichen Zusatz — oder Ordre — frei gestellt, den Wechsel an einen Andern zu übertragen, und geschieht dieses von ihm; so heißt er selbst der Indossant, der Wechsel ein indossirter und der auf der Rückseite (in dorso) des Wechsels benannte Stellvertreter der Indossat, der indeß auch wieder Indossant sein kann.

§. 150.

Zuweilen sind die Wechsel auf Sicht (a vista) zahlbar, d. h. im Augenblicke, da sie präsentirt werden; aber gewöhnlich ist von dem Trassanten eine bestimmte Frist festgesetzt, welche man Uso nennt und von dem Tage der Ziehung bis zum Tage der Zahlung des Wechsels rechnet. Oft ist natürlich der durch das Uso bestimmte Zahlungstermin dem Präsentanten ungelegen; er sucht alsdann ihn auf irgend einen seiner Gläubiger zu übertragen, oder sich den Betrag von einem Kapitalisten vorschießen zu lassen, im Falle, daß der Wechsel an die Ordre des Präsentanten lautet. Es versteht sich von selbst, daß sich der Kapitalist, wenn er den Betrag des Wechsels zahlt, die Zinsen von der ausbezahlten Summe bis zur Verfallzeit des Wechsels anrechnet. Man nennt diese Zinsen Disconto, und drückt den Satz desselben, wie den Zinssatz, also nach Procenten, aus, indem man stillschweigend immer ein Jahr versteht, welches man jedoch in diesem Falle nur zu 360 Tagen rechnet.

§. 151.

Ein Wechsel, den ein Kaufmann auf seinen Correspondenten zieht, wird eine Tratte genannt, so wie ein solcher, den ein Kaufmann seinen Correspondenten sendet, um sich ihn zahlen zu lassen, eine Rimesse. Baare Rimessen sind dagegen wirkliche Münzübersendungen.

Da Kaufleute häufig in dem Falle sind, Tratten und Rimessen zu machen, so ist es eine außerordentliche Erleichterung für den Verkehr, daß die Wechsler und Bänker sich eigens damit beschäftigen. Welcher Vortheil überhaupt für den Verkehr aus der weiten Ausdehnung der Wechselgeschäfte hervorgeht, ist kaum zu berechnen. Die Güter bekommen dadurch einen so raschen Umlauf, daß die Produktion mancher Gegenstände oft nun erst erzeugt, oft nun erst in dem Umfange möglich wird, den sie in den lebhaften Verkehr treibenden Staaten wirklich eingenommen hat; denn die Möglichkeit des raschen Güterumlaufs muß nothwendig die Preise der Waaren erniedrigen, und ihren Verzehr immer mehr zum Gemeingut der Staatsbürger machen.

§. 152.

Wenn zwischen zwei Oertern ein lebhafter Verkehr statt findet; so trifft es sich natürlich, daß beide einander schuldig werden, und Forderungen an einander haben. Diese suchen sie alsdann durch Wechsel abzumachen. Haben beide Oerter einerlei Münze; so ist die gegenseitige Rechnung leicht; im entgegengesetzten Falle muß aber erst ausgemittelt werden, wie hoch die in dem Wechsel ausgedrückte Münze gegen die Münze des Auslandes steht, wo jener an Zahlungsstatt gelten soll. Dieses Verhältniß nennt man den Wechselkurs, und pflegt der Kürze wegen bei Angabe desselben nur die eine Größe zu nennen und die andere als eine feste Valuta zu betrachten. Werden beide Münzarten nach ihrem Feingehalte gegen einander ausgetauscht; so sagt man die Wechsel stehen al pari. Sehen wir beim Preise die Schaffungskosten als den festen Punkt an, um welchen sich der wirkliche Preis bewegt, so dürfen wir bei Wechselgeschäften das Wechselpari als den Punkt annehmen, nach welchem sich der Wechselkurs stets hinzuneigen strebt. Im Pari können die Wechsel zweier Oerter nur stehen, wenn sie einander eine ganz gleiche Summe schuldig sind. Da nun dieses aber höchst selten oder nie der Fall sein wird; so wird an dem einen Orte, der einem andern mehr schuldig ist, als er von ihm zu fordern hat, Nachfrage nach Wechseln auf diesen letztern statt finden, und diese Nachfrage wird immer zunehmen und den Preis der Wechsel so lange steigern, bis es gleich vortheilhaft ist, in Wechseln oder in Münze zu bezahlen. Das Gegentheil wird sich an dem Orte ereignen, der einem andern weniger schuldig ist, als er von ihm zu fordern hat. Durch dieses Verhältniß der Nachfrage nach Wechseln zum Angebote derselben entsteht der Wechselkurs, der also den Marktpreis der Wechsel angiebt, so wie ihr nothwendiger Preis durch die Menge reinen Metalls bestimmt wird, welche sie ihrem Besitzer gekostet haben.

§. 153.

Man nennt dann den Wechselkurs günstig für einen Ort, wenn die auf ihn lautenden Wechsel eine Prämie auf das Pari erhalten, und ungünstig, wenn sie mit einem Rabatt angeboten werden. Im ersten Falle gewinnt allerdings ein Ort, da seine Münze zu einem höheren, als ihrem Weltpreise, angenommen wird, und also einen größern Werth von Gütern zu bezahlen im Stande ist. Im zweiten Falle muß er nothwendig verlieren, weil in diesem Verhältnisse Gewinn auf der einen Verlust auf der andern Seite ist. Dieser Gewinn und dieser Verlust betrifft indeß nur die Käufer von Waaren; die Verkäufer derselben verlieren in keinem Falle, der Wechselkurs mag günstig oder ungünstig stehen. Daß die Besitzer von Wechseln gewinnen oder verlieren ist jedoch der Grund, den Wechselkurs dem Wechselpari zu nähern, weil in dem ersten Falle die Kaufleute nicht ermangeln werden, mit dem Orte, gegen welchen der Kurs steht, Geschäfte in Wechseln zu machen, im andern aber aufhören werden, Waaren von dem Orte kommen zu lassen, für welchen der Kurs günstig ist. Indeß nicht immer kann ein solches Verfahren statt finden;

denn

denn theils kann das Bedürfniß des einen Ortes an Waaren des andern in solchem Grade befriedigt sein, daß er den günstigen Wechselkurs nicht benutzen kann, theils kann das Bedürfniß des letztern an Waaren des erstern so groß sein, daß er unmöglich den Ankauf derselben einzustellen vermag. In einem solchen Falle kann der Wechselkurs nur wieder günstig für einen Ort werden, wenn er statt in Wechseln in baarer Münze oder in Gold- oder Silberbarren bezahlt. Alle diese Erscheinungen zeigen sich inzwischen nur, wenn von gegenwärtigen Forderungen und Schulden die Rede ist. Entfernte Schuldzahlungstermine können den angegebenen Einfluß auf den Wechselkurs nicht haben.

Wenn ein Ort nicht unmittelbar an einen andern, sondern erst durch die Dazwischenkunft eines dritten zahlt; so werden die Wechselgeschäfte noch verwickelter. Dieses ist dann der Fall, wenn zwei Oerter nicht gegenseitig einander schuldig sind, oder wenn es vortheilhaft für den einen ist, einen dritten zahlen zu lassen.

Steht der Kurs nicht lange und bedeutend schlecht; so wird kein bemerklicher Nachtheil für den Nationalwohlstand daraus hervorgehen: was der eine Theil der Kaufleute verliert, wird der andere gewinnen. Nur wenn ein bedeutendes Mißverhältniß zwischen den Gewinnsten und Verlusten statt findet, ein Umstand, der indeß selten lange anhält, kann ein Land gewinnen oder verlieren. Die Rechnung, wodurch man erfährt, mit welchem Orte für den Augenblick der Kurs am besten steht, nennt man Arbitrage.

E. Von der Idealmünze.

§. 154.

Die Metall-Realmünze, wie jede Realmünze, hat einen wahren Werth, in sofern sie außer ihrer Eigenschaft als Tauschmittel auch als Genußmittel dient und an sich ein Unterpfand des Gutes ist, auf welches ihr Gepräge, als die Beglaubigung ihres innern Gehaltes, nach dem allgemeinen Werthmesser, dem Gelde, ihr eine Anweisung giebt. Bei ihr ist von keinem Zutrauen die Rede, es sei denn, daß sie durch den Widerspruch zwischen ihrem Gepräge und ihrem Gehalte zu einer Idealrealmünze geworden sei. Aber die Idealmünze, oder das reine Ausgleichungsmittel, bei welchem der Stoff einen so geringen Werth hat, daß er gar nicht in Betrachtung kommen kann, ruht lediglich auf dem Kredite derer, die dasselbe in Umlauf bringen; denn ohne das Zutrauen zu den Ausstellern der Idealmünze, daß sie theils den Willen, theils die Macht haben werden, sie im Verkehre zu dem ihr beigelegten Werthe gelten zu machen, kann sie als Tauschmittel nicht dienen, oder doch nur zu einem Werthe, der dem Grade des Kredites angemessen ist, welcher sie zum Tauschmittel stempelte. Aus welchem Stoffe sie bestehe, ist im ganzen gleichgültig, doch hat man das Papier als dazu am zweckmäßigsten anerkannt, und betrachtet Papiergeld und Idealmünze als ein und dasselbe.

§. 155.

Zwar soll die Idealmünze die Stelle der Realmünze vertreten; allein sie vermag dieses bei weitem nicht in dem Umfange, in welchem die letztere als Tauschmittel umläuft. Die Realmünze in der Gestalt der edlen Metallmünze ist nicht nur Privat- und National-Münze, sie dient auch als allgemeine Weltmünze; die Idealmünze dagegen kann nur so weit im Verkehre gelten, als das Zutrauen zu dem Aussteller derselben reicht, also am weitesten, wenn die Regierung eines Landes sie in Umlauf setzt. Dann füllt sie den Verkehr innerhalb der Grenzen dieses bestimmten Staates aus, aber über dieselben hinaus wird sie als Tauschmittel sich nicht verbreiten können. Findet man sie im Auslande, so erscheint sie als Waare, womit der Ausländer Handel treibt, ein Umstand, welcher schon angiebt, daß sie im Auslande nicht anders werde angetroffen werden, als wenn sie unter dem Pari steht, weil sie außerdem nicht als Gegenstand der kaufmännischen Speculation dienen könnte. Im Inlande dagegen wird sie nur unter dem Pari stehen, wenn ihr Kredit gesunken ist.

§. 156.

Die Hauptfragen, welche man in Hinsicht der Idealmünze aufwerfen kann, betreffen theils die verschiedenen Arten derselben, theils die Vortheile, welche man durch ihre Einführung beabsichtiget, theils die Grenzen, bis zu welchen man sie nur vermehren darf, wenn sie nicht ihren Kredit verlieren soll, theils endlich die Nachtheile, welche mit einem jeden, besonders mit einem unverständig in Umlauf gesetzten Papiergelde verbunden sind.

§. 157.

Was zuerst die verschiedenen Arten der Idealmünze betrifft; so kann man ihrer freilich eine große Menge aufzählen, wenn man keinen Unterschied in Hinsicht der dabei statt findenden Bedingungen macht, — ob sie immer, oder nur zu Zeiten realisirt werden können; ob sie Zinsen tragen, oder nicht; — allein streng genommen kann hier nur die statt der im Lande üblichen Metallmünze umlaufende Papiermünze, und, wegen ähnlicher Verhältnisse, die von den Banken in der Gestalt von Banknoten in Umlauf gesetzte Idealmünze verstanden werden. Indeß ist doch auch der Umstand nicht aus den Augen zu verlieren, daß die wahre Idealmünze blos auf dem Kredite der Regierung beruht, die Banknoten dagegen in dem Fonds der Banken eine Hypothek haben, eine Verschiedenheit, welche allerdings die Betrachtung der Idealmünzarten verzweiget, man müßte denn die Annahme der Idealmünze bei den Staatskassen und bei Erwerbung von Staatsgütern als eine Hypothek derselben betrachten, wodurch man zwar Idealmünze und Banknoten noch näher unter einen Gesichtspunkt bringen, allein beide doch nicht durchaus in ihrer Erscheinung als gleich behandeln könnte. Wir halten es daher für das zweckmäßigste, beide Arten der Idealmünze von einander zu trennen, und hier unter Idealmünze nur die statt der Metallmünze umlaufende, von der Regierung erschaffene Papiermünze zu verstehen. Scheinbar gehört zwar diese Untersuchung nicht hieher, weil sie einen Gegenstand betrifft, der sein Dasein der Staatsverwaltung verdankt; allein, so wie die Münze überhaupt hieher gezogen werden muß, so auch die Idealmünze, nämlich als ein Mittel des gewerbsamen Lebens, woran dieses sich wieder eigenthümlich gestaltet; ja um so mehr, als die Idealmünze nicht nothwendig von der Regierung eines Landes ausgehen muß, sondern auch ohne sie, als durch die freie Gestaltung der Volksbetriebsamkeit erzeugt, gedacht werden kann.

§. 158.

Was zweitens die Vortheile der Idealmünze betrift, so sind diese doppelter Art, theils Ersatz der Metallmünze an sich, theils Verminderung der auf die Anschaffung und Unterhaltung der Metallmünze zu verwendenden Kosten. Durch den Ersatz der Metallmünze wird aber wieder eine zweifache Absicht erreicht, je nachdem entweder eine zum Nationalverkehr hinreichende Menge von Metallmünze vorhanden ist oder nicht. Im letztern Falle werden alle die Nachtheile gehoben, die aus einem Münzmangel entstehen und in der Stockung des Verkehrs vereinigt sind. Im ersten Falle dagegen wird, scheint es, der nur zum innern Landesverkehr unnöthige Theil der Umlaufsmünzmasse in den äußern Handel getrieben, und würde also das Landeskapital gerade um die Summe vermehren, welche das Papiergeld beträgt, wenn nicht die gemeine Meinung in Ansehung desselben, so wie die unmittelbare Folge jeder Münzvermehrung und die Art, wie die Regierung die Idealmünze in Umlauf bringt, dieses Ergebniß modifizirten. Jene wird, für den Anfang wenigstens, den freien, aus dem Zutrauen entspringenden Verkehr mit der Papiermünze einigermaßen hemmen, da es im allgemeinen immer schwer hält, der Beziehung der Idealmünze auf den Kredit ihres Ausstellers, und insbesondere der Regierung, den Werth anzueignen und zu sichern, welchen die Metallmünze schon an sich hat. Dem Papiermünzbesitzer wird daher oft als Hypothek für die Papiermünze manche Summe dienen, die er, bei dem vollkommensten Vertrauen zu jener, dem Verkehre anvertraut haben würde. Die unmittelbare Münzvermehrung in einem Lande, wo es nicht an Umlaufsmitteln fehlt, ist aber auch nicht geeignet, jenes scheinbar nothwendige Ergebniß sogleich und in seinem ganzen Umfange herbeizuführen. Nicht alles im Augenblick für den innern Umlauf überflüssige Geld geht nothwendig ins Ausland, am allerwenigsten da, wo der auswärtige Handel unbedeutend ist, sondern es veranlaßt zuerst eine größere Nachfrage nach inländischen Erzeugnissen, und da Nachfrage und Angebot nicht zugleich gewachsen sind, sondern jene diesen übertrifft, und zwar in dem Maaße als die Münzmasse plötzlich zugenommen, so muß für dieselbe Waare mehr Münze gegeben werden. Plötzliche und bedeutende Vermehrung der Münzmasse in einem Lande hat daher zur unmittelbaren Folge ein Steigen der Preise. und treibt nur in dem Verhältnisse des inländischen zum auswärtigen Verkehr, und in dem Grade, in welchem die überflüssige Metallmünzmasse langsamer oder schneller in die Hände des auswärtigen Handel treibenden Kaufmanns kommt dieselbe, in den äußern Verkehr. Natürlich wird aber auch hier die Zunahme der Nachfrage ein Steigen der Waarenpreise veranlassen, und dieses Steigen der Waarenpreise auf beiden Märkten, dem einheimischen und fremden muß um so sichtbarer werden, je mehr die mit einander handelnden Staaten in der Erschaffung von Papiermünze wetteifern. Wenn daher auch der aus einer solchen Münzvermehrung hervorgehende Vortheil nicht ganz geleugnet werden soll; so ist er doch gewiß bei weitem nicht so bedeutend, als man, ohne Berücksichtigung dieser Umstände, wähnen möchte, wenn man auch nicht auf eine Hindeutung auf Spanien und Portugal, deren Reichthum an edlem Metall so schnell zunahm, ohne daß der wahre Reichthum des Landes wuchs, hohen Werth legen will, da man doch nicht in Abrede sein kann, daß die Idealmünze keine vortheilhaftere Einwirkung auf die Betriebsamkeit eines Landes haben kann, als die edele Metallmünze. Noch verstärkt muß diese Ansicht offenbar werden, wenn wir die verschiedene Weise betrachten, wie die Regierung Idealmünze in Umlauf zu bringen im Stande ist. Entweder bedient sie sich ihrer, um ihre laufenden, gewöhnlichen Bedürfnisse dadurch zu bestreiten, oder um einen neuen Aufwand zu machen. Im ersten Falle würde nichts dadurch gewonnen werden, als die Möglichkeit, einen Schatz zu sammeln, und die also dem Verkehre entzogene edele Münzmasse bliebe in den Händen der Regierung, ohne der Nation einen andern Vortheil zu gewähren, als in Zeiten der Noth die Erhebung einer der Größe des Schatzes angemessenen Steuer zu vermeiden. Im andern Falle könnte die Regierung entweder eine Erhöhung des Nationalwohlstandes zum Zwecke haben, oder einen unnützen Aufwand machen, in der bloßen Absicht, Geld unter die Leute zu bringen. Geschähe das eine oder das andere; so würde, wenn auch eine geringe und theilweise Erhöhung des Arbeitslohnes und der Waarenpreise erfolgen, oder eine Abnahme des mit der Regierung konkurrirenden Nationalverzehrs, nur daß bei jener Verwendung der Idealmünze der Nationalwohlstand später einen Zuwachs erhielte, der die unmittelbar nachtheilige Folge für denselben aufheben und einen bleibenden Vortheil zurücklassen würde, bei der letztern Verwendung dagegen nicht. Das bleibt bei allen diesen Verhältnissen indeß immer gewiß, daß eine Vermehrung des äußern Verkehrs nur sehr allmählig erfolgen kann, und daß die gewöhnlich aufgestellte Behauptung, das Papiergeld treibe die für den inländischen Verkehr überflüssig gewordene edele Metallmünze in den auswärtigen Handel, eine nähere Bestimmung nothwendig macht.

Der dritte Vortheil, welchen die Idealmünze durch Ersparung der Anschaffungs- und Unterhaltungskosten der edlen Metallmünze gewährt, ist allerdings bedeutend, wenn auch nicht in dem Maaße, als man glauben dürfte, sobald man die Grenzen nicht bedeckt, innerhalb welcher dieselbe nur ohne Nachtheil umlaufen darf, und nicht berücksichtiget, wie viele Geschäfte in Wechseln und Banknoten und durch Girobanken abgemacht werden.

§. 159.

Die Grenzen, welche den Umlauf der Idealmünze bestimmen, sind doppelter Art, theils betreffen sie die Umlaufssumme überhaupt, theils den Werth, bis zu welchem die geringste Papiermünze nur ausgegeben werden darf. Jene Grenze läßt sich durchaus nicht festsetzen, die letztere wenigstens ungefähr, und daß sie festgesetzt werden müsse, geht aus dem Wesen der Papiermünze hervor. Das häufige Uebergehen der Münze aus der einen Hand in die andere erfordert einen dauerhaften und der Verfälschung so wenig wie möglich unterworfenen Gegenstand; daher die edelen Metalle so brauchbar dazu sind. Nicht so die Papiere. Wie leicht werden sie abgenutzt, unkenntlich, nachgemacht und in der letztern Gestalt wegen jenes Fehlers schwer entdeckt! Mit Besorgniß wird sie daher besonders der gemeine Mann stets in die Hand nehmen, wenn auch ihr Kredit noch so fest ruht. Der Detailhandel ist daher eine schickliche Grenze für den Werth, auf welchen die geringste Papiermünze lauten darf. Zwar ist diese Grenze keinesweges genau bestimmt, eben so wenig, wie die Geschäfte, welche der Kleinhändler macht; allein sie giebt doch im allgemeinen eine Richtschnur an, indem sie lehrt bis zu welcher Höhe der Verkehr in seiner niedern Sphäre zu steigen pflegt. Die Regierung, welche die Erschaffung von Papiermünze beabsichtiget, muß daher die gewöhnlichen menschlichen Bedürfnisse und die Art und Weise genau untersuchen, wie dieselben befriedigt werden, und danach bestimmen, welches der Werth sei, worauf die geringste, umlaufende Papiermünze ohne Nachtheil lauten dürfe. Es ist natürlich immer zweckmäßiger, diese Grenze etwas höher anzunehmen, als die angestellte Berechnung festzusetzen erlauben mögte.

§. 160.

Eine noch größere Vorsicht ist bei Bestimmung der ganzen Papiermünzsumme nothwendig. Eine Berechnung der im Innern eines Landes umlaufenden Münzmasse ist durchaus unmöglich und eine Festsetzung der Summe des Papiergeldes nach ihrer Annahme noch mehr, weil nun erst die unter dem geringsten Papiermünzwerthe circulirende Münzsumme von jener ganzen Münzmasse abgezogen werden müßte, und doch scheint der bedeutende Nachtheil, welcher aus einem hier begangenen Versehen erwachsen kann, eine solche Berechnung zu verlangen. Aber selbst, wenn man mit Bestimmtheit die in einem Lande umlaufende Münzmasse angeben könnte, könnte sich diese Angabe doch immer nur auf eine kurze Zeit beziehen, indem sich bald der äußere, bald der innere Handel eines Landes sehr verändern kann, ohne daß beide stets in einer nothwendigen Wechselwirkung zu einander stehen. Ein vortheilhafter neuer Handelszweig kann plötzlich eine Menge baaren Geldes erfordern, dieselbe dem innern Verkehr entziehen, diesen sogar auf einige Zeit einschränken, und die vorher als nur genügend erscheinende Idealmünzmasse als zu groß erscheinen lassen. Selbst der innere Handel ist von der Art, daß er es oft zweifelhaft macht, ob die Summe der Papiermünze über ihre Grenzen hinausgeht, oder noch unter derselben steht. In der einen Gegend kann sie gesucht sein, während sie sich in einer andern angehäuft hat; denn zwischen verschiedenen Provinzen eines Landes findet so gut eine Handelsbilanz statt, wie zwischen verschiedenen Ländern.

§. 161.

Natürlich wird die Regierung, um nicht selbst dem Kredite ihres Papiergeldes zu schaden, dasselbe in ihrem eigenen Verkehre eben so, wie Metallgeld, annehmen, oder wohl gar Kassen errichten, bei welchen man dasselbe gegen Metallmünze umsetzen kann. Bemerkt sie nun, daß das Papiergeld immer eilig wieder in ihre Hände zurückkehrt, oder zur Auswechselung eingereicht wird, oder wohl gar im Privatverkehre Metallmünze gegen Papiermünze ein Aufgeld erhält, dann kann sie versichert sein, daß entweder wirklich zu viel Papiermünze in Umlauf gesetzt worden, oder daß ihr doch der zur völlig gleichen Gültigkeit mit der Metallmünze nöthige Grad des Kredits fehle. Das Schlimmste ist, daß beide Umstände nicht wohl von einander sogleich zu unterscheiden sind, man erst mit der Zeit zur Wahrheit gelangen kann, inzwischen aber die zu grosse Summe des Papiergeldes schon ihre nachtheiligen Folgen gezeigt hat. Wenn man freilich mit der Ausgabe desselben sehr langsam verfährt, sie in kleinen Summen in Umlauf bringt, kann man überzeugt sein, daß die ersten beiden, oben angeführten Erscheinungen nur aus dem den Menschen in Hinsicht des Papiergeldes natürlichen Mangel an Zutrauen hervorgehen, die letzte aber nicht eintreten werde, wenn die Möglichkeit der Zahlungen an die Regierung in Papiermünze, oder gar ihres Umtausches gegen Metallmünze vorhanden ist. Wendet die Regierung diese Maaßregeln, den Kredit der Idealmünze aufrecht zu erhalten, nicht an; so werden auch kleine Summen Papiergeld schwer Eingang in den Verkehr finden, behält sie aber beide immer bei, und sind die Umtauschkassen im Lande gehörig vertheilt; so wird sie nie recht erfahren, wann sie mit Vermehrung der Papiermünze aufhören müsse, und die vorräthig zu haltende Metallmünzmasse wird ihr einen Theil ihres Vortheils rauben. Fallen die Kassen weg, und hat die Nation sich nach und nach an den Umlauf der Papiermünze gewöhnt; so wird hauptsächlich ihre zu starke Vermehrung aus dem Aufgelde hervorgehen, welches die Metallmünze erhält. Ist es so weit gekommen, dann leidet der Verkehr und besonders das Eigenthum der Papiermünzbesitzer einen sehr großen Nachtheil, und der Nationalwohlstand wird bedeutend verletzt. Ist schon das Sinken der Idealrealmünze von ihrem idealen auf ihren realen Werth ein Nachtheil, so muß die Kreditlosigkeit der Papiermünze noch einen weit größern nach sich ziehen, da ihr ganzer Werth ideal ist und ihr Sinken an keine bestimmte Grenze gebunden werden kann. Diese Ungewißheit muß zuerst den ganzen Verkehr mit ihr außerordentlich zerrütten, weil sie ihr die Eigenschaft eines Werthmessers raubt und sie zur Waare macht, und zwar zu einer Waare, die, wegen des Mangels an Metallmünze, ein nothwendiges Bedürfniß des Tauschverkehrs ist. Wie mancher Handel wird nicht aus Furcht vor dem Verluste ungeschlossen bleiben! Das mit dieser Ungewißheit verbundene Sinken hat aber auch zweitens die Folge, daß ein jeder an seinem in Papiermünze bestehenden Vermögenstheile um eben so viel ärmer wird, als jenes Sinken beträgt; und drittens geht für die Regierung selbst ein unzweideutiger Verlust daraus hervor; denn indem sie bei ihren Kassen die Idealmünze für voll annehmen muß, wird sie dieselbe überall nur nach ihrem gesunkenen Werthe anbringen können. Ist dieses aber der Fall mit der die Grenze ihres Umlaufs überschreitenden Papiermünze bei ruhigen Staatsverhältnissen; so wird bei äußeren Gefahren selbst die zweckmäßig ausgegebene Papiermünze ihren Kredit nicht behaupten können, wenn nicht ein unerschütterliches Vertrauen zur bestehenden Regierung und die vollste Uebereinstimmung des patriotischen Sinnes der Staatsbürger ihre Stütze werden.

Außer diesen Nachtheilen, welche das über das Bedürfniß eines Landes an im Innern umlaufender Münze vermehrte Papiergeld hervorbringt, ist auch nicht die Leichtigkeit zu übersehen, mit der es weit eher, als Metallmünze, nachgemacht werden kann, und die größere Aufforderung zu einer solchen Verfälschung wegen der Aussicht eines bedeutenderen Gewinnes. Ist es schon an sich schwer, die Menschen zu vermögen, ein Papier, was keinen reellen Werth hat, doch als einen solchen gelten zu lassen; so wird es noch weit schwerer halten, diese Absicht zu erreichen, wenn die Furcht, ein nachgemachtes Papier in seine Hände zu bekommen, nicht entfernt werden kann. Die Unächtheit eines Metallmünzstückes läßt sich weit eher entdecken und für jedermann bezeichnen, als die der Papiermünze, bei der es oft auf sehr feine Merkmale ankommt, die noch dazu durch Beschmutzung und Abnutzung dem Auge entzogen werden. Sicherheit ist die Seele des menschlichen Verkehrs. Wo ist diese aber bei dem Papiergelde? Für den Augenblick ist der Betrug, für die Folge ihr Sinken zu befürchten. Dieses alles hat denn noch den Nachtheil, daß viele Menschen sich an einen gewissen Leichtsinn gewöhnen, womit sie, das Papiergeld als eine vergängliche Erscheinung betrachtend, dasselbe so schnell als möglich los zu werden suchen. Wer mag aber die Folgen einer solchen Geringschätzung übersehen?! Alle Staatseinrichtungen und Maaßregeln, welche den Charakter des Volkes angreifen, sind die gefährlichsten. Sie wirken, wie ein schleichendes Gift, und um so zerstörender, da sie dem Auge ihre Folgen entziehen und die gemeine Rechnungsart auf sie nicht paßt.

F. Von den Zettelbanken.

§. 162.

Aehnliche Vortheile, wie die Papiermünze, gewähren die Banknoten, oder die Zettel von Bankanstalten, welche diese statt Metallmünze in Umlauf setzen, indem sie eine Anweisung auf eine bestimmte Summe Metallmünze enthalten und bei der Bank jederzeit darin umgesetzt werden können. Banknoten sind daher nur eine mittelbare Münze, während die Papiermünze eine unmittelbare ist, ein Unterschied, der sich indeß nur zeigt, sobald die Noten ihren Kredit verloren haben, sei es wirklich, oder sei es nur in Beziehung auf die Gegend, wo der in Noten ausgedruckte Werth einen Umtausch bewirken soll.

§. 163.

In Umlauf werden die Banknoten übrigens eben so gesetzt, wie das Metallgeld, entweder um Dienste oder Waaren zu bezahlen, oder Wechsel zu discontiren, weshalb man auch die Zettelbanken Diskontobanken genannt hat, oder als Darlehne, oder als Vorschüsse, in welchem Falle man zu sagen pflegt: die Bank giebt Kasserechnung.

§. 164.

Der Kredit der Noten kann nur durch die Ueberzeugung der Notenbesitzer gegründet werden, sie zu jeder Zeit in Metallmünze umsetzen zu können. Daher muß die Bank immer eine angemessene Summe in Metallmünze liegen haben, und ihr Vortheil besteht eben darin, daß sie nur einen Theil ihrer umlaufenden Noten auf diese Weise zu sichern braucht. Allein wenngleich dieser Umstand hauptsächlich den Kredit der Noten gründet; so kommen doch noch andere Verhältnisse hinzu, die ihn aufrecht erhalten. Dieses bewirkt nämlich theils die nach und nach sich erzeugende allgemeine Anerkennung des Werthes der Banknoten, die jeder Noteninhaber selbst zu vermehren bemüht sein wird, wenn er auch für seine Person kein vollkommenes Zutrauen zu ihnen haben sollte, theils das gesammte Vermögen der Bankanstalt. Deshalb wird die Masse des vorräthigen Metallgeldes nur sehr gering sein dürfen, wenn der Kredit der Bank einmal befestigt ist und sie nicht versäumt in Hinsicht ihrer gesammten Geschäfte gehörige Vorsicht anzuwenden. Viele haben an dieser Vorsicht gezweifelt, möge die Bank eine Privatanstalt sein, oder eine öffentliche; allein in jenem Falle läßt sich mit Wahrscheinlichkeit auf ein ordentliches Benehmen der Bänker schließen, in diesem aber kommt es sehr auf die besondere Staatsverwaltung an. Eine Bank kann, wenn sie vortheilhafte Geschäfte machen soll, nur mit großem Aufwande errichtet werden, erfordert also als Privatunternehmung das Zusammentreten von Aktionären. Da nun diese sich ihres Vortheils wegen vereinigen; so läßt sich nicht annehmen, daß sie alle zusammenstimmen werden, verschwenderisch oder unvorsichtig mit dem Bankvermögen umzugehen, und wie daher auch die unmittelbare Leitung der Bankgeschäfte beschaffen sein möge; wird sie doch gewiß immer mit einer strengen Aufsicht verbunden sein. Anders verhält es sich freilich mit den Staatsbanken. Hier ist, wie bei allen Staatsgewerben, kein unmittelbares Interesse, und wenn sie ihren Kredit durch gute Verwaltung behaupten sollen, so ist eine Kontrolle durch diejenigen nöthig, deren Vortheil oder Nachtheil davon abhängt, wie die Bank ihre Verbindlichkeiten erfüllt. Eine Staatsverfassung, welche die Staatsverwaltung verbindet, über ihre Maaßregeln und Schritte der Nation Rechenschaft abzulegen, würde daher auch den Staatsbanken eine dem allgemeinen Wohle vortheilhafte Verwaltung sichern.

§. 165.

Was die Grenzen des Banknotenumlaufs betrifft, so sind diese im allgemeinen dieselben, wie bei der Idealmünze, nämlich zweifacher Art, nur daß die Idealmünze, als ausgehend von der Regierung gedacht, den ganzen Umfang eines Staates zum Umlaufskreise angewiesen erhält, die Banknoten dagegen sich erst ein Gebiet ihres Umlaufs schaffen müssen. Je größer daher ihr Kredit ist, desto weiter werden sie sich auch verbreiten. Auch bei ihnen ist mithin eine allmählige Vermehrung anzurathen, und ihr rasches Zurückkehren zur Auszahlung in Metallmünze ein Zeichen ihrer zu starken Vermehrung. Dann kann die Bank leicht in Verlegenheit kommen, wenn sie nicht einen baaren Fonds besitzt, oder sich nicht Metallmünze verschaffen kann, um die ihr eingereichten Noten sogleich zu realisiren. Dieses und das Zurückhalten eines Theiles der Noten kann sie dann hauptsächlich vor dem Schaden retten, welchen sie durch das ohne solche Vorkehrungen immer häufiger werdende Zurückkehren der ausgegebenen Noten leiden würde.

Siebenter Abschnitt.

Von den Begriffen Theurung und Wohlfeilheit.

§. 166.

Im gewöhnlichen Leben ist so häufig und in so verschiedenen Verhältnissen von Theurung und Wohlfeilheit die Rede, daß es schon deshalb nöthig wäre, beide Begriffe genau zu bestimmen, wenn sie nicht wegen ihres genauen Zusammenhanges mit dem Nationalwohlstande darauf Anspruch zu machen hätten. Das Leben eines Begriffes, seine Erscheinung in der Rede, führt oft am ersten zur Klarheit; allein, wenn dieser Gebrauch sich so sehr widerspricht, wie es in Beziehung auf Theurung und Wohlfeilheit der Fall ist, dann kann nur eine genaue Sichtung der mannichfaltigen Anwendungen zur Wahrheit führen. Manche nennen schlechthin alles theuer, was einen hohen Preis hat, und, was mit geringem Kostenaufwande zu erlangen ist, wohlfeil; andere dagegen nennen eine Waare theuer, wenn sie heute einen höhern Preis hat, als gestern, und noch andere lassen Theurung von dem Verhältnisse zwischen dem Werthe und dem Preise, oder zwischen dem zur Hervorbringung eines Gutes nöthigen Aufwande, den Schaffungskosten und dem Preise abhängen. Wollten wir annehmen, daß irgend eine von diesen Bestimmungen die richtige sei; so dürfen wir durchaus nicht von einer andern dasselbe erwarten, falls sie nicht beide ganz zusammentreffen.

§. 167.

Die erste Bestimmung der Theurung ist offenbar die mangelhafteste, indem sie außer Zweifel läßt, daß hier die Ausdrücke kostbar und theuer mit einander verwechselt sind, so wie ihre beiderseitigen Gegensätze. Kostbar ist ein subjektiv relativer Begriff, nicht aber theuer; denn für den einen kann ein Gegenstand kostbar sein, der es für einen andern nicht ist, was bei der Theurung nicht statt findet, indem hier der Preis eines Gutes blos auf dieses und nicht auf das Vermögen irgend jemandes bezogen wird. Deshalb können kostbare Gegenstände wohlfeil und wenig Kosten erfordernde theuer sein.

Diejenigen dagegen, welche bei dem Steigen des Preises eines Gegenstandes von einem Theuerwerden desselben sprechen, haben entweder im Sinne, blos dieses Steigen damit zu bezeichnen, und verwechseln also kostbarer mit theurer, in sofern nämlich der Ausdruck kostbar in einem zwiefachen Sinne genommen werden kann, einmal andeutend, daß zur Anschaffung eines Gegenstandes überhaupt Kosten erforderlich sind, und dann, daß relativ große Kosten dazu gehören. Kostbarer, in jener Zusammenstellung gedacht, soll natürlich der Steigerungsgrad von kostbar in der zuerst hier angeführten Bedeutung sein, worin es freilich nicht vorkommt, aber doch vorausgesetzt werden muß. Oder sie haben im Sinne das nach und nach im Verkehre sich so ziemlich ins Gleichgewicht mit den Schaffungskosten der Güter setzende Preisverhältniß derselben, und wollen durch theurer andeuten, daß der Gegenstand, dem sie diesen Ausdruck beilegen, aus seinem bisherigen Preisverhältnisse herausgeschritten sei. Liegt ihrer Aussage jene erste Meinung zum Grunde, dann irren sie durchaus, weil sie die Begriffe verwechseln, liegt ihr aber die letzterwähnte Meinung zum Grunde, dann irren sie nur in sofern, als

nicht

nicht immer mit der Veränderung des Preises, mit dem Steigen oder Fallen desselben eine Veränderung des Preisverhältnisses zu den Schaffungskosten eines Gutes nothwendig verbunden ist.

Man kann sehr leicht versucht werden, die Theurung und Wohlfeilheit nach dem Werthe und den Schaffungskosten der Güter zugleich zu bestimmen, und zwar um so leichter, wenn man den Preis von beiden abhängig macht. Allein der Preis hat seine Norm nur an den Schaffungskosten, und zwar nach der allgemeinen Ansicht von denselben, und entfernt sich davon oder nähert sich ihnen in dem Maaße der Nachfrage. Freilich muß ein Gut Werth haben, wenn es einen Preis haben soll, aber nicht, weil es einen Werth hat, hat es auch einen Preis. Was ohne Mühe für jedermann zu haben ist, mag einen noch so großen Werth haben, hat dennoch keinen Preis. Mithin können auch Theurung und Wohlfeilheit nicht an den Werth der Güter geheftet werden, wohl aber an die Schaffungskosten und an diese allein, weil ein doppeltes Princip nicht denkbar ist. Sollte es ein solches geben (d. h. scheinbar), und sollte dieses hier der Werth eines Theils und andern Theils der Schaffungskostenbetrag sein; so müßte zwischen beiden durchaus kein Widerspruch statt finden können, und ein Gut von demselben Werthe nicht einmal große, ein andermal geringe Schaffungskosten erfordern, wie dieses doch der Fall. Dann wäre aber in der That nur ein Princip, ein Maaßstab. Man hat sich dadurch irre leiten lassen, daß an ein Gut große Schaffungskosten gewandt sein können, und dasselbe doch weit unter denselben verkauft wird, weil es geringer an Werth ist, als ein anderes derselben Art von gleichen Schaffungskosten. Allein hier ist es nicht der Werth, welcher den Preis bestimmt, sondern die Beziehung auf dieses andere Gut gleicher Art; denn, wäre dasselbe nicht vorhanden; so würde man jenes gewiß nicht zu einem Preise unter den Schaffungskosten erhalten haben. Daraus geht deutlich hervor, daß man den Preis nicht nach den individuellen Schaffungskosten bestimmt, sondern nach den allgemeinen, und daß freilich der Werth berücksichtiget wird, aber nur als Merkmal, wonach man die Güter unter eine Gattung ordnet. Der Mangel an einem Gute hebt immer einen Theil der Schaffungskosten auf, in sofern man überzeugt ist, daß Güter von demselben Werthe mit geringeren Schaffungskosten geliefert werden. Nimmt man die Seltenheit als einen Bestandtheil der Schaffungskosten an, wie dieses streng genommen geschehen muß, dann findet man aber auch zwischen dem Werthe und den Schaffungskosten die genaueste Uebereinstimmung. Ein seltenes Kunstwerk erfordert ein seltenes Talent, eine seltene Fertigkeit; eine seltene Frucht erfordert eine seltene Beschaffenheit des Bodens, also immer seltene, und also nach Maaßgabe der Nachfrage, hohe Schaffungskosten. So kann ein Trunk Wasser unter Umständen große Schaffungskosten erfordern. Die Hauptverirrung geht hier immer aus dem Begriffe hervor, den man mit Werth verbindet. Die Schaffungskosten sind es daher stets, welche den Maaßstab der Theurung und Wohlfeilheit angeben, und will man den ihnen gleichen Preis der Güter, den angemessenen Preis derselben nennen; so würde ein Gegenstand theuer genannt werden müssen, wenn sein Preis die Schaffungskosten, für welche derselbe gewöhnlich zu erlangen ist, übertrifft.

§. 168.

Die Theurung von verschiedenen Gütern wirkt natürlich auch sehr verschieden auf den Nationalwohlstand, und da diese Wirkung in ihrem Wesen dieselbe ist, die Theurung mag eine wirkliche oder scheinbare sein, also ein bloßes Steigen der Schaffungskosten der Güter; so läßt sich um so leichter erklären, wie der gemeine Sprachgebrauch beide Erscheinungen mit einander verwechseln konnte. Am drückendsten muß natürlich das Steigen des Preises der Güter sein, die ein Bedürfniß der Naturnothwendigkeit befriedigen, weshalb man auch gewöhnlich unter Theurung schlechtweg die Theurung oder Kostbarkeit der Lebensmittel versteht. Sie ist aber darum so drückend, weil sie mehr oder minder einen jeden trifft und die Erhöhung des Preises nur einiger Gegenstände und Arbeiten veranlaßt. Zöge sie das Steigen der Preise aller Gegenstände und Arbeiten nach sich; so würden die Konsumenten der Lebensmittel nur so lange verlieren, als das vorige Verhältniß der Waaren- und Arbeitspreise noch nicht wieder eingetreten wäre; so aber verlieren alle Konsumenten in dem Maaße, als sie Lebensmittel verzehren, und durch ihre Produktion nicht im Stande sind, ihren Verlust zu ersetzen. Welche Gegenstände und Arbeiten ihren Schaden am ersten zu ersetzen vermögen, läßt sich leicht begreifen, natürlich diejenigen, deren Produktion nächst den Lebensmiteln die ersten Bedürfnisse befriedigt. Im allgemeinen macht ein jeder einen Ueberschlag seines Einkommens und Verzehrs, und strebt nach einem Uebergewichte des erstern über den letztern, also nach einer vortheilhaften Wirthschaftsbilanz, und wenn daher ein größerer Theil des Einkommens auf die Anschaffung von Lebensmitteln gewandt werden muß, und nicht die Aussicht vorhanden ist, dasselbe um den gestiegenen Aufwand zu vermehren; so wird der Verzehr minder nothwendiger Gegenstäden eingeschränkt werden müssen. Daher leiden bei Theurung der Lebensmittel hauptsächlich Fabriken und Manufakturen, und unter ihnen vornehmlich solche, deren Erzeugnisse Gegenstände des Luxus sind. Auch der Handel mit dergleichen Gegenständen wird bedeutend einbüßen, so wie alle diejenigen Gewerbe oder Geschäfte, die wir als mittelbar produktiv bezeichnet haben.

§. 169.

Was die Ursachen der Theurung betrifft, so können diese außerordentlich mannichfaltig und theils ein Erzeugniß natürlicher Verhältnisse der Produktion und des Verzehrs, theils eine Wirkung positiver Staatseinrichtungen sein. Die letztern sind oft sehr drückend; allein welche sie sind und wie sie wirken, gehört nicht hieher zu untersuchen. Jene dagegen, obgleich schon im allgemeinen bei der Betrachtung der Ursachen, welche auf die Preisbestimmung der Waaren wirken, angedeutet, müssen hier näher bestimmt werden.

Auf den wirklichen Preis der Waaren wirken zugleich der Verkäufer und der Käufer, und sie werden ihn höher oder niedriger bestimmen, je nachdem der Verkäufer oder der Käufer im Vortheile ist. Diese Vortheile anzugeben, ist daher die Aufgabe, und zwar hauptsächlich in Beziehung auf den Kreis von Gütern, die häufig im Verkehre vorkommen; denn bei denen, die nur dann und wann in den Tausch kommen, können ganz besondere Verhältnisse hinzutreten, auf die wir deshalb nicht Rücksicht zu nehmen haben, da aus solchen einzelnen Erscheinungen weder ein Vortheil, noch ein Nachtheil für die Gesellschaft hervorgeht, noch die Grundlinien des Gewerbslebens eine nähere Bestimmung erhalten. Wollten wir so sehr ins Einzelne gehen; so müßten wir auch alle kleinliche Künste und Ränke anführen, wodurch der Käufer den Verkäufer oder dieser jenen zu täuschen sucht. Der Verkäufer strebt, den Preis immer so hoch zu stellen, als möglich, indem er von der Grenze ausgeht, die der Schaffungskostenbetrag für den Preis bestimmt. Darin kommen ziemlich alle überein, welche Waaren zum Verkaufe anbieten; allein dennoch werden eine Menge von Abstufungen sich finden, die durch ihr Nebeneinanderbestehen einen gewissen Mittelpreis erzwingen, zu dem dann der größte Theil der Verkäufer seine Waaren anbieten wird. So wie nun auf der einen Seite die Verkäufer sich bei der Preisbestimmung durch ihre Mitbewerber leiten lassen, so werden auf der andern die Käufer mit einander wetteifern, den Preis zu erniedrigen, und es kommt dann hauptsächlich darauf an, wie die Verkäufer sich zu den Käufern, oder wie sich das Angebot von Waaren zu dem Begehr danach verhält. Haben die Verkäufer ein größeres Bedürfniß zu verkaufen, als die Käufer zu kaufen; so wird der Preis sinken, verhält es sich umgekehrt; so wird er steigen. Die Grenze macht hier lediglich das Bedürfniß zu kaufen und zu verkaufen. Das eine kann den Preis außerordentlich in die Höhe treiben, das andere ihn selbst weit unter die Schaffungskosten senken. Jenes wird blos aufhören, wenn entweder der Vortheil der Verkäufer eine große Mitbewerbung veranlaßt, oder die Abnehmer ihrer Waaren sich derselben entschlagen lernen, oder sich dieselben durch eigene Produktion verschaffen. Das letztere wird dann einen Grenzpunkt finden, wenn derer, die solche Waare anbieten, immer weniger werden, oder der Vorrath derselben sich erschöpft hat, oder die weitere Produktion eingestellt, oder der Verkauf der schon vorhandenen beschränkt wird. Hieraus läßt sich dann auch erklären, warum gerade die Theurung der Lebensmittel so drückend und so leicht möglich ist. Hier sind alle Nachtheile auf Seiten der Käufer; denn das Bedürfniß an Lebensmitteln läßt sich nur in einem geringen Grade einschränken, die Größe des Erzeugnisses dagegen kann nicht für den Augenblick der Theurung vermehrt werden, und an ein Selbstproduziren ist nicht zu denken. So wie dieses erhellet, so erhellet aber auch zugleich, daß nur der freieste Verkehr mit Lebensmitteln die Theurung zu heben, oder doch zu lindern im Stande ist.

Achter Abschnitt.

Von den Ursachen und Wirkungen des Steigens und Fallens der Bestandtheile des Waarenpreises.

§. 170.

An die Untersuchung über Theurung und Kostbarkeit und ihre Gegensätze schließt sich passend eine nähere Betrachtung des Waarenpreises und seiner Bestandtheile an, als vorläufig bei der Erörterung des Tauschwerthes gegeben worden. Wir werden uns alsdann am besten überzeugen, wie das Steigen und Fallen des Preises mit dem Wohlstande des Volkes zusammenhängt, und wie man oft irrig aus Geringpreisigkeit (falsch Wohlfeilheit) auf einen vortheilhaften, und aus Kostbarkeit oder hohen Preisen (falsch Theurung) auf einen unvortheilhaften Zustand des allgemeinen Wohlstandes geschlossen hat. Da der Preis jeder Waare aus Arbeitslohn, Verlagsprofit und Bodenrente besteht; so theilen wir diese Untersuchung auch in drei Abtheilungen ein, wozu wir noch eine vierte über die Wirkung der freien Konkurrenz auf das aus Arbeitslohn und Verlagsprofit fließende Einkommen hinzufügen.

A. Von dem Arbeitslohne.

§ 171.

Im allgemeinen bestimmt sich der Arbeitslohn, wie der Verlagsprofit, durch das Verhältniß der Nachfrage zum Angebote, und es kommt nur darauf an, zu untersuchen, ob sich nicht noch außerdem Umstände entdecken lassen, welche dem einen Theile über den andern einen Vortheil gewähren, den Arbeitern über die Lohnherrn, oder umgekehrt diesen über jene. Allgemein läßt sich diese Frage nicht beantworten; denn die Arbeit ist in Hinsicht ihrer Beziehung auf das Bedürfniß des Lohnherrn von sehr verschiedener Art. Wie die Lieferung der unentbehrlichen Güter dem sie Hervorbringenden ein Uebergewicht über den ihrer Bedürfenden giebt, so wird es, doch in einem geringern Grade, der Fall mit der unentbehrlichen Arbeit sein. Zwar werden unentbehrliche Arbeiten immer eine größere oder geringere Konkurrenz von Arbeitern erzeugen; allein nicht allemal sind unbeschäftigte Arbeiter vorhanden, nicht in jedem Falle kann jemand sich eines oder mehrerer Arbeiter entschlagen oder ihre Arbeit selbst übernehmen, nicht beständig kann die zur Erniedrigung des Arbeitslohnes nöthige Konkurrenz durch Gewerbefreiheit erlangt werden. Allein dagegen können die Lohnherrn den unentbehrlichen und noch mehr den entbehrlichen Arbeitern eine größere Uebereinstimmung in der Festsetzung des Arbeitslohnes entgegenstellen, und den letztern eine gänzliche Zurückweisung, weil sie die Vermögenderen sind, die Arbeiter aber größtentheils aus der Hand in den Mund leben, und der Lohnherrn nicht entbehren können. Da indeß eine solche Uebereinstimmung nur selten vorhanden sein kann, theils wegen der Eigenthümlichkeit der geselligen Verhältnisse, theils wegen der steten Berücksichtigung des eigenen Vortheils, indem viele lieber einen hohen Lohn bezahlen, als ihren Verlag oder ihre Bedürfnisse einschränken; so werden im allgemeinen weder die Lohnherrn, noch die Arbeiter bei Bestimmung des Arbeitslohnes ein entschiedenes Uebergewicht haben. So weit es in ihrer Gewalt ist, werden zwar beide Theile gegen einander ihren Vortheil geltend zu machen suchen; aber nicht immer handeln die Lohnherrn aus einer richtigen Schätzung ihres Vortheils, und noch weniger stimmt das, was sie als ihren Vortheil ansehen, immer mit dem allgemeinen Wohlstande überein. Dahin gehört hauptsächlich die Behauptung, daß hoher Lohn die Arbeiter träge mache. An sich kann der hohe Lohn unmöglich diese Folge haben, man müßte denn einen allgemeinen Leichtsinn der für Lohn arbeitenden Klassen voraussetzen. Jeder Mensch strebt zwar nach Genuß, aber dieser Genuß ist gewiß bei dem größern Theile der Arbeiter nicht auf den augenblicklichen Verzehr gerichtet; sondern zugleich auf die Sicherung der Zukunft, auf Ersparniß des für die Gegenwart überflüssigen Einkommens; und nach der Aussicht, diesen Zweck zu erreichen, wird sich die Thätigkeit der umsichtigeren Arbeiter auch einrichten. Hier kommt es aber gerade auf den Lohnsatz an. Ist er niedrig, d. h. gewährt er den Arbeitern blos die Befriedigung des nothwendigen Genusses, verlangt er ihre beständige Thätigkeit, wenn sie nur nothdürftig existiren sollen; dann werden sie eher schlaff, als arbeitsamer werden. Sie werden eher darben, als ohne Aussicht, ihren Zustand zu verbessern, ihre Kräfte über das gewöhnliche Maaß anstrengen. Dies wird gewiß bei den meisten der Fall sein, wenn man auch nicht hinzurechnet, daß ein gewisser Wohlstand zu einer freudigen und mithin recht wirksamen Anstrengung nothwendig ist. Wie soll der mit Noth kämpfende Arbeiter, der kaum seine eigenen Bedürfnisse erschwingt, im Stande sein, auch für eine Familie zu sorgen? In Krankheit, im Alter, bei Mangel an Arbeit muß er zu Grunde gehen. Daher die vielen Bettlerfamilien unter der Arbeiterklasse, die weder auf einen hohen Lohn, noch auf beständige Beschäftigung rechnen darf, nämlich unter den gemeinen Fabrik- und Manufakturarbeitern. Freilich müssen wir noch bemerken, daß die Arbeitsthätigkeit sich nicht etwa groschenweise vermehren oder verringern läßt, daß es zwischen sehr hohem und sehr niedrigem Arbeitslohne noch mancherlei Stufen giebt, auf denen die Arbeit sich ziemlich gleich bleiben wird, daß ein ungewöhnlich schnelles Steigen des Arbeitslohnes, so wie eine ungewöhnliche Höhe desselben den Arbeiter eben so gut träge machen kann, als der sehr niedrige Stand des Lohnes, und daß dieser Zustand sehr leicht eine Verminderung der Nachfrage veranlassen dürfte, weil des Verlegers Vortheil, wenn auch nicht von einem sehr niedrigen, doch von einem mäßigen Lohne mit abhängt; allein immer bleibt es gewiß, daß der Nationalwohlstand gewinnt, wenn die Lohnarbeiter sich in einer glücklichen Lage befinden, so wie es ausgemacht ist, daß, wenige Fälle ausgenommen, hoher Lohn das Zeichen eines vortheilhaften Zustandes der Nationalwirthschaft ist. Wie aber, würde sich immer fragen, wird ein solcher Stand des Lohnes erhalten? und wenn geantwortet würde: durch Beschränkung der Konkurrenz, wird dieser Vortheil nicht durch größere Nachtheile wieder aufgehoben? — Diese Fragen, so zweckmäßig sie sich hier anschließen möchten, müssen doch, als sich beziehend auf bestimmte Staatseinrichtungen, an einen andern Ort verwiesen und mit der Zunftverfassung in Verbindung betrachtet werden.

B. Von dem Verlagsgewinnste.

§. 172.

Auch hier müssen wir wieder auf die frühere Untersuchung über den Verlagsprofit zurückweisen, indem wir es jetzt lediglich damit zu thun haben, das Steigen und Fallen desselben in Beziehung auf den Nationalwohlstand zu betrachten. Hoher Arbeitslohn erhöht aller=

dings unmittelbar die Waarenpreise; allein, indem er zugleich den Wohlstand des Arbeiters vermehrt, ihm die Möglichkeit eröffnet, einen größern Aufwand zu machen, erweitert er den Absatz derselben, und wirkt also mittelbar auf Verringerung der Waarenpreise, da der Verleger nicht allein durch hohen Profit, sondern auch durch starken Absatz, und durch diesen vornehmlich, gewinnt. Die Wirthschaftsbilanz und die psychologische Wirkung der Erhöhung der Waarenpreise sind die Ursachen, aus welchen jene Erscheinung hervorgeht. Die Wirthschaftsbilanz schreibt einem jeden ein bestimmtes Maaß des Verzehrs vor, und wenn daher die Waaren, deren er zur Befriedigung seiner Bedürfnisse gebraucht, im Preise steigen; so wird er, wo es möglich ist, ihren Gebrauch einschränken, ja, er wird oft, wegen eines unangenehmen Eindrucks, den eine solche Störung des Genusses hervorbringt, den Gebrauch dieses oder jenes Gegenstandes ganz unterlassen. Da indeß nur Wenige die Grenze ihrer Ausgaben ganz genau bestimmen, oft mehr, oft weniger ersparen; so wird eine sehr unbedeutende Erhöhung der Waarenpreise nicht immer eine Einschränkung des Gebrauchs der Waaren selbst veranlassen; allein immer wird der Mensch doch lieber diese Grenze überschreiten, wenn er den Kreis seiner Genüsse erweitern kann, als wenn er sich blos dadurch in dem Zustande seines einmaligen Verzehrs erhalten soll. Wenn daher die Waarenpreise fallen; so wird mancher, der sich einen Genuß versagte, diesen befriedigen, mancher ihn weiter ausdehnen. Der niedrige Stand des Waarenpreises, und also auch des Profitsatzes hat daher die Folge, daß die Genußfülle bei einer Nation sich immer mehr erweitert und zuletzt selbst in die Hütte des Armen eindringt. Aber nicht allein dieses ist die daraus hervorgehende glückliche Folge; die Verleger, die Vortheile eines erweiterten Absatzes einsehend, werden auch alle Kräfte aufbieten, wodurch sie, bei gleichem Werthe ihrer Waaren, dieselben mit geringerem Aufwande erzeugen können. Die menschliche Arbeit wird auf das mannichfaltigste getheilt, Maschinen, passendere Werkzeuge, chemische Operationen u. s. w. werden erfunden und mit Nutzen angewandt, und indem so allen Klassen der Staatsbürger die Aussicht, ihren Genußkreis zu erweitern, geöffnet wird, werden sie angereizt, ihre eigenen produktiven Kräfte anzustrengen, um sich mit immer mehreren Annehmlichkeiten des Lebens zu umgeben. Man pflegt auch die Erniedrigung des Zinssatzes zufolge der Erniedrigung des Profitsatzes, als einen Vortheil für den Nationalwohlstand anzuführen; allein Zinssatz und Profitsatz hängen nicht von einander ab, weil die Zinsen sich nach dem durch die Anwendung eines Kapitals zu machendem Vortheile richten, dieser Vortheil aber von dem Absatze der Waaren und nicht von der Höhe des Verlagsprofites abhängt.

C. Von der Wirkung der freien Konkurrenz auf das aus Arbeitslohn und Verlagsprofit fließende Einkommen.

§. 173.

Die Wirkung der freien Konkurrenz auf das aus Arbeitslohn und Verlagsprofit fließende Einkommen kann in doppelter Beziehung betrachtet werden, einmal in Rücksicht der verschiedenen Arbeits- oder Verlagsanwendungen, und dann in Rücksicht der bei einer und derselben Arbeits- oder Verlagsanwendung konkurirenden Glieder.

So mannichfaltig auch die verschiedenen Gewerbsarten sind, so suchen sie sich doch alle in ein gewisses Gleichgewicht des dadurch zu erlangenden Gewinnes zu setzen, und dieses blos zufolge der Konkurrenz. Die mit der einen verknüpften Nachtheile können nur gegen die in der andern liegenden ursprünglichen Vortheile durch einen höheren Lohn oder Gewinnst ausgeglichen werden. Eine mathematische Abwägung giebt es hier freilich nicht; das Vortheilhafte oder Nachtheilige, das Angenehme oder Unangenehme, was an den einzelnen Erwerbsarten haftet, hängt von der allgemeinen Meinung ab, die sich, wie ein Erbe von einem Geschlechte auf das andere, fortpflanzt und nur allmählig sich verwandelt. Die Verschiedenheit des Lohnes bei verschiedenen Arbeiten und die Verschiedenheit des Gewinnstes bei verschiedenen Verlagsanwendungen muß dadurch erklärt werden. Aber auch nur durch eine freie, langfortgesetzte ungestörte Konkurrenz kann sich ein solches Gleichgewicht erzeugen; denn zufällige Umstände können auch bei der freiesten Konkurrenz das Gleichgewicht aufheben oder hindern, indem sie die Arbeiter oder Verleger einer bestimmten Gattung so unverhältnißmäßig vermehren oder verringern, daß Lohn oder Verlag mit unter ihrem zum Gleichgewichte nöthigen Satze, oder weit über diesen Punkt in die Höhe steigen; und da diese zufälligen Umstände niemals ganz ausbleiben; so wird die freie Konkurrenz zwar stets nach einem Gleichgewichte streben, aber dasselbe doch weder bestimmt zu erreichen, noch das erreichte festzuhalten im Stande sein.

Anders ist es mit dem Einkommen der zu einer Erwerbsart gehörigen Arbeiter oder Verleger beschaffen, indem hier keine natürliche Ungleichheit auszugleichen ist. Setzen wir die Arbeit oder die Verlagswaare von gleichem Werthe; so müssen Lohn oder Gewinnste überall gleich sein, und sie werden nur ungleich durch die Konkurrenz der Arbeiter oder Verleger, von denen jeder auf Kosten des andern zu gewinnen sucht, indem die Arbeiter einander die Arbeit und die Verleger einander den

Absatz zu entziehen suchen. Dieses kann nur dadurch geschehen, daß jene einander durch billigern Arbeitslohn und diese einander durch billigere Preise überbieten; denn das Ueberbieten durch bessere Arbeit oder Waare bei ungeändertem Preise ist ganz dasselbe. In diesem Falle treten nämlich Arbeit und Waare in die Gattung derer, die einen höhern Preis haben, und das Beibehalten des niedrigeren ist daher nichts anders, als eine Erniedrigung des ihnen zukommenden höheren Preises. Wo also ein Ueberbieten statt findet, um Käufer von Arbeit oder Waare anzulocken, besteht es immer in Preisherabsetzung. Dieses Verfahren kann freilich nur bis zu einer gewissen Grenze gehen, nämlich bis zu dem Punkte des Lohnes oder Gewinnstes, der einem jeden Arbeiter oder Verleger zu Theil werden muß, wenn er noch weiter arbeiten oder verlegen soll; allein es entsteht doch durch ein solches Streben ein höchst nachtheiliges Schwanken des Preises. Mancher wird schlecht arbeiten oder schlechte Waare halten, um nur recht viele Käufer heranzulocken, und sie auch eine Weile täuschen; da ein großer Theil der Menschen nicht im Stande ist zu beurtheilen, ob Preis oder Lohn und Waare oder Arbeit in demselben Verhältnisse sich verändert haben, und sich einbildet, vortheilhaft gekauft zu haben, wenn er zu einem niedern Preise gekauft hat. Diese Täuschung wird zuerst dem redlicheren Arbeiter oder Verleger seinen Erwerb schmählern, wenn er sich nicht zu einer gleichen Täuschung bequemen will, und zuletzt wird den Pfuscher der allgemeine Unwille seiner Kunden treffen, sie werden ihn verlassen und ein besseres Verfahren wird ihm dann wenig helfen. In diesem Falle wird er sich häufig zu einem Unternehmen verleiten lassen, wozu ihm die Gewerbefreiheit ebenfalls Gelegenheit giebt. Er wird zu einem andern Gewerbe übergehen, und zwar hauptsächlich zu einem solchen, welches mit wenig Kapital und geringer Geschicklichkeit zu betreiben ist. So wird es denn nicht selten dahin kommen, daß diese Arten der Gewerbe außerordentlich übersetzt sind, und am allerwenigsten der Hoffnung entsprechen, welche sich derjenige machte, der dazu überging. Alles dieses gilt indeß eigentlich nur von denen, die irgend ein Kunstgewerbe treiben, von den Handwerkern, Fabrikanten, Manufakturisten. Die Kaufleute müssen anders beurtheilt werden; denn der Handel ist durchaus mit den andern Gewerben nicht in eine Klasse zu werfen. Der Kaufmann macht den Absatz der Waaren zu seinem Hauptstudium, und da in den wenigsten Fällen, den Kleinhandel ausgenommen, Waaren gegen Geld ausgetauscht werden; so kann er seine Geschäfte nicht wohl auf einen einzelnen Gegenstand einschränken. Die Benutzung der vortheilhaftesten Gegenstände macht ihn reich. Wenn er daher eine Waare anzubieten hat; so wird er nicht mit Eigensinn auf diese oder jene dagegen einzutauschende Waare bestehen, sondern diejenige nehmen, bei deren Einkauf und Verkauf er den meisten Gewinn machen kann. Dieses gilt wenigstens im allgemeinen, im besondern kommen freilich eine Menge von Fällen vor, wo Kaufleute entweder nur einen Gegenstand, oder doch hauptsächlich einen auf ihrem Lager halten, weil auch der Kaufmann wenigstens einen Theil seines Einkommens gern sicher stellt, und dieses nur geschehen kann, wenn er durch die Befriedigung eines bestimmten Bedürfnisses einen Kreis von Kunden an sich fesselt. So wie man daher die Freiheit des Handels als seinem Gedeihen am vortheilhaftesten anerkennen muß, so scheint eine ungehinderte Konkurrenz und ein unbeschränktes Uebergehen von einem Erwerbszweige zum andern bei den oben angegebenen Gewerben nicht vortheilhaft zu sein, wenn man auch eine Preisbestimmung sowohl der Arbeit, als des Verlages nicht für zweckmäßig halten sollte.

D. Von der Bodenrente.

§. 174.

Alle rohe Naturstoffe, also auch alle Erzeugnisse, welche eine Bodenrente abwerfen, sind entweder Lebensmittel oder Materialien, oder dienen zum Theil als Lebensmittel, zum Theil als Material; allein so verschieden sie auch sein mögen, so sind sie doch in Absicht ihres Preises folgenden Gesetzen unterworfen: 1) Ihr Preis richtet sich im allgemeinen nach der Konkurrenz der Verkäufer und Käufer; 2) unter Erzeugnissen von gleicher oder ähnlicher Eigenschaft richten sich diejenigen, die ein freies Geschenk der Natur sind, in Absicht ihres Preises, nach den durch Kunst vermehrbaren, wenn überhaupt eine Konkurrenz derselben statt findet; 3) die Freigebigkeit der Natur in Hervorbringung gewisser Produkte bewirkt eine Erniedrigung des Preises auch derjenigen Produkte derselben Art, die nicht auf gleiche Weise begünstigt sind, wenn sie mit jenen einerlei Markt haben; 4) bei fortschreitender Bodenkultur steigt der Preis derjenigen Produkte, die früher mehr oder minder ein freies Geschenk der Natur waren; 5) das Steigen des Preises der rohen Naturstoffe hat in dem Maaße auf das Steigen des Preises aller andern Güter Einfluß, in welchem diese ein größeres oder geringeres Bedürfniß befriedigen.

§. 175.

Zu 1. Am meisten trägt zur Erhöhung oder Erniedrigung aller Waarenpreise das Steigen oder Fallen der Bodenrente bei, die, als beruhend auf dem Preise der Bodenerzeugnisse, von dem Verhältnisse der Konkurrenz, auf der einen Seite der Urproducenten, auf der andern der Urstoffkonsumenten, abhängt. Auch hier hat demnach ein Theil den andern nur so weit in seiner Gewalt, als sein Bedürfniß, zu verkaufen, geringer ist, als das Bedürfniß des letztern, zu kaufen, oder umgekehrt; und es ist nur in sofern ein Unterschied zwischen dem Urstoffbesitzer und den andern Gewerbetreibenden, als jener wegen der Nothwendigkeit des Verzehrs eines großen Theils der rohen Produkte, bei Mangel an Mitbewerbern, die Abnehmer seiner Erzeugnisse weit mehr in seiner Gewalt hat, als die Kunstgewerbetreibenden die ihrigen. Durch die ganze Entwickelung des gewerbsamen Lebens der Völker ist indeß dafür gesorgt, daß auch hier ein gewisses Gleichgewicht der Vortheile und Nachtheile entsteht, oder vielmehr eine Ausgleichung derselben. In ihrem Ursprunge sind alle Staaten auf Urproduktion gegründet, so daß die Bevölkerung sich immer zufolge der Möglichkeit, hinreichende Lebensmittel zu finden, erweiterte. Dieses Verhältniß konnte auch nicht eher gestört werden, als bis die Völker durch den Handel aus ihrer Abgeschlossenheit heraustraten und von dieser Seite ein weltgeschichtliches Leben anknüpften. Nun konnte sich unter verschiedenen Völkern dieselbe Beziehung erzeugen, in welcher die Glieder eines, zu einem gemeinsamen Leben im Staate verbundenen Volkes stehen. Wie der eine Mensch die Lebensmittel für andere schafft, von denen er seine Wohnung erbaut, seine Kleider gemacht erhält u. s. w., so theilen sich zufolge des Welthandels verschiedene Staaten in verschiedene Gewerbzweige mit Beibehaltung der Grundlage des früheren Lebens, der Urproduktion, und zwar des Ackerbaues, als des Mittelpunktes derselben, der freilich alsdann in ein ganz anderes Verhältniß zur Bevölkerung tritt. Handels- und Fabrikstaaten sind im Stande weit schneller zu Reichthum zu gelangen, als ackerbauende, nicht blos darum, weil sie ihre Waaren und Erzeugnisse außerordentlich vervielfältigen können; sondern, weil das Bedürfniß nach Erzeugnissen der Fabrikation nicht abhängig ist von der Volksmenge, wohl aber von dem steigenden Genußbegehr, das Bedürfniß nach Lebensmitteln dagegen blos mit der Menschenzahl zu- und abnimmt. Während daher die Bevölkerung in Handels- und Fabrikstaaten die Summe der selbstgebauten Lebensmittel oft weit übersteigt, zeigt sich in ackerbauenden Staaten häufig das Gegentheil. Dem gemäß haben Fabrik- und Handelsstaaten zunächst ein starkes Bedürfniß nach Lebensmitteln, um die ihnen fehlende Masse derselben zu ergänzen; dann aber auch nach Materialien, als dem Stoffe ihrer Erzeugnisse, in sofern sie dieselben ebenfalls nicht selbst gewinnen. Die Naturproducenten dagegen werden, als nicht fabrizirend, den Absatz ihrer Lebensmittel und Materialien wünschen, weil sie nur durch den Austausch derselben gegen Fabrikate oder Lebensmittel, die der Handel ihnen liefert, für die über ihren Bedarf gehende Mehrerzeugung von rohen Stoffen Ersatz erhalten können. Das Preisverhältniß zwischen Urstoffen und Fabrikationserzeugnissen ist indeß dasselbe, ob die Glieder eines Staates, oder ob mehrere Staaten mit einander verglichen werden, weil für die Gewerbe der Handel im Staatenverbande das wirkt, was der Staatsverein im Kreise der Staatsbürger. Ueberall ist Austausch der Produktionskräfte und ein Gleichgewicht zwischen Bevölkerung und Lebensmitteln, sobald nicht bestimmte Staatseinrichtungen die Festsetzung dieses Gleichgewichtes hemmen.

§. 176.

Zu 2. Die Urprodukte sind entweder als eine freie Gabe der Natur anzusehen, wobei dem Menschen kein anderes Geschäft bleibt, als sie zu nehmen; oder sie gehen zwar durch die schaffende Kraft der Natur ursprünglich hervor, aber der Mensch kann vieles zu ihrer Vermehrung beitragen, sie dahin versetzen, wo sie früher nicht erzeugt wurden, dem Boden eine solche Beschaffenheit geben, daß er zu ihrer Hervorbringung fähig wird. Beide Arten können in ihren Eigenschaften gänzlich verschieden sein und ganz verschiedene Bedürfnisse befriedigen, oder sie sind einander ähnlich und erhalten eine gleiche Bestimmung. Nur in dem letzteren Falle lassen sie sich unter ein Gesetz bringen, welches die Einwirkung des Preises der einen Art auf den der andern bezeichnet. Sind die Güter, welche die Natur als freies und unvermehrbares Geschenk hervorbringt, hinreichend, um das Bedürfniß danach zu befriedigen; so wird der Mensch nicht diejenigen künstlich erzeugen, die mit jenen eine gleiche Bestimmung haben; steigt aber die Nachfrage über die Grenze der freiwilligen Naturerzeugung, dann wird der Mensch die ähnlichen Bedürfnißmittel künstlich hervorbringen, und das Gleichgewicht zwischen Nachfrage und Angebot wird sich wieder herstellen. War nun früher bei Aufhebung dieses Gleichgewichts der Preis der Güter von der ersten Art gestiegen; so muß er jetzt sinken, weil durch die Vermehrung der Güter von der zweiten Art das auf sie gerichtete Bedürfniß leichter befriedigt werden kann und die Nachfrage nach ihnen nachläßt. Nun läßt sich zwar denken, daß die Entdeckung einer neuen Naturquelle die Menge jener Güter außerordentlich vermehrt, aber dennoch werden sie nicht auf den Preis wirken, weil in dem Maaße, als diese Quelle reichlich fließt, die künstliche Erzeugung der ähnlichen Güter aufhört, und nur erst dann wird der Preis wieder sinken, wenn künstlich erzeugte und von der Natur freiwillig hervorgebrachte Güter nicht mehr mit einander konkurriren. Ueberhaupt kann das angeführte Gesetz nur statt finden, wenn beide Arten von Gütern auf demselben Markte erscheinen. Ist dieses wegen der Schwierigkeit der Fortschaffung nicht möglich, und sind die Verhältnisse von der Art, daß beiderlei Güter sich einen eigenen Markt bilden können, dann werden sie auch ihren Preis unabhängig von einander bestimmen.

§. 177.

Zu 3. Da, wie wir schon früher gesehen haben, die Schaffungskosten, und zwar die gemeinen Schaffungskosten, den Mittelpunkt des Preises der Güter bestimmen, und zugleich auf den Absatz das Hauptstreben des Verlegers gerichtet ist, die Fruchtbarkeit des Grundes und Bodens, oder der Quelle aller Urprodukte, ihre unmittelbaren Schaffungskosten aber bedeutend zu erniedrigen im Stande ist; so wird dieselbe Eigenschaft der ursprünglichen Güterquelle auch auf den Preis der davon begünstigten Erzeugnisse erniedrigend einwirken, so wie selbst auf den der gleichen, wenn auch mit größern Schaffungskosten hervorgebrachten Güter. So erniedrigt die Fruchtbarkeit von Polen und mehreren russischen Landschaften den Preis des schwedischen Getreides. Indeß kann dieses Gesetz auf die durch Kunst vermehrbaren Güter nur so lange angewandt werden, als die mit einander konkurrirenden fruchtbarern und unfruchtbarern Grundstücke nicht in denselben Verhältnissen stehen. In einer und derselben Gegend wird eine solche Einwirkung nicht gedacht werden können, weil bei Erlangung eines Grundstückes nothwendig die Fruchtbarkeit mit in Anschlag gebracht wird, einen größern Preis für dasselbe bestimmt, und dieser bei Berechnung der Schaffungskosten der Erzeugnisse nicht übergangen werden darf. Die größere oder geringere Fruchtbarkeit wird nur, außer in jenem angezeigten Falle, dann den bezeichneten Erfolg hervorbringen, wenn sie als ein reines Geschenk, nicht als ein

Erwerb erscheint, zu welchem ein ihr angemessenes Kapital gehört. Da nun häufig die Ergiebigkeit von Bergwerken, als unberechenbar, nicht in ihrem ganzen Umfange bei ihrer Pachtung oder Erwerbung in Anschlag kommt; so sind die Schaffungskosten der Bergprodukte im Verhältnisse zur Ausbeute der Bergwerke oft weit geringer, als bei andern Urproduktionsarten, und daher auch fähig, den Preis derjenigen gleichen Erzeugnisse zu erniedrigen, welche einen größern Schaffungskostenbetrag erfordern. Freilich muß auch hier, wie bei der vorigen Betrachtung, die Möglichkeit der Konkurrenz nicht aus den Augen gelassen werden; denn nur in dem Maaße, worin diese statt findet, kann die genannte Einwirkung selbst statt finden.

§. 178.

Zu 4. Viele Erzeugnisse werden in dem rohen Zustande der Völker, bei einer schwachen Bewohnerzahl der Länder, ganz der Hervorbringungskraft der Natur überlassen bleiben, wenn sie auch wirklich schon in die Reihe der Güter aufgenommen worden sind, weil der Mensch nicht nöthig hat, ihre Quantität zu vermehren, und so die Naturkraft zu verstärken. Allein, sobald mit zunehmender Bevölkerung die Nachfrage nach ihnen wächst und zuletzt nicht mehr durch die vorhandene Menge derselben befriedigt werden kann, wird es lohnend, sie eigens zu erzielen. Indem nun solchergestalt die darauf zu verwendenden Schaffungskosten zunehmen, und sie werden mit der Zeit immer mehr zunehmen, weil nicht blos mehr Land zu ihrer Erzielung verwendet werden muß, sondern auch größere Sorgfalt, indem mit ihnen zugleich andere begehrte Erzeugnisse ebenfalls ein größeres Gebiet verlangen, und es daher hauptsächlich darauf ankommt, auf einem geringen Raume, eine große Menge zu erzeugen; so wird auch ihr Preis immer mehr steigen. Dieses Steigen wird indeß eine bestimmte Grenze haben, einmal an der Nachfrage, und dann an dem ersten nothwendigsten Lebensmittel, welches also nur jene erste Grenze anerkennt. Daß der Preis aller übrigen künstlich erzeugbaren Naturstoffe an dem Preise der Lebensmittel eine Grenze hat, ist sehr leicht einzusehen; denn nur die Lebensmittel, als die durchaus unentbehrlichen Güter, können den höchsten Preis erlangen, dessen ein Gut, was von der menschlichen Mitwirkung abhängt, fähig ist. Um zu leben, giebt der Mensch alle übrigen Genußmittel dahin, und unterzieht sich allen möglichen Entbehrungen. Die Lebensmittel gewähren daher auch von allen Naturerzeugnissen zuerst einen Preis, der immer steigt, sobald andere Urprodukte künstlich angebaut werden und jenen einen Theil ihrer Produktionsquelle entziehen. Man kann dieses Gesetz selbst auf die verschiedenen Arten von Nahrungsmitteln anwenden, wo sich alsdann zeigt, daß die gemeinste Gattung derselben der Preisbestimmer für die übrigen wird; allein unter manchen Umständen, worunter besonders das Verhältniß gehört, worin ein Land zum Auslande steht, erleidet dieses Gesetz eine Ausnahme.

§. 179.

An sich, aber vorzüglich in Beziehung auf die Finanzwissenschaft, ist es sehr wichtig, das Steigen der Preise der einzelnen Gattungen von Gütern in seinem Einflusse auf die übrigen zu betrachten, weil man häufig in dem Wahne steht, als sei die auf dieses oder jenes Gut fallende Auflagenlast kein Druck für den Producenten desselben, da er es in seiner Gewalt habe, sich durch einen erhöhten Preis zu entschädigen. Will man über diese Frage zur Klarheit kommen; so muß man sie nothwendig anders stellen, und fragen: was wirkt der steigende Preis eines Gutes auf das Verhältniß der

Nachfrage danach zu dem Angebote desselben? weil davon überhaupt der Preis abhängt. Die Konsumenten, von denen die Nachfrage nach Gütern, und die Producenten, von denen das Angebot derselben ausgeht, stehen einander immer gegenüber, und weder diese, noch jene allein dürfen bei der Frage, wie das Steigen des Preises eines Gegenstaudes auf den der übrigen, mit denen er in Berührung kommt, wirkt, berücksichtiget werden. Sieht man auf die Producenten allein; so bemerkt man allerdings ein Streben, durch den Preis des einen Gutes den anderer Güter zu steigern, und diese einseitige Auffassung des Preises ist es auch, welche zu jenem angedeuteten Irrthume Veranlassung geben konnte. So sucht z. B. der Lohnarbeiter seinen Lohn zu erhöhen, wenn er die Lebensmittel, oder die Wohnung, oder die Feurung u. s. w. theurer bezahlen muß, und er würde seine Absicht ausführen, wenn nicht ein Gegengewicht vorhanden wäre, welches ihn daran hinderte. Dieses Gegengewicht ist der Mangel an Nachfrage. Die Nachfrage hängt von dem nothwendigen oder eingebildeten Bedürfnisse, und dieses in der Regel von dem Einkommen der Menschen ab. Mit dem Einkommen dehnt sich der Kreis der Bedürfnisse aus, oder zieht sich mit ihm zusammen, doch nicht bei allen Gütern in gleichem Maaße, und nicht unter allen Umständen. Der Genuß von Lebensmitteln kann im ganzen wenig zunehmen, aber wohl der Genuß von Gegenständen der Kunstgewerbsamkeit. Zwar wird die Tafel des Reichen weit mehr kosten, als der Tisch des Armen, aber nicht, weil der Magen sich mit dem Reichthume erweitert, sondern weil er mit feinern und seltneren, oft ausländischen Speisen und Getränken, und statt der einfachen mit künstlich zubereiteten gesättiget wird. Oft steigen aber auch die Bedürfnisse, ohne daß das Einkommen zunimmt, z. B. wenn die Zahl der Familienglieder sich vermehrt. Dann müssen nothwendig Einschränkungen irgend einer Art eintreten, um das Gleichgewicht zwischen Einkommen und Verzehr nicht zu zerstören, wenn wir annehmen, daß die Arbeitsthätigkeit keine größere Anspannung zuläßt. Auf dieselbe Art, wie hier das Anwachsen der Familienglieder wirkt, muß nun auch das Steigen des Preises der Güter aller Art wirken. Es veranlaßt zunächst Einschränkung des Verzehrs entweder der im Preise gestiegenen Güter selbst, oder anderer Güter, und zwar in dem Grade, als die Güter ein mehr oder minder nothwendiges Bedürfniß befriedigen. Die Einschränkungen werden daher zunächst die Güter des Luxus, dann die der geselligen und endlich die der Naturnothwendigkeit treffen. Wenn also jemand den Preis seines Produktes zu steigern sucht; so wird es immer darauf ankommen, zu welcher Gattung von Gütern dasselbe gehört, um beurtheilen zu können, ob er auch werde im Stande sein seine Absicht auszuführen. Gelingt es ihm nicht, dann wird er, falls er den höheren Preis nur als Entschädigung für die höheren Schaffungskosten seines Produktes verlangt, das Gleichgewicht seines eigenen Einkommens und Verzehrs durch Ersparungen an dem letztern zu erhalten suchen müssen. Dies kann er indeß nur bis zu einer gewissen Grenze fortsetzen, bis zu dem Punkte nämlich, wo sein Erwerb durchaus als keine hinreichende Belohnung seines Gewerbes erscheint. Ist es bis dahin gekommen, nnd die Nachfrage nach seinen Erzeugnissen bleibt ungeändert, dann wird er sich genöthigt sehen, sein Gewerbe mit einem andern zu vertauschen, und das auf solche Weise verminderte Angebot von in diesem Verhältnisse sich befindenden Waaren wird sich allmählig so gegen die Nachfrage nach ihnen stellen, daß ihr Preis das Bestehen ihrer Producenten möglich macht. In den wenigsten Fällen geht indeß der Preis diese Stufenfolge durch; weil meistentheils die Theurung von vorübergehenden Ursachen erzeugt wird, und es kommt dann blos bis zu einer einstweiligen Einschränkung der Vortheile des Producenten. Erfolgt die Preiserhöhung eines Gutes allmählig, dann wird sie sich am ersten festsetzen können, und die Preise der davon abhängigen Güter werden ebenfalls in die Höhe gehen, weil ihr Steigen unbemerkt geschieht. Immer kann dieses aber nur einen bestimmten Kreis von Gütern treffen, weil das Steigen aller Güter streng genommen kein Steigen wäre, und blos anzeigen würde, daß das Verhältniß zwischen den Verkäuflichkeiten und der zu ihrem Umtausche nöthigen Münzmasse sich verändert habe.

Zehnter Abschnitt.

Von den verschiedenen Arten des Handels

§. 180.

Der Handel kann theils nach den Gegenden, wohin; theils nach den Gegenständen, womit; theils nach den Personen, von welchen; theils endlich nach der Art und Weise, wie er getrieben wird, eingetheilt werden. In Hinsicht der Gegenden, wohin er getrieben wird, theilt man ihn in den einheimischen und auswärtigen Bedarfshandel und in den Zwischenhandel, den auswärtigen Bedarfshandel aber wieder in den einfachen und umschweifigen. Sieht man auf die Gegenstände, womit der Handel getrieben wird; so kann man ihn streng genommen nur in den Produkten- und Manufakturhandel eintheilen; denn der Kolonialhandel, den man noch hinzuzufügen pflegt, fällt entweder mit jenem oder mit diesem zusammen. Rücksichtlich der Personen zerfällt der Handel in zwei Arten, je nachdem er von einer einzelnen, oder von mehreren getrieben wird. Im letztern Falle heißt er Gesellschaftshandel. In Beziehung auf die Art, den Handel zu treiben, unterscheidet man den Eigen-, den Commissions- und Speditionshandel, den direkten und indirekten, den Aktiv- und Passivhandel, und endlich den Groß- und Kleinhandel.

§. 181.

Der Produktenhandel besteht in dem Umsatze der Naturstoffe, der Manufakturhandel dagegen wird mit Kunsterzeugnissen getrieben, so wie der Kolonialhandel mit den Erzeugnissen der Kolonien eines Landes, in Beziehung auf welche es Mutterland heißt. Produkte nennt man in der Handelssprache nicht blos die ganz rohen Erzeugnisse der Natur, sondern auch alle diejenigen, die erst nach einer Vorarbeit zum Verbrauche fähig werden. Beide Arten umfaßt der Produktenhandel. Nimmt man auf den größern oder geringern Grad der daran gewandten Vorarbeit keine Rücksicht; so kann man ihn in den Handel mit Lebensmitteln und in den Handel mit Materialien eintheilen. Hier frägt es sich nun: wie beide entstehen und auf den Nationalwohlstand eines Landes wirken?

§. 182.

Der Produktenhandel geht aus einer doppelten Theilung, aus der Arbeitstheilung und der Grundbesitztheilung hervor, und seine beiden Elemente, der Handel mit Materialien und der Handel mit Lebensmitteln machen, daß Kunstgewerbe sich über ein Land verbreiten können, und die damit Beschäftigten ihren Unterhalt gesichert sehen. Der Umfang dieser beiden Zweige hängt indeß immer von der Ergiebigkeit des Bodens ab, und kann sich von dieser unterstützt weit über die Grenzen eines Landes ausdehnen. Im unausgebildeten Zustande des bürgerlichen Lebens sorgt jeder für seine Bedürfnisse, so gut er kann, selbst. Aber das Zusammenleben mit den

Nachbarn, die verschiedenartige Naturquelle, in deren Besitze ein jeder ist, erzeugt bald einen Austausch von Lebensmitteln oder Materialien, oder von Materialien gegen Materialien, und so entsteht der Produktenhandel als die Grundlage alles andern Handels. Indeß, in welcher Beziehung die Nachbarn in einem und demselben Lande zu einander stehen, in einer eben solchen befinden sich oft auch die Nachbarn verschiedener Länder, und um so mehr, wenn wir annehmen, daß ein besonderes Volksleben sich auch an einem besondern Naturleben zu gestalten pflegt. Sollte sich z. B. finden, daß ein an Getreide reiches Land an ein an Materialien reiches Land grenzt; so werden beide gern gegenseitig ihren Ueberfluß austauschen, um zu dem zu gelangen, was sie selbst entbehren. Da aber außer dieser Verschiedenheit der Naturquelle die Völker auch oft auf einer sehr verschiedenen Stufe der äußern und innern Bildung stehen; so kann es wohl kommen, daß, während die Einen reich an Lebensmitteln oder Materialien sind, die Andern große Fortschritte in der Kunstgewerbsamkeit gemacht haben, und mit Gegenständen derselben jene durch Eintausch von Lebensmitteln oder Materialien oder von beiden versorgen. Bei einem solchen Tausche werden nach der allgemeinen Ansicht immer diejenigen gewinnen, deren Arbeit höher geschätzt wird, also die Kunstproducenten, theils wegen des höheren Lohnes, theils wegen der höheren geistigen Entwickelung, die ihnen durch eine solche Arbeitstheilung zugesichert wird. Diese Behauptung ist jedoch nur im allgemeinen zu verstehen; denn die Gewerbeverhältnisse können von der Art sein, daß die Kunstgewerbetreibenden Mangel leiden, während z. B. die Ackerbauer sich in einer gewissen Wohlhabenheit befinden. Gewiß ist, daß die Fortschritte, welche ein Volk in seiner Ausbildung und in Hinsicht seines äußern Wohlstandes macht, dann am kräftigsten sind, wenn es seine Lebensmittel selbst erzeugt und seine Materialien oder auch fremde selbst verarbeitet; denn an dem Material haftet nichts als die Natureigenthümlichkeit des Bodens, in welchem es mit oder ohne Hülfe des Menschen erzeugt worden, ja viele Materialien sind sich überall ganz gleich, aber an den Gütern der fremden Kunstproduktion haftet der Geist eines fremden Volkes, und untergräbt die Liebe zum Einheimischen. —

Indeß ist der Produktenhandel, sobald er über die Grenze eines Landes ausgedehnt wird, mit mancherlei Schwierigkeiten verknüpft, muß durch mancherlei Verkehrsmittel unterstützt werden, und umfaßt besonders nur Gegenstände des Luxus oder doch solche, die bei einem geringen Umfange und Gewichte einen großen Werth haben.

§. 183.

Am wichtigsten von allen Gegenständen des Produktenhandels ist das Getreide, weil es in einem großen Theile der bewohnten Erde das erste Nahrungsmittel ist, und daher den Bewohnern eines Landes sehr viel daran liegen muß, stets damit in hinreichender Menge versorgt zu sein. Ob dieses durch den Handel damit zu bewirken sei, darüber ist viel gestritten worden. Den Weg zur Wahrheit muß uns die Eigenthümlichkeit des Getreides selbst bahnen. Es ist zuerst ein Erzeugniß, welches im Verhältniß seines Preises einen bedeutenden Raum einnimmt. Diese Eigenschaft macht theils seine Aufbewahrung, theils seine Fortschaffung schwer, und kann sowohl von den Gegnern des Getreidehandels, als von den Freunden desselben zu ihrem Vortheile benutzt werden. Jene werden besonders auf die Schwierigkeit der Fortschaffung sehen, und deshalb die Möglichkeit bezweifeln, ein Land in Zeiten des dringenden Bedürfnisses durch den Handel immer mit Getreide zu versorgen, diese dagegen werden die Schwierigkeit der Aufbewahrung des Getreides denen entgegensetzen, welche an eine Bedrückung der Konsumenten durch Getreideaufkauf von Seiten der Getreidehändler erinnern, oder die Magazinanstalten als das sicherste Mittel, ein Land stets mit seinem Getreidebedarf zu versehen, betrachten. Allerdings wird der Transport die Versorgung eines Landes mit Getreide erschweren; allein diese Schwierigkeit ist doch in allen den Ländern, welche entweder am Meere liegen, oder von Flüssen und Kanälen durchschnitten sind, oder auch nur gute Landstraßen haben, bei weitem nicht so groß, als daß der durch die Noth erhöhte Getreidepreis den Getreidehandel nicht in eine lebhafte Bewegung setzen sollte. Was ferner die Aufbewahrung des Getreides anbetrifft; so hat man ohne Zweifel Recht, die damit verknüpfte Schwierigkeit, sowohl der Meinung von der Aufkäuferei durch die Getreidehändler, als der gutgemeinten Absicht, ein Land durch Magazinanstalten mit Getreide zu versorgen, entgegenzusetzen. Der Getreidehändler müßte ungeheure Räume erbauen, wenn er durch die aufgespeicherte Menge desselben die Konsumenten in seine Gewalt bekommen wollte; er müßte nicht bedenken, daß ein durch fremde Zufuhr, oder durch die Konkurrenz anderer inländischer Getreidehändler erscheinender Vorrath ihn um seinen Vortheil bringen könnte, ja er müßte vor der Furcht sicher sein, daß eine folgende reiche Erndte ihn selbst nöthigen dürfte, sein Getreide unter dem Einkaufspreise abzulassen, wenn er hartnäckig genug gewesen wäre, auf einen höheren Preis zu bestehen, als man ihm nach Erwägung aller Umstände und von Noth getrieben bewilligen wollte. Dazu kommt aber noch eine andere Eigenschaft des Getreides, welche ihn zum zeitigen Verkaufe desselben antreiben wird, nämlich das Verderben, welchem dieses Produkt bei mangelnder großer Vorsicht ausgesetzt ist. Man hat zwar Beispiele, daß Getreide in natürlicher Gestalt, oder in Mehl verwandelt, sich außerordentlich lange gehalten hat; allein eine Menge von Beispielen lassen sich für das Gegentheil anführen, und die Furcht derer muß, wegen der andern angeführten Umstände, desto stärker auf das für das Ganze wohlthätige Verfahren der Getreidehändler wirken. Wäre der Vortheil der Getreidehändler so groß, wie man gewöhnlich annimmt; so würden sich bald eine Menge Kapitalisten damit beschäftigen, und die Getreidepreise könnten nicht durch den Getreidehandel eine Höhe erlangen, die mit dem Nationalwohlstande unverträglich wären, und blos durch wirklichen Mangel, sei er nun durch allgemeinen Mißwachs der mit einander in Handelsverkehr stehenden Länder, oder blos durch fehlende Zufuhr, also durch nicht hinreichend lebendigen Getreidehandel, oder durch falsche Staatsmaaßregeln entstanden, hervorgebracht werden kann. Da drittens der Getreidebau eines Landes nothwendig durch die Fähigkeit desselben, Getreide hervorzubringen, begrenzt ist, die Bevölkerung aber nicht von den im Lande selbst gewonnenen Lebensmitteln abhangt; so kann es leicht kommen, daß zwischen der Menge des gemeinsten Lebensmittels und der Menschenzahl ein Mißverhältniß entsteht, welches nur durch den Getreidehandel ausgeglichen werden kann. Aber auch selbst, wenn mehr gebaut wird, als die Bevölkerung des Landes gemeinhin bedarf, ist der Getreidehandel nothwendig, weil ohne die Möglichkeit, den Ueberfluß über die Grenze zu schaffen, der Getreidebau nachlassen und also bei entstandenem Mißwachs ein Mangel zu befürchten sein würde. Der Kornhändler ist also in dieser Hinsicht der Gesellschaft sehr nützlich; allein er schafft ihr noch mehr Vortheil dadurch, daß er seinen Absatz, wie seinen Einkauf nicht nach einer gewissen Zeitfolge vernimmt; sondern gewöhnlich in wohlfeilen Zeiten einkauft und in theuern verkauft. Auf diese Weise treibt er zwar den Getreidepreis bei reichlichen Erndten in die Höhe, aber er erniedrigt ihn dagegen auch bei unergiebigen, und so bringt er eine sowohl für den Producenten, als Konsumenten höchst wohlthätige Gleichförmigkeit des Preises hervor. Zu übergehen ist auch viertens nicht, daß der Boden in verschiedenen Gegenden so verschieden ist, daß die Witterung oft in der einen ganz anders, als in der andern auf den Getreidebau wirkt. Es läßt sich daher niemals ein ganz allgemeiner Mißwachs in einer weiten Ausdehnung von Ländern denken, und da der Handel immer diejenigen Gegenden aufsucht, wo die Nachfrage nach seiner besondern Waare am größten ist; so wird sich auch da, wo Getreidemangel herrscht, die Hülfe am allerersten zeigen. Es kam hier nur darauf an, den Getreidehandel in seinen allgemeinen Wirkungen zu zeigen. Wie der Staat zu sorgen habe, wenn der Getreidehandel nicht als ausreichend angesehen werden kann, wird an einer andern Stelle erörtert werden.

§. 184.

So wie der Getreidehandel, und mit ihm aller Produktenhandel, nach der Fremde hin von dem größten Vortheile für die Belebung der Urproduktion ist, so auch der Manufakturhandel, oder der Handel mit Kunsterzeugnissen, für die Manufakturen. Man ist immer nur dann sicher, das ganze Nationalbedürfniß in Absicht eines Genußmittels zu befriedigen, wenn man mehr zu erzeugen sucht, als der Bedarf in einem bestimmten Zeitpunkte angiebt, und man wird nur mehr erzeugen, wenn man sicher ist, den Ueberschuß mit Vortheil absetzen zu können. Es ist auch der Manufakturhandel nicht mit den Schwierigkeiten verbunden, welche an dem Produktenhandel größtentheils haften. Die Kunstprodukte sind, mit wenigen Ausnahmen, bei weitem nicht in dem Grade dem Verderben ausgesetzt, wie die Lebensmittel, und nicht so schwer fortzuschaffen, wie diese und die Materialien. Dagegen tritt eine andere Schwierigkeit ein: viele Kunstprodukte nämlich hängen in Absicht ihres Absatzes von der Mode, und alle, in Hinsicht ihres Vorzuges vor andern, vom geringern Preise bei gleicher Güte, oder bei gleichem Preise von größerer Güte ab. Der Absatz der Manufakturwaaren ist daher weit weniger gewiß, als der Absatz von Lebensmitteln, und verlangt immer einen großen Kreis von Abnehmern, damit er sich, wenn ihm die eine Gelegenheit abgeschnitten wird, nach einer andern Seite hinwenden kann. Der Handel mit Lebensmitteln sorgt dagegen immer für ein bestimmtes Bedürfniß, welches nicht so leicht auf einem andern Wege befriedigt werden kann. Indeß ist wieder ein großer Unterschied zwischen den verschiedenen Manufakturwaaren von denjenigen herab, die ein nothwendiges Bedürfniß befriedigen, bis zu denen, die blos dem Luxus dienen und durch ihre veränderliche Form Eingang finden.

§. 185.

In der Geschichte der alten Völker finden wir häufig Erwähnung sowohl von Privatauswanderungen, als solchen, die auf Veranstaltung der Regierung eines Staates geschahen, um der überflüssigen Volksmenge eine wohlthätige Ableitung zu geben und zugleich in andern Gegenden einen festen Fuß zu fassen, aber am seltensten stoßen wir auf Niederlassungen, die blos die Ausdehnung des Handels zur Absicht hatten. In neuern Zeiten giebt es eine Menge Beispiele von beiden Arten, entweder gemischt, und dieses am häufigsten, oder rein für sich. Wird der fremde Boden Privateigenthum der Ansiedler; so nennt man die Niederlassung eine Kolonie, bleibt er im Besitze der Eingeborenen, und behalten sich die Fremden blos die Bestimmung über den Handelsverkehr, oder diese und die Aufsicht über die innere Regierung des also abhängig gewordenen Landes vor; so heißt die Niederlassung eine Handelsbesitzung. Daß der Handel, welcher mit solchen Niederlassungen getrieben wird, für die Mutterländer sehr vortheilhaft sein müsse, ist eben so leicht begreiflich, als der aus jeder andern Ausdehnung des Handels hervorgehende Nutzen, ob aber die besondere eigennützige Weise, womit die Besitzer derselben sie meistentheils behandelt haben, einen so großen Vortheil gewähre, als man häufig geglaubt, muß im zweiten Theile dieser Betrachtungen untersucht werden. Außer den allgemeinen Vortheilen der Handelserweiterung durch Niederlassungen geht aber noch aus diesem Verhältnisse ein eigenthümlicher hervor, der sich auf den verschiedenen Grad der Bildung, worauf die Mutterländer und die fremden Besitzungen stehen, gründet. Länder, welche ein solches abhängiges Verhältniß zulassen, sind gewöhnlich dünn bevölkert, ohne ausgedehnte Produktion und lebhaften Verkehr. Ihr Naturreichthum, wenig benutzt, giebt den Fremden Gelegenheit, die Urproduktion zu wecken, und die durch sie gewonnenen Lebensmittel und Materialien gegen Kunsterzeugnisse vortheilhaft einzuhandeln, und die auf diese Weise entstandene Form des Verkehrs wird auch ohne zwingende Staatseinrichtungen, zur gegenseitigen Erweiterung der Gewerbsamkeit und Erhöhung des Nationalreichthums, lange fortdauern. Zwar könnte es scheinen, als wenn durch den Handel mit den Kolonien blos die Fabrikation des Mutterlandes wachse; allein im allgemeinen ist dieses wegen der gewöhnlichen Entfernung beider Theile

von

von einander und wegen des einmaligen Verhältnisses der Urproduktion und vorzüglich des Ackerbaues zu der Fabrikation nicht zu erwarten, ja man darf, die vortheilhafte Einwirkung des Handels mit den Kolonien auf den Kunstfleiß vorausgesetzt, auch eine Rückwirkung des letztern auf den Ackerbau in dem Mutterlande annehmen, weil die zunehmende Zahl der Kunstgewerbetreibenden eine größere Nachfrage nach Lebensmitteln veranlaßt, und diese nicht ermangeln wird, die mit Gewinnung derselben Beschäftigten zu einer regern Betriebsamkeit anzuspornen. Daß der freie Handel zwischen dem Mutterlande und den Kolonien aber dadurch nachtheilig auf jenes wirken werde, daß er Kapitalien aus andern Gewerbzweigen herauslockt, läßt sich durchaus nicht annehmen, weil, wenn dieses geschieht, es nur immer aus Berücksichtigung des dadurch zu erlangenden Vortheils geschieht, der doch in diesem Falle auch ein Vortheil des Ganzen sein würde.

§. 186.

Der innere Bedarfshandel ist die Seele alles Verkehrs und die Hauptgrundlage des Nationalwohlstandes. So wie der rege Blutumlauf den menschlichen Leib erhält, so erhält der inländische Handel die gewerbsamen Kräfte der Glieder eines Staates. Ohne ihn wäre an eine Theilung der Arbeit und an Erweiterung des Genusses gar nicht zu denken, ja man kann sagen, er vollendet erst die Vereinigung der Bewohner eines Landes zu einem Ganzen. Jeder sinnliche Genuß hat seinen geistigen Bestandtheil, und wenn man daher den äußern Gütern nur einen oberflächlichen, vorübergehenden Einfluß auf die Bildung des Menschen zuschreibt, thut man sehr unrecht. Gleiche Gesetze, dieselbe Religion und der gleiche Unterricht reichen noch nicht hin, alle Bürger eines Staates zu wahren Gliedern eines Ganzen zu machen; das gewerbsame Leben muß noch hinzukommen, sie auch in der äußern Erscheinung einander zu nähern, sie mit sinnlichen Gütern zu umgeben, die dem nach außen strebenden Genusse das gleiche Gepräge ertheilen. Als Grundlage alles übrigen Handels, und von seiner politischen Seite betrachtet, muß daher der innere Handel eines Landes als der wichtigste von den mit ihm verwandten Handelszweigen, dem auswärtigen Bedarfshandel und dem Zwischenhandel angesehen werden. Läßt man sich aber auf eine Untersuchung der von ihnen in Umlauf gesetzten Kapitalien ein; so würde die Behauptung im allgemeinen schon schwerer durchzuführen sein, daß auch in dieser Hinsicht der innere Bedarfshandel immer den Vorzug vor den genannten Handelszweigen habe. Es ist zwar nicht zu leugnen, daß der innere Bedarfshandel immer zwei einheimische Kapitalien produktiv beschäftige, während der auswärtige Bedarfshandel unmittelbar nur eins, und der Zwischenhandel gar keines (nämlich kein eigentliches, einheimisches Handelskapital) beschäftigt; allein hier ist nicht blos auf die unmittelbare Wirkung zu sehen, es müssen auch die weiteren Folgen betrachtet werden, und diese werden uns zeigen, daß der inländische Handel zum Theil oft erst durch den auswärtigen Bedarfshandel hervorgebracht wird. Wir dürfen uns dabei auch nur auf einzelne schon früher angegebene Punkte beziehen. Weder der Produktenhandel, noch der Manufakturhandel im Innern eines Landes wird seinen Gipfel erreichen, wenn diese Handelsgegenstände nicht zugleich ausgeführt werden. Dazu kommt, daß der Reichthum mancher Länder sehr einseitig ist, und daß diese Einseitigkeit eine langsame und beschränkte Produktion und Entwickelung der Volksbetriebsamkeit überhaupt zur Folge hat. Diese langsame und beschränkte Entwickelung kann nur durch den auswärtigen Verkehr belebt und erweitert werden, indem er die Erzeugnisse mehrerer Himmelsstriche und Bildungsstufen auf einen Markt zusammenführt, und durch die Begierde nach dem Besitze und Genusse derselben die verstärkte, auf inländische Produktion gerichtete Thätigkeit hervorruft. Es kommt also auch hier wieder auf die Eigenthümlichkeit der Länder an, und, was von China gesagt werden kann, gilt nicht von Schweden, nicht von Polen, nicht von Holland. Am wenigsten trägt indeß der Zwischenhandel zur Vermehrung des Nationalwohlstandes bei, indem er, auch wenn der Handel mit eigenen Schiffen und Seeleuten getrieben wird, nur einem geringen Theile der Volksmenge eines Landes produktive Beschäftigung gewährt. Er ist mehr als eine Folge des Nationalwohlstandes, denn als eine Ursache desselben anzusehen, und erfordert eine besondere Lage des Landes.

§. 187.

Der Gesellschaftshandel entsteht dann, wenn ein besonderer Handelszweig ein Kapital erfordert, welches nicht wohl von einem Einzelnen aufgebracht werden kann. Er hat alles das gegen sich, was gemeinschaftliche Unternehmungen so mißlich macht, vornehmlich wenn er sehr ins Große getrieben wird, und sich nicht durch sich selbst, sondern nur durch besondere Staatsbegünstigungen erhalten kann. Sich selbst überlassen, wird er den Nutzen gewähren, den Handel weiter auszudehnen, ihm dahin eine Bahn zu brechen, wohin sich ein Einzelner, aus Furcht vor großem Aufwande und dem möglichen oder gar wahrscheinlichen anfänglichen Mißglücken seiner Unternehmung nicht gewagt haben würde.

§. 188.

Jeder Art des Handels muß immer der Eigenhandel zum Grunde liegen, so daß derjenige, welcher mit einer Waare handelt, für einige Zeit Eigenthümer derselben ist. Der Eigenhandel verdient daher auch eigentlich nur den Namen des Handels. Die Geschäfte des Kommissärs und Spediteurs haben den Charakter des Handels nicht, sie sind nur als hülfeleistend für ihn anzusehen.

Der Handel besteht aus der besondern Art von Produktion, deren Erzeugnisse er umsetzt, und ein Handelsort kann in dieser Hinsicht von einem andern sehr abweichen, so wie er in Hinsicht der Gegend, wohin er handelt, in verschiedene Verhältnisse tritt. Beschäftigen sich die Kaufleute eines Ortes mit dem Absatze der Natur- oder Kunsterzeugnisse ihrer Gegend; so kann man einen solchen Ort eine Niederlage dieser Waaren nennen. Von diesen Niederlageörtern unterscheiden sich die Stapelplätze, welche eine Niederlage für die aus der Fremde gezogenen Waaren sind, um die umliegende Gegend, ihrem Bedürfnisse gemäß, damit zu versorgen, ein Gebrauch des Ausdrucks, der indeß von dem gewöhnlichen abweicht, wonach man unter einem Stapelplatze einen Ort versteht, welcher das Recht hat, zu verlangen, daß alle durch ihn selbst, oder durch einen bestimmten Bezirk in seiner Nähe durchgehende Kaufmannswaaren eine gewisse Zeit lang zum öffentlichen Verkaufe ausgelegt werden müssen. Diese Berechtigung nennt man Stapelgerechtigkeit. Wollte man diese beiden Begriffe des Ausdrucks Stapelort nicht beibehalten; so könnte man für den erstern schlechtweg Stapelort, für den letztern dagegen — ein mit Stapelgerechtigkeit versehener Handelsplatz — setzen. Von den Niederlage- und Stapelplätzen kann man noch die Marktplätze unterscheiden, deren Charakter in dem Handel mit einer unbestimmbaren Menge und Mannichfaltigkeit der Waaren besteht.

§. 189.

Hat ein Kaufmann mehr Kapital, als er mit Vortheil in seiner Heimath zu benutzen weiß; so kann er auch zur Anwendung desselben eine sogenannte Kommandite errichten, indem er an einem fremden Handelsplatze unter seiner Oberaufsicht durch einen Faktor eine eigene Handlung betreiben läßt. Ein solcher Handel wird natürlich im allgemeinen dem Kaufmanne bei weitem nicht den Vortheil bringen, als der, dessen Leitung er selbst übernommen.

Je mehr die Handelsgeschäfte an Ausbildung gewinnen, desto mehr werden sie sich auch von einander absondern, und so wird manche Arbeit, der sich der Kaufmann früher selbst unterzog, oder die er durch eigene, von ihm besoldete Diener verrichten ließ, zu einem besondern Hülfsgeschäfte der Handlung. Dahin gehören besonders die Kommissionen, welche ein Kaufmann jemanden in Handelsangelegenheiten giebt, und welche man, wegen ihres genauen Zusammenhanges mit der Handlung zu einem eigenen Zweige derselben, zum Commissionshandel, obgleich mit Unrecht, gemacht hat. Das eigene Verhältniß des Kommissionärs bringt es mit sich, daß er nicht, wie ein wirklicher Handelsdiener bezahlt werden kann, er erhält vielmehr einen nach Procenten bestimmten Gewinn von den kommittirten Gütern und zwar nach dem Werthe derselben beim Einkaufe oder Verkaufe berechnet. Dieser Gewinn wird die Provision genannt und findet statt, der Kommittent mag Vortheil oder Nachtheil haben. In den großen Manufakturstädten sind die Einkaufskommissionen besonders wichtig, weil man doch im allgemeinen nicht annehmen darf, daß die Manufakturisten so unverständig sein werden, die Käufer ihrer Waaren selbst aufzusuchen, indem sie alsdann nicht nur die dazu nöthigen, oft sehr kostspieligen Reisen unternehmen, sondern sich auch oft zu einem höchst unsichern Kredit verstehen müßten, der bei ihrem Geschäfte, wobei die Zahlung der Arbeiter nie unterbrochen werden kann, hauptsächlich natheilig sein würde. Indeß gewähren die Komissionsgeschäfte nicht nur dem Manufakturisten einen bedeutenden Vortheil, sondern auch dem Kommittenten, weil dieser weit sicherer ist, durch den Kommissionär gute Waare zu erhalten, als durch den Manufakturisten, der nicht selten geneigt sein möchte, einen entfernten Kaufmann zu täuschen. Auch hier gilt wieder die an mehreren Stellen geäußerte Behauptung, daß die Sicherheit die nothwendigste Stütze des Verkehrs sei. Diese Sicherheit ist es nun auch, die man gewöhnlich zur Empfehlung des Kommissionshandels anführt; allein es sind auch manche Gefahren damit verbunden, denen zu entgehen große Vorsicht und genaue Kenntniß der Geschäfte und der Kommittenten erfordert wird. Außerdem bedarf der Kommissionär, vorzüglich bei den Einkaufskommissionen eines bedeutenden Kapitals, da er größtentheils sogleich baar bezahlen muß. Bei den Verkaufskommissionen ist dieses zwar nicht immer, indeß doch auch häufig der Fall, weil in vielen Fällen die Kommittenten sogleich bei Absendung der Waare auf $\frac{2}{3}$ des Werthes derselben trassiren. Diesen Vortheilen und Nachtheilen der Kommissionäre stehen die Vortheile und Nachtheile der Kommittenten gegenüber, worüber, der Kürze und der Klarheit dieses Gegenstandes wegen, hier Einiges gesagt werden mag. Die Vortheile der Kommittenten fallen in die Augen, die Nachtheile weniger, und entspringen hauptsächlich aus dem Mangel an Interesse, welches den Kommissionär sowohl beim Einkauf, als beim Verkauf nie so stark, als den Kaufmann selbst, zum Nutzen des letzteren leiten wird. Außer dieser geringern Thätigkeit ist aber auch noch die leichte Möglichkeit eines Betruges zu befürchten, die um so leichter sein muß, je weiter beide Theile von einander entfernt leben.

§. 190.

Wie der Kommissionshandel, gehört auch der Speditionshandel eigentlich zu den Hülfsgeschäften der Handlung, und noch mehr, als jener. Er knüpft sich an den Transitohandel eines Landes an, und besteht in der Besorgung der weitern Versendung der durch einen Ort gehenden Waaren. Es läßt sich zwar nicht leugnen, daß im allgemeinen der Eigenhandel vortheilhafter für ein Land sei, als der Speditionshandel, aber, ob dieses auch in besondern Fällen sich also verhalte, ist eine Frage, die wohl verneint werden muß. Aus dem Speditionshandel ist der Uebergang zum Eigenhandel sehr leicht, und darum auch vorauszusetzen, daß er sich, wenn ihn die Umstände irgend begünstigen, in einen Eigenhandel verwandeln werde. Daher dürfen wir zurückschließen, daß, wo ein solches Uebergehen nicht statt findet, die Umstände nicht von der begünstigenden Art sein müssen, also unter den gegebenen Verhältnissen der Speditionshandel immer nützlicher sein werde, als der Eigenhandel.

§. 191.

Den direkten Handel unterscheidet man von dem indirekten dadurch, daß man bei jenem ein Kaufen aus der ersten Hand und ein Verkaufen an die letzte voraussetzt, während bei dem indirekten von einer Zwischenhand gekauft oder an sie verkauft wird. Der Kaufmann, immer mit seiner Aufmerksamkeit auf alle ihn begünstigende Umstände gerichtet, wählt in den meisten Fällen auch gewiß die Art des Handels, welche seiner Lage am meisten zusagt. In sofern nun seine Bereicherung eine Vermehrung des Nationalwohlstandes ist, wird er im allgemeinen diese durch sein jedesmaliges Verfahren am meisten befördern, und es kann nicht die Rede sein von dem Vorzuge des direkten vor dem indirekten Handels und umgekehrt. Die besondern Verhältnisse bestimmen die Handlungsweise des Kaufmanns, und da diese immer wandelbar sind; so will es wenigstens in Hinsicht der kaufmännischen Unternehmungen nicht viel sagen, wenn man behauptet, der direkte Handel sei im allgemeinen vortheilhafter, als der indirekte, weil er manche Hülfsgewerbe der Handlung weit lebhafter beschäftige, als dieser.

§. 192.

Wie man von dem direkten Handel gewöhnlich mehr Vortheile, als von dem indirekten erwartet, so auch von dem aktiven mehr, als von dem passiven. Unter jenem versteht man aber denjenigen Handel, wodurch ein Kaufmann Waaren an einem andern, als seinem Wohnorte, mittelbar oder unmittelbar kauft oder verkauft, dieser dagegen entsteht, wenn ein Kaufmann in seiner Heimath an einen Fremden Waaren verkauft oder von ihm kauft, oder diese Geschäfte durch einen Kommissionär vollziehen läßt. Sieht man nicht auf besondere Umstände; so kann man deshalb dem aktiven Handel vor dem passiven einen Vorzug einräumen, weil er eine unbestimmbare Erweiterung zuläßt, sobald der Wille und die nöthigen Kapitalien vorhanden sind, welches bei dem passiven Handel durchaus nicht von dem Kaufmanne abhängt, und weil er ferner den mit der Fortschaffung der Waaren beschäftigten Gewerben eine größere Lebhaftigkeit giebt. Dagegen kann man zum Vortheile des passiven Handels anführen, daß er dem Kaufmanne ein größeres Uebergewicht in Bestimmung des Einkaufs- und Verkaufspreises der Waaren giebt, ihm die Gelegenheit verschafft, die Güter nach seinem Gefallen auszuwählen und endlich ihm wegen der Bezahlung größere Sicherheit gewährt. Besondere Umstände müssen auch hier das Verfahren des Kaufmanns angeben, und werden ihn bald diesen, bald jenen Weg einzuschlagen bestimmen.

§. 193.

Zwischen dem Groß- und Kleinhandel in einem Lande muß immer ein bestimmtes Verhältniß sein, wenn nicht vom Zwischenhandel die Rede ist, doch ist die Zahl der Kaufleute, welche sich mit dem Groß- oder Kleinhandel beschäftigen, sehr wandelbar und hängt von mancherlei Umstände ab Hat ein Land eine vortheilhafte Lage zum Handel, und sind die Verbindungswege einem lebhaften innern Verkehr angemessen, dann werden sich sowohl die Großhändler, und besonders diese, als auch die Kleinhändler vervielfältigen, was, wegen der alsdann entstehenden größern Konkurrenz für die Konsumenten weit vortheilhafter sein muß, als wenn, wegen der Schwierigkeit des Handels, sich nur eine geringe Zahl von Kaufleuten mit dem Großhandel und eine, zur Bewerkstelligung eines angemessenen Waarenpreises, nicht hinreichende Menge mit dem Kleinhandel beschäftiget.

§. 194.

Es bleibt jetzt nur noch übrig anhangsweise der Haupthülfsgeschäfte der Handlung, sofern sie an einer andern Stelle nicht schon angeführt worden, zu erwähnen, nämlich der Schifffahrt, und des Frachtfuhrwesens. Daß ohne beide der Handel keinen großen Schwung erhalten könne, leuchtet ein, aber auch, daß ihre Entstehung gesichert ist, wenn die Bedingungen vorhanden sind, worauf sie beruhen — fahrbare Gewässer und Landstraßen. Wo man daher die Blüthe des Handels beabsichtiget, darf man es an diesen Transportmittel nicht fehlen lassen.

Elfter Abschnitt.

Von der Handelsbilanz.

§. 195.

Die Lehre von der Handelsbilanz kann nichts anders sein, als die Lehre von dem aus dem Handel verschiedener Staaten für den einen oder den andern Theil hervorgehenden Gewinne oder Verluste. Der Gewinn und Verlust beim Handel kann überhaupt auf eine doppelte Weise beurtheilt werden, entweder individuell, wobei jeder der beiden einen Handel abschließenden Theile sich einen Gewinn zurechnet, oder allgemein, wobei bald ein Gleichgewicht der Vortheile beider tauschenden Parteien angenommen, bald der einen oder der andern ein Vortheil oder ein Nachtheil beigemessen wird. Dasselbe wird auch im Großen bei ganzen Nationen statt finden. Allein weder der Einzelne, noch ganze Staaten dürfen ihren Gewinn oder Verlust von der Meinung anderer abhängig machen; der wahre Gewinn ist immer der aus der individuellen Ansicht hervorgehende, wenn nicht ein offenbarer Mißgriff nachgewiesen werden kann. Aus diesem Gesichtspunkte die Sache betrachtet, ist der Streit über eine vortheilhafte oder nachtheilige Handelsbilanz ein nichtiger. Gesetzt aber, wir lassen die Untersuchung darüber als bedeutend gelten; so fragt es sich, welches denn das Kennzeichen sei, wonach beurtheilt werden solle, ob die Handelsbilanz, also das Verhältniß der Ausfuhr zur Einfuhr, einem Staate günstig oder ungünstig sei? Dieses Kennzeichen sucht man in dem Gelde, wodurch das Mißverhältniß zwischen Waaren-Einfuhr und Ausfuhr ausgeglichen werden muß, so daß der Staat eine vortheilhafte Handelsbilanz habe, der den ganzen Betrag seiner Ausfuhr oder einen Theil derselben mit Münze bezahlt erhalte. Im entgegengesetzten Falle nennt man seine Handelsbilanz ungünstig. Daß diese Behauptungen ganz ungereimt wären, ist durchaus nicht der Fall, vielmehr liegt ihnen ein tiefer, aber meist gar nicht beachteter Sinn zum Grunde; allein auf einen vortheilhaften oder nachtheiligen Handel kann aus dem Erhalten von Geld oder von Waare für eine Waare gar nicht geschlossen werden. Wer für irgend eine Waare Geld bezahlt, giebt dadurch zu erkennen, daß er des Geldes leichter entbehren könne, als jener Waare: er gewinnt daher bei dem Tausche. Indeß könnte man wohl fragen: ist es denn überhaupt möglich, daß Staaten auf diese Weise mit einander verkehren können? muß sich nicht zuletzt jeder Handel in einen Waarenhandel verwandeln? Dürfte man diese Frage bejahen; so würde allerdings von gar keiner Handelsbilanz, in dem angeführten Sinne die Rede sein können; allein Geld (Metallmünze) ist eben so gut eine Waare, als andere Gegenstände, nur daß es, außer dieser Eigenschaft, noch die besitzt, als Umtauschmittel aller übrigen Waaren zu dienen, und wird, als roher Stoff, von der Natur ohne Mitwirkung menschlicher Kräfte erzeugt, durch diese aber zu Tage gefördert und in Umlauf gesetzt. Wenn daher das an Getreide fruchtbare Land mit diesem handelt und Güter verschiedener Art dafür in der Fremde eintauscht, so führen andere Länder, deren Reichthum in edlen Metallen besteht, diese gegen ihnen fehlende Güter aus. Von ihnen verbreitet sich alsdann das edele Metall in Barren oder vermünzt weiter und zwar zufolge der besondern Handelsverhältnisse dorthin in großer, hierhin in geringer Menge, dorthin unmittelbar, hierhin mittelbar. Ist es einmal in diesen Umlauf gekommen; so wandert es von einem Lande zum andern, und jeder Staat wird sich nach und nach das Bedürfniß, welches er daran hat, verschaffen. Es läßt sich also allerdings von einer Handelsbilanz in der angezeigten Bedeutung sprechen. Wenn nun aber ihr verschiedener Zustand weder Vortheil, noch Nachtheil des Handelsverkehrs eines Staates bedeutet; so würde die Untersuchung über dieselbe durchaus von keiner Wichtigkeit sein, wofern nicht an sie eine andere Betrachtung angeknüpft werden könnte. Von welcher Art diese sei, wollen wir jetzt anzugeben suchen.

§. 196.

Sobald ein Staat gegen Geld Waaren giebt, ist es ein Zeichen, daß er für den Augenblick keiner Waaren bedarf, um seine Bedürfnisse zu befriedigen. Man kann zwar sagen, daß auch das Geld nur genommen werde, um dasselbe wieder gegen Güter umzusetzen, weil es an sich keinen Werth habe; allein, da Geld eine immer gangbare Waare ist, so wird der, welcher für den Augenblick kein Bedürfniß hat, immer lieber Geld, als andere Güter, eintauschen, und das über das gegenwärtige Bedürfniß eingetauschte edele Metall wird solchergestalt in der Folge dazu dienen, den Kreis der Bedürfnisse zu erweitern, indem es entweder im Lande selbst bleibt und die Umlaufsmünzmasse durch unmittelbare Vermehrung der Produktion vergrößert, oder ins Ausland geht und die Gütermasse durch Erwerbung neuer Güter vermehrt. Ein solcher Erfolg kann bewirkt werden, wenn ein Staat entweder überhaupt mehr producirt, oder mehr Güter von höherem Preise producirt, als andere Staaten, bei übrigens gleichen Verhältnissen. Die vortheilhafte Handelsbilanz zeigt daher einen vortheilhaften Zustand der Produktion an, und wenn ein Staat auf ihre Behauptung oder Erlangung hinstreben will; so muß er nicht unmittelbar auf den Verkehr, sondern auf die Erhaltung seines Produktionsverhältnisses zu andern Staaten, oder auf Vermehrung der

Produktion hinarbeiten. Folglich hat man dann, wenn man durch die Handelsbilanz den Zustand der Produktion eines Landes kennen lernen will, den Punkt aufgefaßt, worin ihre Erforschung einzig Werth haben kann. Hält man sich dagegen blos an die äußere Erscheinung, an den Eintausch des edlen Metalls; so setzt dieses jenen Irrthum voraus, wodurch man sich verleitet fühlt, den Reichthum nach der Menge des edlen Metalls zu schätzen, da dasselbe doch nur als Stellvertreter von genießbaren Gütern Werth hat, ja man vergißt, daß im allgemeinen bei jedem Tausche für eine Größe eine andere von gleichem Werthe hingegeben wird, in dem Tausche von Geld gegen Waaren also nichts weiter liegt, als daß eben Geld gegen Waaren gegeben wird. Es möchte indeß nicht leicht möglich sein, aus dem Zustande der Handelsbilanz auf das Abnehmen oder Fortschreiten der Produktion zu schließen, weil jedes Mittel, den Zustand der Handelsbilanz auszuforschen, mangelhaft erscheint. Am ersten und sichersten würde man seine Absicht erreichen, wenn man die Summe aller jährlich gewonnenen und im Lande verarbeiteten Gegenstände auszumitteln suchte. Ein Merkmal ist aber auch schon die Nachfrage nach den Erzeugnissen eines Landes und der zunehmende Wohlstand desselben.

§. 197.

Die Mittel, deren man sich bedient, um die Handelsbilanz zu berechnen, bestehen theils in den Zollregistern, theils in dem Wechselkurse; allein durch jene sowohl, wie durch diesen erhält man nie auch nur ein ungefähr richtiges Resultat. Schon deshalb sind die Zollregister höchst unzuverlässig, weil sie sich natürlich nur auf die bei den Zollämtern wirklich angegebenen, aber nicht auf die durch Schleichhandel aus- und eingeführten Waaren beziehen können: allein auch die Art der

Berechnung ist sehr irrig, indem man gewöhnlich den Preis nach den Tarifsätzen bestimmt und bei den ausgehenden Waaren den Verkaufspreis annimmt, den sie an Ort und Stelle der Versendung haben, bei den eingehenden dagegen den um die ganze Summe der Handlungskosten vermehrten; und endlich ist es nicht zu übersehen, daß Nationen einander nicht nur im Handel Geld abgewinnen, wenn dieses anders ein Gewinn zu nennen ist, sondern einander auch Geld durch Arbeit abverdienen. Alle diese Fehler können in Hinsicht der Zollregister statt finden, wenn man die gesammte Handelsbilanz eines Landes abschließt; sieht man aber blos auf die Handelsbilanz zwischen zwei Staaten; so kommt noch der Irrthum hinzu, daß man hier nicht den einfachen von dem umschweifigen auswärtigen Bedarfshandel zu unterscheiden vermag und daher manche Waaren als eingeführt von einem andern Staate ansieht, die zum Theil nur hindurchgehen, weil fremde Kaufleute es vortheilhafter finden, sie aus der zweiten Hand zu bekommen, als da zu kaufen, wo sie erzeugt werden. Ein nicht besseres Mittel bietet der Wechselcurs dar, theils weil derselbe nicht allein von dem Verkehre abhängt, den zwei Staaten mit einander treiben, sondern auch von ihrem Verkehre mit andern Staaten, theils weil Wechsel zu einem Handelsgegenstande geworden sind und nicht in dem Kreise derer bleiben, zwischen denen sie ursprünglich umlaufen sollen, sondern sich den vortheilhaftesten Absatz aufsuchen, theils endlich auch wegen der Mangelhaftigkeit der gewöhnlichen Methode, das Wechselpari zu berechnen, wonach der Münzfuß in verschiedenen Ländern bei der Vergleichung ihrer Münzen als Maaßstab dient und weil man den in verschiedenen Staaten oft sehr verschiedenen Schlagschatz nicht mit in Anschlag bringt.

Zwölfter Abschnitt.

Der Staat als handeltreibend.

§. 198.

Wenn schon der vortheilhaften Betreibung von urproduktiven und Fabrikationsgewerben durch den Staat manche Umstände entgegenstehen; so muß dies bei dem Handel noch weit mehr der Fall sein. Die Vortheile des Handels hängen größtentheils von dem augenblicklichen Ergreifen der sich darbietenden günstigen Gelegenheiten ab, und verlangen daher die größte Freiheit des Handelnden. Diese kann der Staat seinem Beamten nicht zugestehen: sein Bestreben ist überall auf das Einschließen der willkührlichen Handlungen in gesetzmäßige Schranken gerichtet, und, wo diese nicht statt finden, wird der Staatsdiener durch seine Vorgesetzten, oder durch seine Amtsgenossen beschränkt, indem er von jenen Verhaltungsbefehle abwarten, von diesen aber erst Zustimmung erhalten muß. Dies ist nothwendig, um jede Willkühr aus dem Umkreise der Staatsverwaltung zu verbannen. Die Seele des Handels wird daher durch die Seele der Staatsverwaltung getödtet. Aber gesetzt auch der Staat ließe seinen mit dem Handel beschäftigten Dienern einen freien Spielraum; so würde er, außer der Gefahr, von ihnen selbst hintergangen zu werden, noch befürchten müssen, daß sie aus Mangel an Interesse oder aus Furcht, sich wegen des Mißglückens einer Unternehmung Verweisen auszusetzen, oft die gewinnvollsten Gelegenheiten ungenutzt vorübergehen lassen werden. Für den Nationalwohlstand kann daher ein durch die Regierung betriebener Handelszweig durchaus keinen Vortheil gewähren, und da alle Produktionsarten, wofern sie nicht blos das eigene Bedürfniß befriedigen, der Handel mit den dadurch gewonnenen und verarbeiteten Erzeugnissen durchaus nothwendig machen; so ist auch deshalb jede von der Regierung unternommene Produktion dieser Art mangelhaft.

Dritte Abtheilung.

Von dem Verzehre und dem Verhältnisse desselben zur Produktion, d. h. von der Wirthschaftsbilanz.

§. 199.

Unter dem Verzehr oder der Konsumtion ist die gänzliche oder theilweise Vernichtung des Werthes eines Gegenstandes zu verstehen, möge nun mit dieser Vernichtung des Werthes eine Vernichtung des Wesens verbunden sein oder nicht; denn jeder Gegenstand hat entweder einen Werth an sich, oder nur einen Werth in der Meinung des Menschen, oder beides zugleich. Die Naturerzeugnisse z. B. dienen zum Theil ohne alle Veränderung ihres Wesens und ihrer Form als Genußmittel, und werden daher, wenn sie verzehrt werden, nicht in der Idee, nicht durch die Vernichtung des ihnen durch die Meinung beigelegten Werthes verzehrt, sondern wesentlich. Andere dagegen haben nur durch künstliche Zubereitung einen Werth, also durch Veränderung ihrer Form, und werden verzehrt, sobald die Meinung, welche über ihren Werth statt findet, sich verändert. Bei den meisten Gegenständen haftet indeß der Werth zugleich an der Form und dem Wesen, und diese können daher auf eine doppelte Weise verzehrt werden: blos durch die Veränderung der Meinung oder wesentlich.

§. 200.

§. 200.

Der letzte Zweck alles Hervorbringens ist der Genuß, der indeß häufig schon mit der Hervorbringung beginnt und mit ihr beginnen muß, wenn das Hervorbringen ein sittliches, ein mit Liebe übernommenes sein soll. Dies wird freilich hauptsächlich dann statt finden, wenn die höheren Kräfte des Menschen mit ins Spiel kommen, aber auch die ganz mechanische Arbeit ist nicht davon ausgeschlossen. Da nun jeder Genuß mit dem Verzehr genau verbunden ist, möge nun der Genuß des Menschen selbst zerstörend sein, oder der Gegenstand des Genusses nur durch die natürliche Zerstörbarkeit seines Wesens vernichtet werden; so kann man auch sagen: die letzte Folge alles Hervorbringens ist der Verzehr. Darin liegt indeß weder, daß die nächste Wirkung alles Hervorbringens der Genuß sei, noch auch, daß die Hervorbringung immer den Verzehr, als Zweck, zur Absicht habe, vielmehr dient der Verzehr großentheils als Mittel, ein neues Erzeugniß hervorzubringen. Gebäude können z. B. blos den Genuß zur Bestimmung haben, oder blos als Mittel zur Produktion dienen, wie die Werkstäten aller Art; in den meisten Fällen dienen sie jedoch zur Erreichung beider Absichten.

Dieses doppelte Ziel der Hervorbringung berechtigt uns, einen doppelten Verzehr anzunehmen, weil jede Hervorbringung als Anwendung, als Verzehr von Kräften und Gütern angesehen werden kann, nämlich den Genußverzehr und den Hervorbringungsverzehr, oder, wie man sich auch sonst wohl auszudrücken pflegt, den unproduktiven und produktiven Verzehr, Benennungen, die wir jedoch deshalb verwerfen müssen, weil streng genommen kein Verzehr, in seinem letzten Erfolge betrachtet, unproduktiv ist, wenn er auch auf den ersten Anblick als solcher erscheint. Sieht man auf Ursach und

Wirkung in ihrem Zusammenhange, als eine Erscheinung; so kann man nicht einmal den Hervorbringungsverzehr als einen Verzehr betrachten, weil er nur ein Verwandeln, ein Uebergehen in eine andere Gestalt ist. So erscheint in einem Bauwerke die aufgewendete Einsicht des Baumeisters und die mechanische Fertigkeit und Körperkraft der Werkleute verwirklicht, und die einzelnen Materialien durch sie zu einem sinnvollen und zweckmäßigen Ganzen verbunden. Hier ist nichts verzehrt an sich, sondern nur das Geistige zur körperlichen Erscheinung gebracht, und die vorhandenen Dinge sind zu einem Ganzen so verbunden, daß sie als Einzelnheiten verschwinden. Deshalb ist aber auch die Benennung Hervorbringungsverzehr ganz passend, weil in ihr der Zusammenhang zwischen dem Verzehr und der Hervorbringung angedeutet ist.

Da nun aber das endliche Ziel eines jeden Hervorbringens der Genuß und in Beziehung auf den Verzehr der Genußverzehr ist; so steht auch jeder Hervorbringungsverzehr wieder mit einem Genußverzehr im Zusammenhange, und der scheinbare Widerspruch, daß wir Gebäude zum Theil als einen Genußverzehr, und dann wieder die Anwendung der dabei nöthigen Materialien und arbeitenden Kräfte als Hervorbringungsverzehr betrachteten, löset sich von selbst auf.

§. 201.

Der Genußverzehr, als das endliche Ziel des Hervorbringungsverzehrs, muß für den letzteren immer das Gesetz abgeben. Mit so wenigem Aufwande, als möglich, den größten Erfolg zu bewirken, ist dieses Gesetz; denn je mehr Kräfte und Güter auf die bloßen Mittel verwandt werden, desto weniger Erzeugnisse können als Gegenstände des endlichen Genusses dienen. Wie dieser Zweck am schicklichsten erreicht werden könne, ist der

Gegenstand unserer ganzen früheren Untersuchung gewesen; denn alle Mittel, welche den Reichthum am meisten vermehren, sind auch Mittel, den Hervorbringungsaufwand zu ersparen: Arbeitstheilung, Anwendung von Maschinen u. s. w. Der Hauptgewinn, den diese Ersparung an Arbeitskräften hervorbringt, besteht in der Möglichkeit, das Leben auf einen höheren Standpunkt zu stellen, die geistige Entwickelung lebendiger zu befördern, wie dieses schon aus dem hervorgeht, was wir über die Folgen des Reichthums gesagt haben.

§. 202.

Grossentheils hängt zwar der Verzehr der Güter von dem Menschen ab; allein bei allen wirkt die Natur mehr oder minder zerstörend, und wenn das menschliche Streben auf die Erhaltung der Güter gerichtet ist; so muß es theils die weise Leitung des eigenen Gebrauchs der Güter betreffen, theils den Schutz derselben gegen die Vernichtungskraft der Natur. Das Leben der Menschen zeigt uns das anziehende Schauspiel von diesem bis auf die kleinsten Umstände sich erstreckenden Kämpfe derselben gegen die lebende sowohl, als sogenannte todte Natur, die durch ihre Zerstörungskraft ihr inneres Wirken oft nur zu sehr an den Tag legt. Auf manche Vorkehrungen gegen diesen Verzehr kommt auch der ungebildete Wilde leicht, manche andere dagegen sind nur bei einer weit vorgeschrittenen wissenschaftlichen Ausbildung möglich. Am allgemeinsten wirkt das verschiedene Klima, sowohl auf die Menschen und Thiere, als alle Erzeugnisse der Natur und Kunst. Was die Hitze verschont, vernichtet oft die Kälte und umgekehrt, und was dem Einflusse beider entgeht, zerstört nicht selten die Nässe. Auf diesem Gebiete der vernichtenden Kräfte kämpft zwar der Mensch nicht immer vergeblich, aber in vielen Fällen muß er seine Ohnmacht eingestehen und sich auf besondere Gattungen von Gütern beschränken, die einem solchen Verderben nicht ausgesetzt sind. Auch bei manchen andern zerstörenden Einwirkungen ist es derselbe Fall, wie z. B. beim Erdbeben, Hagelschlag, bei Seestürmen u. s. w., und hier ist es, wo durch gesellige Vereine der Mensch die Folgen der zerstörten Güter auf den Nationalwohlstand mildern kann. Die mancherlei Versicherungsanstalten beugen der Vernichtung der von zerstörenden Naturerscheinungen Getroffenen vor, und setzen sie in den Stand, weiter zu produciren, da sie ohne solche Hülfe häufig in die Klasse der Bettler zurückfallen würden, und, ohne der Gesellschaft durch ihre Produktionskräfte Vortheil zu verschaffen, doch von ihr erhalten werden müßten.

§. 203.

Mehr noch, als die zerstörende Wirksamkeit der Natur, hat der Mensch den von ihm selbst ausgehenden Verzehr in seiner Gewalt, und dieser ist entweder ein durch die Nothwendigkeit seines Seins, seiner Erhaltung, oder durch die geselligen Verhältnisse, in denen er sich befindet, oder endlich durch den diese Grenzen übersteigenden Genuß bedingter Verzehr. Den ersten wollen wir den Verzehr der geselligen Nothwendigkeit und den letzten den Verzehr des Luxus nennen.

§. 204.

Am festesten steht der Verzehr, den die Naturnothwendigkeit erheischt, wenn auch gleich derselbe nicht mehr aus der reinen (oder vielmehr rohen) Natur des Menschen hervorgeht. Die reine Natur würde ihn nämlich als Thiermenschen darstellen, auf der ersten Stufe des Daseins, begehrend nur die nächsten Bedürfnißmittel, wie ihn die Lehre vom Nationalreichthum nicht auffassen, nur voraussetzen darf. Sie sieht ihn nur als Glied einer geschlossenen Gesellschaft, und wenn sie von der

Naturnothwendigkeit seines Verzehrs spricht; so nimmt sie sein nothwendiges Bedürfen nur in Beziehung auf die Kulturstufe, worauf er sich befindet. Sie bemerkt z. B., daß der gesellschaftliche Mensch unter demselben Himmelsstriche vermöge seiner Kulturstufe, nicht der Wohnung entbehren kann, wo der Wilde unter freiem Himmel, fast nackt, sich der Kälte und den Stürmen aussetzt. Nur wenn sie ihn also betrachtet, kann sie auch von einem Grade des Verzehrs zum andern übergehen, da im Gegentheile zwischen dem naturnothwendigen Verzehre des Wilden und dem durch gesellige Nothwendigkeit bedingten Verzehre gar kein Zusammenhang besteht. Der Verzehr, welchen die Naturnothwendigkeit, von der wir sprechen, erfordert, besteht vornehmlich in Lebensmittel, Wohnung, Kleidung, Heitzung, lauter Gegenstände, die durch die Art, wie der Mensch sich ihrer bedient, auch auf dem Gebiete der geselligen Nothwendigkeit und des Luxus erscheinen, und oft die Beurtheilung, in welcher Beziehung sie gerade erscheinen, sehr erschweren. Um den Menschen zu erhalten, bedarf es eben nicht vielerlei Lebensmittel; aber daß gerade die Arten derselben, von denen der Eine sich nährt, auch für einen andern die passendsten sind, ist durchaus nicht der Fall. Der Mensch verlangt mit Recht die Uebereinstimmung aller Bestandtheile des Zustandes, worin er sich befindet: so will es seine Natur. Während dieser durch eine harte leibliche Arbeit seinen ganzen physischen Organismus in einer lebendigen Thätigkeit erhält, und fähig ist, jedes an sich unschädliche Nahrungsmittel zu genießen, wird ein Anderer, dessen Lebensart einen solchen Grad der leiblichen Gesundheit nicht zuläßt, von andern, diesem Zustande zusagenden Speisen und Getränken sich nähren müssen. Die Lebensart wird also hier das Gesetz für den nothwendigen Verzehr von Gütern sein, und so wird es sich auch mit der Kleidung und Wohnung verhalten, wobei natürlich immer, so wie besonders bei der Heitzung, die Lage des Landes, worin jemand wohnt, in Beziehung auf den Himmelsstrich, worin dasselbe liegt, sehr in Anschlag kommt.

§. 205.

Die Grenze zwischen dem durch die Naturnothwendigkeit gesetzten Verzehr und dem durch gesellige Nothwendigkeit herbeigeführten ist äußerst schwierig zu ziehen, weil sich durchaus nicht angeben läßt, welchen Kreis von Gütern des Menschen Erhaltung im bürgerlichen Leben durchaus nothwendig macht, und weil theils manche Natur fähiger ist, zu entbehren, als andere, theils die Willenskraft oft gegen die Natur die Ertragung von Entbehrungen durchsetzt. Darauf kommt es aber auch so genau nicht an, da die höhere Entwickelung des Menschen in der Gesellschaft einen über die bloße nothdürftige Erhaltung des Daseins sich ausdehnenden Verzehr durchaus erfordert, und also nur ausgemittelt werden darf, wo diese Art des Verzehrs ihr Princip verliert. Der Mensch will nicht allein essen und trinken, wohnen und sich kleiden; sondern er will dieses auch auf eine bequeme und angenehme, den Anforderungen des Schönheitssinnes entsprechende Weise. Des Lebens letzter Zweck ist überhaupt nicht das Leben, als bloßes Dasein betrachtet; sondern das höhere Gestalten der menschlichen Natur. Mit diesem Streben ist aber weder die Mode, noch der Luxus verbunden; jene zerstört ein solches Streben durch den steten Wechsel der äußern Erscheinung des Menschen an sich und in seinen Umgebungen, dieser wirkt eben dahin, indem er den Reichthum nicht als Mittel behandelt, einen sittlichen Zweck zu erreichen, sondern sich blos in dem Uebermaaße gefällt, welches er gewährt, und in dem Staunen anderer, welches er erregt. Wie zerstörend die Mode, deren Charakter stete Wandelbarkeit und das eitele Bestreben, durch diese Wandelbarkeit zu gefallen, ausmacht, unmittelbar und mittelbar auf den Nationalreichthum wirke, kann nicht scharf genug gezeichnet werden. Wenn die Sitten aus den übereinstimmenden Ansichten eines gesellschaftlichen Vereins hervorgehn, durch lange Jahre sich gestalten und das Leben auch im äußern Erscheinen zu befestigen streben, so hat die Mode gerade die entgegengesetzte Absicht. In den Sitten legt ein Volk seine ganze Eigenthümlichkeit nieder und hält daran fest als an seinem heiligsten Besitzthume. Gesetze, Staatseinrichtungen werden darauf sicher gegründet, und das bürgerliche Leben schließt sich zu einem festen, übereinstimmenden Bau. Ein Volk, welches die alten Sitten bewahrt, hält daher auch die Besitzthümer fest, woran sich dieselben ausgeprägt haben, und, auf eine gleiche Achtung der Nachkommenschaft rechnend, wählen die Menschen zu den Gütern, mit denen sie sich umgeben, dauerhafte Stoffe und eine Form, in denen sich ein würdiger, der Erhaltung werther Fleiß ausspricht. Ein solches Verfahren ist natürlich auch der Erwerbung von Reichthum sehr günstig. Nicht allein, daß der Besitzer von dergleichen Gegenständen sie seiner beständigen Aufmerksamkeit werth achtet, sie gehen auch auf Kinder und Enkel über, und, was ihnen an Neuheit abgeht, wird durch das Alter, durch die Erinnerung an liebe Personen ersetzt. Auf diese Weise pflanzt sich zugleich ein gediegener Sinn des Verzehrs fort, wie sich ein ernstes Streben unter den hervorbringenden Bürgerklassen erzeugt. Gewisse Gesetze werden unter den Handwerkern und Künstlern herrschend, und stillfortschreitend werden immer mehr und mehr Bequemlichkeit und Schönheit mit einander vereinigt. Das Altväterliche, worauf die Mode lächelnd herabblickt, hat die Völker reich gemacht, wie diese sie in Armuth stürzt, indem sie das ernste Streben, den Charakter, untergräbt, und Dinge in der Meinung zerstört, die noch eine Reihe von Jahren ihre Bestimmung erfüllt hätten. Das Aeußere läßt sich nie ganz von dem Innern trennen, es ist die sichtbare Erscheinung desselben: wo daher die Mode herrscht, da herrscht auch eine wandelbare Gesinnung. Die Aufrechterhaltung der Sitte hält die Menschen von der Aufmerksamkeit auf das Aeußere und Zufällige zurück: was sich gleich bleibt, woran der Mensch sich gewöhnt hat, wurzelt zwar tief in seinem Innern, und zeigt dieses vereinte Leben kräftig, wenn man die Hand der Zerstörung daran legen will; aber so lange es ungekränkt bleibt, richtet sich die geistige Kraft mehr auf sich selbst, auf ihre höhere Entfaltung. Die Mode dagegen nöthigt den Menschen zur Aufmerksamkeit auf das Aeußere: damit er sich nicht auf einem Verstoße gegen sie ertappen lasse, muß er dem Wechsel folgen und ihn sich aneignen. Sie ist daher auch keineswegs der gewerbsamen und künstlerischen Ausbildung günstig. Das Schöne, Angenehme und Bequeme bleibt ewig dasselbe; die Sucht nach der Neuheit dagegen schafft das Lächerlichste und Widerwärtigste, und nöthigt dem Menschen die Affennatur auf. Indem solchergestalt die Mode den Charakter des Menschen an sich untergräbt, untergräbt sie zugleich den Charakter der Völker. Das Fremde, als das Neue, wird aufgefaßt, und von ihm der vaterländische Sinn recht eigentlich langsam gemordet. Man bleibt nicht dabei stehen, den Fremden in der äußern Erscheinung darzustellen, man ahmt auch seine Unsitte nach, weil diese der Nachahmung ein leichteres Spiel gewährt, als die fremde Tugend. Bezweifeln läßt sich ein solcher Erfolg der Mode um so weniger, als diese sich in den Jahren, welche der Bildung am meisten geöffnet sind, den Gemüthern einprägt, und, einmal hier eingewurzelt, auch das höhere Alter überschleicht, wozu dann noch kommt, daß Gegenstände, die sich blos durch ihre Neuheit, nicht aber durch ihren innern Werth und den daran gewandten kostbaren Fleiß empfehlen, sich mit einem geringen Aufwande erlangen lassen, und also nicht blos die Reicheren verführen, sondern auch auf die Unbemittelten übergehen und über den großen Haufen des Volkes ein Verderben bringen, welches unter einer kleinen Zahl, durch die bessere Gestaltung des Lebens der Menge, viel von seiner giftigen Berührung verloren haben würde.

§. 206.

Mehr noch, als die Mode, hat man von jeher den Luxus als einen Zerstörer des Nationalwohlstandes angeklagt, und dies fordert uns auf, eine desto größere Aufmerksamkeit auf ihn zu richten. Der Begriff, welchen man mit dem Luxus verbindet, ist von Verschiedenen sehr verschieden aufgefaßt worden, obgleich man in der Anwendung desselben weit mehr in Uebereinstimmung zu sein scheint, wie dieses gar häufig mit dem Leben der Begriffe der Fall ist. Zwei Merkmale dürften den Luxus hauptsächlich erkennen lassen, einmal der die Kräfte Jemandes übersteigende Aufwand, und dann der Zweck dieses Aufwandes, der nicht in etwas Höherem liegt, sondern, auf Eitelkeit und Prunksucht beruhend, die Augen der Menge blenden soll. Luxus wird daher hauptsächlich mit solchen Dingen getrieben, welche in die Augen fallen, welche sich am meisten eignen, zur Schau gestellt zu werden. Zuweilen ist freilich mit einem solchen Aufwande ein anderer Zweck verbunden, nämlich der, durch Befriedigung der Schaulust anzulocken und durch die Angelockten einen Vortheil zu erreichen. So verfahren manche Kaufleute in Ausschmückung ihres

Waarenlagers, und so handelten häufig in Republiken diejenigen, deren Absicht dahin ging, den großen Haufen für ihre Plane zu gewinnen. Allein in solchen Fällen sollte man nicht von Luxus reden; denn dieser hat durchaus keinen Zweck außer sich. Fragt man nun nach den nachtheiligen Wirkungen des Luxus auf den Nationalwohlstand; so kann man sie wieder als unmittelbare und mittelbare, wie die der Mode, betrachten, obgleich sie in der Erscheinung meistentheils zusammenfallen, da im Leben des Menschen alles genau zusammenhängt. Ein Aufwand, welcher das zur Erhaltung des Vermögensstandes Jemandes nothwendige Verhältniß zwischen seinem Einkommen und seinem Verzehr übersteigt, ist durchaus zerstörend. Man findet indeß häufig nur einen einseitigen Luxus, wobei noch immer jenes schickliche Verhältniß zwischen Einkommen und Verzehr statt finden kann, wobei aber dennoch der Wohlstand allmählig zu Grunde geht, wenn schon der Luxus nicht die Ursach zu sein scheint. Bei einem so gestalteten Luxus wird nämlich der zur weitern Förderung des Lebens in dem besonderen Kreise, worin es sich bewegt, erforderliche Aufwand eingeschränkt und so wenigstens keine Erweiterung, ja oft ein Rückschritt des Wohlstandes herbeigeführt. Das Letztere ist dann z. B. der Fall, wenn in irgend einer Gewerbsart Konkurrenz statt findet, und sich die einzelnen Gewerbetreibenden nur durch gleichmäßigen Fortschritt des Gewerbebetriebes aufrecht erhalten können. Noch allgemeiner wirkt indeß der Luxus auf den Charakter einer Nation, und durch seine Verschlechterung auf den Wohlstand derselben, als durch unmittelbare Beziehung auf ihn. Nur ernste Anstrengung, nur die aus diesem Ernste hervorgehende Zweckmäßigkeit des Lebens, vermehrt die moralischen und physischen Kräfte des Menschen; aber das Gefallen am leeren Prunke zerstört sie. Denn, wenn das Leben Festigkeit erlangen soll, müssen alle Erscheinungen desselben innerlich zusammenhängen, eine nothwendige Verbindung haben, auf ein Ziel hingerichtet sein. Wo ist aber an eine solche Uebereinstimmung zu denken, wenn der Mensch sich dem wandelbaren und trügerischen Scheine hingiebt! Man schlage die Geschichte nach, und man wird sich leicht von der Wahrheit dieser Behauptungen durch die schlagendsten Beispiele überzeugen. Da indeß das Princip des Aufwandes nicht immer deutlich erkannt wird; so geschieht es auch oft, daß man da Luxus sucht, wo wirklich die Befriedigung eines edlen Genusses zum Grunde liegt. Dieses ist z. B. nicht selten der Fall mit Gegenständen der Kunst, womit sich Jemand umgiebt. Ist es ein reines Gefallen, welches er dabei empfindet; so wird er sein Inneres erhoben fühlen, sein Sinn für die edleren Zwecke des Lebens wird gestärkt werden und seine Thätigkeit für sie in Bewegung setzen. Glücklich darf man daher ein Volk preisen, dessen begüterte Glieder ihrem Ueberflusse diese wohlthätige Richtung geben. Der größere Haufe, unfähig dieser Bahn zu folgen, wird sich wenigstens am Anschauen erfreuen und dadurch den letzten Genuß mit den Urhebern eines solchen Aufwandes theilen, während die eitele Prunksucht des Reichen ihn in seinem Kreise zu einer thörichten Nachahmung verführt, die, indem sie sein Inneres leer läßt, auch seine Mittel erschöpft.

§. 207.

Mit dem Luxus ist die Verschwendung nahe verwandt, welche in einem Aufwande besteht, dem durchaus kein Zweck zum Grunde liegt, oder der wenigstens in gar keinem Verhältnisse zu dem Zwecke steht, welcher dadurch erreicht werden soll. Er geht immer aus einer Geringschätzung des das Vermögen vorstellenden Gutes, der Münze, hervor, beschränkt sich aber nicht allein auf diese, sondern erstreckt sich überhaupt auf alle Vermögenstheile. Daher ist er denn auch der Vermehrung des Reichthums geradezu entgegen, und es käme nur darauf an, zu zeigen, daß er, so wie jeder ohne ernsten Zweck gemachte Aufwand, also auch der Luxus, nicht einmal mittelbar zur Vermehrung des Nationalreichthums beitrage, um die ganze Ausdehnung seines nachtheiligen Einflusses kennen zu lernen. Man faßt oft alle unproduktive Arten des Verzehrs zusammen, d. h. alle, die nicht auf die Wiedererzeugung von sinnlichen Gütern gerichtet sind, und hält sie insgesammt dem Nationalvermögen für nachtheilig; allein man muß diejenigen Arten des Verzehrs, die durch Entwickelung der geistigen Kraft des Menschen mittelbar auf die Produktion vortheilhaft wirken, durchaus davon absondern. Auf der andern Seite dürften aber auch diejenigen irren, welche die Hervorbringung nur nach dem Verzehr abmessen, und behaupten, je mehr verzehrt werde, desto mehr werde auch hervorgebracht, eine Behauptung, die besonders in Hinsicht des Staatsverzehrs von Wichtigkeit ist und leicht dahin führt, die Verschwendungssucht einer Regierung zu vertheidigen. Zwar beweiset der Verzehr immer, daß die Güter, welche verzehrt wurden, vorhanden sein mußten; allein daraus geht noch nicht hervor, daß das Verzehren derselben auch wieder ihr Ersetztwerden durch die Produktion nach sich ziehe, oder wohl gar ein den bloßen Ersatz übersteigendes Hervorbringen. Dieses ist nur dann der Fall, wenn der Verzehr ein wohlverstandener Hervorbringungsverzehr ist, sei diese Hervorbringung nun eine unmittelbare oder mittelbare. Der blos genießende Verzehrer giebt zwar den hervorbringenden Verzehrern, oder den Producenten, Gelegenheit hervorzubringen; allein nur dann dürfte diese Art der Produktivität wahrhaft nützlich sein, wenn es sich erweisen ließe, daß die produktiven Kräfte auf keine andere Weise beschäftigt werden konnten. Die Handwerker, welche an einem Fabrikgebäude arbeiten, erhalten nicht weniger eine Gelegenheit hervorzubringen, als diejenigen, welche ein Lustschloß erbauen, aber sie tragen mehr zur Zunahme des Nationalvermögens bei, als diese, weil sie ein Werk zu Stande bringen, welches wieder zu einer neuen Produktionsquelle dient, während die anderen nur für den Genußverzehr sorgen. Wo in einem Lande die Gewerbsamkeit blühend ist, wird es auch nie den nützlichen Arbeitern an Gelegenheit zur Beschäftigung fehlen. Hier muß man indeß immer nur den aus Luxus und Verschwendung hervorgehenden Genußverzehr dem Hervorbringungsverzehr entgegensetzen, weil im übrigen der Genußverzehr sich auf eine ähnliche Weise zum Hervorbringungsverzehr verhält, wie die Erholung zur Arbeit.

Aus jener oben angeführten irrigen Ansicht von der Abhängigkeit der Produktion von der Konsumtion geht denn auch die so häufig ausgesprochene Meinung von den Vortheilen hervor, welche der Aufenthalt vieler unproduktiven, d. h. Genußverzehrer an einem Orte, diesem gewährt. Allein, wenn schon das Irrige dieser Meinung sich aus dem Vorigen abnehmen läßt; so wird es unbezweifelt einleuchten, wenn wir auf die Art und die Unsicherheit eines solchen Verzehrs sehen. Der bloße Genußverzehr setzt immer einen ziemlichen Grad von Wohlhabenheit voraus, also Menschen, die ganz vorzüglich feinere Genüsse wählen und eine Schaar von dienstleistenden Personen um sich vereinigen. Die feinern Genüsse, in ausgesuchten Speisen, Kleidern, Kunstsachen u. s. w. bestehend, geben nur in geringem Grade den Bewohnern des Ortes Nahrung, indem sie größtentheils aus der Fremde herbeigeschafft werden und blos als Gegenstände der Fremde schon gesucht sind. Die mit ihrer Zubereitung und Verarbeitung beschäftigten Personen haben davon wenig Gewinn, und tragen daher auch von ihrer Seite nicht viel zu dem Wohlstande des Ortes bei. Am meisten, sollte man glauben, würden die Kaufleute Vortheil ziehen; allein wie verschieden ist der Vortheil eines Kaufmannes, der eine ganze Gegend mit ihren Bedürfnissen versorgt, von dem eines solchen, der nur von Zeit zu Zeit einigen Reichen Leckerbissen und Seltenheiten liefert! Noch geringern Nutzen bringen aber einem Orte die sich um einen Reichen versammelnden dienstleistenden Personen. Ihre Dienste werden ihnen, wie dieses bei ganz mechanischer oder doch höchst unbedeutender Beschäftigung natürlich ist, sehr gering bezahlt, und kärglich lebend können sie auch andern nur sehr wenig von ihrem Einkommen zufließen lassen. Aber noch mehr: wer blos des Genusses wegen an einem Orte verweilt, findet immer eine Aufforderung, ihn von Zeit zu Zeit mit einem andern zu vertauschen, und manche Ereignisse können plötzlich den größten Theil dieser Verzehrer verscheuchen. Alle diese Gründe sprechen daher gegen die Bereicherung eines Ortes durch den daselbst stattfindenden bloßen Genußverzehr hinreichend, daß man kaum des schädlichen Einflusses erwähnen darf, den dieser, als Vorbild, auf die weniger begüterten Volksklassen auszuüben pflegt, und der Bestätigung durch die Erfahrung schon im voraus gewiß sein kann.

§. 208.

Ein edler Geist der Sparsamkeit ist allein im Stande, den Reichthum zu erhalten, den eine gewerbsame Nation erwirbt, und ihr auf diese Weise die Mittel einer höhern Entwickelung zu verschaffen. Bei ihr wird Freigebigkeit ohne Verschwendung statt finden, und die Eitelkeit, um welche die Mode sich, wie um ihre Axe, in hundert Gestalten bewegt, wird den reinen und wahrhaft bildenden Genuß nicht untergraben. Um einen solchen Sinn zu erzeugen und besonders unter den ärmern Volksklassen hervorzubringen, scheint nichts zweckmäßiger zu sein, als Sparkassen zu errichten, worin auch der geringste Vermögenstheil vortheilhaft untergebracht werden kann. Größere Gemeinden eignen sich natürlich am ersten dazu, und an diese mögen sich die kleinern anschließen. An Männern wird es niemals fehlen, welche sich unentgeltlich der Verwaltung einer solchen Kasse unterziehen und zum Vortheile ihrer Mitbürger eine so nützliche Wirksamkeit übernehmen werden. Wo dergleichen Kassen fehlen, wird unter den niedern Volksklassen selten ein ihnen vorzüglich nöthiger Geist der Sparsamkeit erzeugt werden können, besonders, wenn die Modesucht sich auch unter ihnen ausgebreitet hat. Entweder wird das wenige, über den nothwendigen Verzehr erlangte Einkommen auf die Sittlichkeit zerstörende Genüsse verwandt, oder es wird ein leerer Geiz hervorgebracht, der sein Gefallen an den aufgesammelten Geldstücken findet. Bei einer solchen Lage der Dinge sollten sich besonders die Herrschaften angelegen sein lassen, über den Verzehr der Dienstboten zu wachen, und unter andern statt der Geldgeschenke andere Gegenstände wählen, die ihnen bei einer künftigen einzurichtenden Wirthschaft von Nutzen sein könnten und sie zwängen, mehr auf den dauernden als vorübergehenden Genuß ihre Aufmerksamkeit zu richten.

Einen bedeutenden Verzehr der Wohlhabenderen machen oft auch die Unterstützungen der Armen aus, wovon daher hier noch schließlich einige Worte zu sagen sind. Es ist immer ein gutes Zeichen, wenn die Armen eines Staates ohne das Einwirken der Regierung durch die Mildthätigkeit ihrer Mitbürger hinreichenden Unterhalt finden; allein dergleichen Unterstützungen werden doch immer am zweckmäßigsten verwandt, wenn sie unter der Aufsicht einer Behörde oder Gesellschaft stehen, welche nach einem bestimmten Plane verfährt, und sowohl die Uebersicht der zu unterstützenden, als die Mittel zu ihrer Unterstützung besitzt. Auch hier wird indeß durch die Verbindung der Gemeindeglieder und durch uneigennützige Verwaltung der Armenkasse ein doppelter Vortheil erreicht werden können.

Erster Anhang.

Von der Bevölkerung.

§. 209.

Es bleiben als Schluß der Untersuchung, welche wir über die reine Volkswirthschaft angestellt, noch zwei Betrachtungen übrig, die wegen ihrer Eigenthümlichkeit nicht wohl in die Reihe der jetzt entwickelten Gegenstände aufgenommen werden konnten, nämlich die Betrachtung des Verhältnisses, in welchem die Bevölkerung eines Landes zu dem Reichthum desselben steht, und zweitens die Beantwortung der Frage, welches die dem Nationalreichthume günstigste Lage und Beschaffenheit eines Landes sei.

Die doppelte Eigenschaft der Bewohner eines Landes, als Producenten und als Konsumenten, giebt den Leitfaden an, wonach man die Bevölkerung in Beziehung auf den Nationalreichthum betrachten muß. Ohne Rücksicht auf die Lage eines Staates zu anderen Staaten zu nehmen, gehört zur Erscheinung des Nationalreichthums der Urstoff und die diesen bearbeitende menschliche Thätigkeit. Jener kann von der verschiedensten Beschaffenheit sein und die Quelle des Unterhalts für eine sehr bedeutende Volksmenge werden; ist aber nicht blos von der Menge der arbeitenden Glieder, sondern auch von der Art ihrer Thätigkeit abhängig und erreicht nothwendig bei fortgesetzter Bearbeitung eine Grenze der Hervorbringungskraft, über welche hinaus diese nicht weiter erzwungen werden kann. Die Bevölkerung nimmt dagegen im allgemeinen stets mit der Möglichkeit des Unterhalts zu; kann aber endlich einen Grad erreichen, der mit einem glücklichen Auskommen derselben nicht mehr verträglich ist. Freilich wird sich das richtige Verhältniß zwischen Unterhalt nnd Verzehr nach und nach wieder herstellen; allein nur durch die Noth, welche das Leben eines Theils der Bevölkerung verkümmert und durch den Untergang desselben den Ueberrest vor der Noth sicher stellt. Am leichtesten möglich ist eine solche Erscheinung, wenn die Bevölkerung eines Staates nicht mit der Möglichkeit des im eigenen Lande gewonnenen Unterhaltes, sondern blos mit der Möglichkeit, diesen Unterhalt durch den Austausch von Gütern der Betriebsamkeit zu erlangen, gewachsen ist, wie dieses schon früher angedeutet worden, wobei aber auch zugleich bemerkt wurde, daß die einem, auf solche Weise begründeten Nationalreichthume drohende Gefahr weit entfernter liegt, als viele sie vorstellen und deshalb nicht berechtige, durch künstliche Mittel der Nationalbetriebsamkeit einen andern Weg vorzuzeichnen.

Ist einmal ein Staat auf den Punkt der Uebervölkerung gekommen, dann zeigen sich Auswanderungen als das zweckmäßigste Mittel, den Wohlstand des Ganzen zu retten. Durch anderweitige Unterstützungen der Aermern wird das Uebel, statt gehoben, nur vergrößert. Auswanderungen werden daher Sache aller Bürger eines Staates, und die zurückbleibenden sollten um so freigebiger ihre Hand dazu bieten, als sie einmal für die Bewahrung der Existenz ihrer Landsleute zu sorgen haben, dann aber auch ihnen den Schmerz versüßen müssen, welcher der Liebe zum Vaterlande nothwendig durch Verzichtung auf dasselbe verursacht wird. Da indeß jede leichtsinnige Veranstaltung zu Auswanderungen so viel wie möglich zu verhindern ist; so kann sie nicht Einzelnen überlassen bleiben, sondern die Regierung selbst muß deshalb die nöthigen Einleitungen treffen, daher denn auch dort ein Mehreres über diesen Gegenstand gesagt werden muß, wo von der Regierungskunst in Beziehung auf das Nationalvermögen die Rede ist.

§. 210.

Da man früh eingesehen, wie sehr der Wohlstand eines Staates von dem richtigen Verhältnisse zwischen der Bevölkerung und den Nahrungsquellen der Staatsbürger abhange; so hat man manche in ihrer Ausführung scharfsinnige Untersuchung in Beziehung auf ein durch sich selbst bestehendes Land angestellt, um auszumitteln, wie sich die Zahl der übrigen Bewohner desselben zu den Landbauern verhalten müsse, wenn ein Gleichgewicht zwischen Bevölkerung und Lebensmitteln vorhanden sein solle. Allein, wenn man die Schwierigkeit einer solchen Untersuchung bedenkt, wird man leicht davon abstehen, ein für den beabsichtigten Zweck wirklich brauchbares Ergebniß zu finden. Einmal ist diese Erforschung schon deshalb ganz nichtig, weil die Staaten in einem solchen abgeschlossenen Zustande (einzelne ganz eigenthümlich gestaltete ausgenommen) nicht vorhanden sein können; dann aber gehören nach Maaßgabe der Fruchtbarkeit des Lebensmittel erzeugenden Bodens, nach dem Grade der Kulturkenntniß und nach dem Verhältnisse der Arbeitsthätigkeit, einige andere Umstände nicht zu gedenken, bald mehr, bald weniger Menschen dazu, dieselbe Menge von Nahrungsmitteln hervorzubringen. Man wird daher auch immer nur ein ungefähres Ergebniß erhalten. Indeß kann man, von dieser Absicht bei der gegebenen Untersuchung absehend, blos die Zahl derer kennen lernen wollen, die sich von einem bestimmten Gewerbszweige nähren, um gewisse politische Maaßregeln darauf zu gründen, etwa der Besteuerung, der Soldatenaushebung wegen u. s. w. Dann kommt es blos auf eine zweckmäßige Volkszählung an, von welcher zu sprechen hier aber nicht der Ort ist.

§. 211.

Für die Erhaltung der Bevölkerung und das durch die ganze Lage eines Landes sich erzeugende Verhältniß der verschiedenen Gewerbsarten ist der innige Zusammenhang derselben und das freie Uebergehen von einem zum andern, unter gewissen, später zu entwickelnden Bedingungen, durchaus nothwendig. Theils erfordert dieses die möglich eintretende Veränderung der Gewerbeverhältnisse, theils das verschiedenartige Zunehmen und Abnehmen der Bevölkerung nach Maaßgabe der zwei Hauptgewerbsarten, der städtischen und ländlichen. Die städtische Lebensart, der Natur weit mehr entfremdet, als die ländliche, begünstigt die Sterblichkeit in einem weit höheren Grade, als diese, und es muß daher die Bevölkerung der Städte von Zeit zu Zeit vom Lande aus ersetzt werden. Während die Städter auf der einen Seite weit mehr dem Luxus und den Ausschweifungen unterworfen sind, entbehren sie den wohlthätigen Einfluß, den die freie Natur auf die Gesundheit des Landmanns hervorbringt, wozu noch kommt, daß viele städtische Gewerbe an sich der Gesundheit höchst nachtheilig sind. Dagegen wird der Landmann wieder wohlthätig aufgeregt, wenn die reicheren Städte sich neben ihm niederlassen und die reineren Vortheile ihres früheren Aufenthalts in ihre neuen Wohnungen verpflanzen. Dann sehen wir die Dörfer sich allmählig aus ihrem Schmutze erheben, manche Unbequemlichkeiten derselben, ja manchen nachtheiligen, nur durch das Alter geheiligten Gebrauch entfernen.

§. 212.

Zwar kann eine zu starke Bevölkerung einem Staate sehr drückend werden; aber auch eine dünne Bevölkerung ist ihm nachtheilig, indem ohne ein lebendiges Ineinandergreifen der verschiedenartigsten Kräfte der äußere und innere Kulturfortgang gehemmt wird. Daher ist es auch eine wohlthätige Einrichtung, wozu der Mensch schon instinktartig getrieben wird, die Wohnungen zusammen zu bauen, zu Dörfern und Städten zu vereinigen. Dadurch wird es erst möglich, daß einer dem andern in die Hände arbeitet. Der einsam Wohnende ist zwar entfernter von erkünstelten, oft Gesundheit und Wohlstand zerstörenden Genüssen, aber er entbehrt auch die meisten Güter, die das Leben verschönern, er entbehrt die Kenntnisse, die dem Menschen nothwendig sind, um sich als Theil des Erdenlebens zu erfassen. Erst in der Gemeinschaft mit Menschen wird der Mensch zum Menschen. Wir dürfen daher auch die Sitte nicht rühmen, so viel Anziehendes sie bei dem ersten Anblicke haben möge, sich mit seinem Besitzthume von der menschlichen Gesellschaft abzusondern. Die Bewohner getrennt liegender Höfe nähern sich der einseitigen Eigenthümlichkeit des Einsiedlers, indem sie alles Neue, als dieser Selbstgeschlossenheit widerstrebend, von sich weisen und ihr Leben in öde Vergessenheit begraben. Nur in einzelnen Genossenschaften bewegt sich die Entwickelung nach einem höheren Ziele; denn nur prüfend und die einseitige Ansicht verwerfend nehmen sie das Neue in sich auf. Die eigene Willkühr gestaltet sich hier durch die Reibung mit der Willkühr Anderer zur Freiheit des Willens und zum

Gesetze, von welchem nur Segen für die bürgerlichen Vereine und ihren Wohlstand zu erwarten ist.

Zweiter Anhang.

Ueber die dem Nationalreichthume günstigste Beschaffenheit und Lage eines Landes.

§. 213.

Nach dem, was wir über die Natureigenthümlichkeit eines Landes bei der Spaltung derselben in drei Stufen gesagt haben, scheint hervorzugehen, daß die mittlere Stufe des Naturreichthums der Entwickelung eines Volkes im allgemeinen und in Beziehung auf das sinnliche Vermögen desselben am vortheilhaftesten sei, und in gewisser Hinsicht müssen wir uns auch hier zu dieser Meinung bekennen, die vielfältig von der Geschichte bestätiget wird. Der Mensch, dem Genusse hingeneigt, wird zuerst durch die Noth zur Anstrengung aufgeregt, und diese Noth kann nur den Bewohnern eines von Natur mit Reichthümern überhäuften Landes begegnen, wenn ihre Zahl bis zu einem Grade anwächst, wo auch die größte Freigebigkeit des Bodens allein den Anforderungen der Menschen nicht mehr genügt. Dabei ist aber zu bemerken, daß eine solche Genußfülle der Bevölkerung nicht einmal günstig zu sein scheint, und daß diese nur in einem langen Zeitraume jenen angeführten Grad des Wachsthums zu erreichen vermag. Die Betriebsamkeit, ja die Noth ist ein Hauptverbindungsmittel der Menschen, und wo eine enge Verbindung derselben statt findet, wird jede Sorge für die Erhaltung des Wohlseins der Gesellschaft reger, auch die Sorge für die Erhaltung und Erziehung der Kinder. Die Möglichkeit, leicht Nahrungsmittel zu finden, macht den Menschen träge und sorglos, und läßt ihn jene Möglichkeit immer voraussehen, obgleich Umstände sich ereignen können, die auch bei der größten Fruchtbarkeit des Bodens die Befriedigung der nothwendigsten Bedürfnisse vereiteln. Selbst die mit der Noth verbundene Anstrengung der Kräfte und die dadurch gewonnene Leibesstärke scheint die Fähigkeit der Kindererzeugung zu vermehren, wie denn die Erfahrung lehrt, daß man unter den ärmeren Volksklassen gewöhnlich die kinderreichsten Familien findet. Wie dem nun aber auch sei, die mittlere Fruchtbarkeit des Bodens erregt immer zuerst die Kraftanstrengung und führt daher auch zuerst zur Bildung und allseitigen Bearbeitung des Nationalreichthums, wenn erst die überhandnehmende Bevölkerung in den reicheren Ländern eben dahin leitet. Am vortheilhaftesten wird aber auf einer solchen Stufe der Natureigenthümlichkeit ein Land dann der Entwickelung des Reichthums seiner Bewohner sein, wenn es eine Mannichfaltigkeit von Naturquellen besitzt, wenn es neben der Möglichkeit, hinreichende Nahrungsmittel für eine bedeutende Bevölkerung zu erzielen, auch an Materialien für die künstliche Bearbeitung reich ist. Dann liegt schon in der Beschaffenheit des Wohnplatzes der Grund zu einer lebendigen, die verschiedenen Saiten der Seele berührenden Entwickelung, die bei andern, nicht also begünstigten Völkern, erst durch äußern Anstoß hervorgebracht werden muß. Völker und Staaten schreiten ja stets nur durch diesen doppelten Einfluß fort: die natürlichen und geschichtlichen Verhältnisse sind die beiden Faktoren aller Entwickelung derselben. Die Natureigenthümlichkeit eines Landes ist die Grundlage der Bildung seiner Bewohner. Durch ihren Verein zu einem Ganzen und durch ihr Anschließen an eine bestimmte Natur werden sie erst zu einem Volke, zu einer bürgerlichen Gesellschaft, welche dann wieder diesen eingeschränkteren Kreis des

Lebens durch den Verkehr mit der Fremde immer mehr zur reinmenschlichen Entwickelung erweitert. Das ist ja eben die Aufgabe des Menschen, Mensch zu sein, seine menschliche Natur nach allen Richtungen hin auszuleben, und diese Aufgabe löset er am ersten, wenn er mit Freiheit das eine solche Entwickelung begünstigende Fremde in sich aufnimmt. Kommt daher zu der natürlichen Beschaffenheit eines Landes, welche den Menschen auf eine mannichfaltige Weise anzuregen vermag, eine Lage zum Auslande, wodurch auf eben diesen Punkt durch neue Verhältnisse hingewirkt wird; dann ist ein Volk auf die schönste Weise durch seinen Wohnplatz in Entwickelung aller seiner Kräfte begünstigt und sein Reichthum wird immer mehr anwachsen. Freilich können die geschichtlichen Verhältnisse von der Art sein, daß, ungeachtet einer solchen günstigen Lage und natürlichen Beschaffenheit eines Landes, die Bewohner desselben eine einseitige Richtung bekommen, und, ihre Vortheile verkennend, dieser Richtung unaufhaltsam folgen.

§. 214.

Die Lage eines Landes zur Fremde kann oft einem Volke nicht ungünstig erscheinen, so lange es noch auf einer niedern Stufe der Bildung steht und die Vortheile des Verkehrs mit dem Auslande nicht kennt, ja es hat dann oft ein Streben, sich auf sich selbst zu beschränken, den Werth seines Wohnplatzes blos nach der natürlichen Beschaffenheit desselben zu beurtheilen, und den Zusammenhang mit der Fremde sogar so schwer als möglich zu machen; allein mit den spätern Bestrebungen wird dieses für die selbstständige Kraftentwickelung höchst nothwendige Benehmen im Widerspruche stehen und oft die blutigsten Kämpfe unter den Völkern veranlassen, weil sie das, was sie sind, auch vollkommen sein wollen. Der Verkehr mit dem Auslande verlangt durchaus eine bequeme Lage, die gegenseitig überflüssigen Güter auszutauschen. Flüsse, Ströme, Seen, Meere machen dieses allein in hohem Grade möglich, und da diese zugleich bestimmte Grenzscheiden sind; so ist es ein natürliches Streben der Völker, bis an diese vorzudringen. Selbst der theilweise Besitz eines Stromes kann nicht genügen, er wird dann erst vollkommen vortheilhaft, wenn auch seine Mündung mit eingeschlossen ist, so wie der Besitz einer Meeresküste nur durch bequeme Landungsplätze und Häfen vollen Werth erhält. Die äußere günstige Lage hat oft Staaten zu einer Blüthe des Reichthums und der Macht erhoben, worauf sie, nach der Beschaffenheit ihres Gebietes, wenig Anspruch zu machen hatten. Man frage auch hier wieder das Buch des Völker- und Staatenlebens, die Geschichte.

Zweiter Theil.

Die Regierungskunst in Beziehung auf die freie Volkswirthschaft.

Einleitung.

§. 215.

Die vielen Widersprüche in Hinsicht der Einwirkung der Regierung auf die Nationalbetriebsamkeit, welche wir nicht allein bei verschiedenen Schriftstellern, sondern auch oft bei einem und demselben finden, sind eine Aufforderung, zuerst die Frage zu beantworten, ob überhaupt eine solche Einwirkung statt finden könne und darum auch müsse, und dann erst, wenn die Antwort darauf bejahend ausgefallen, zu untersuchen, wie weit eine solche Einwirkung gehen dürfe und unter welcher Form sie erscheine. Die erste und hauptsächlichste von diesen Fragen hängt durchaus von der Ansicht ab, welche wir überhaupt von der Regierung, von ihrer Bestimmung haben, und wird so lange zu Widersprüchen Veranlassung geben, als man sich über diesen Punkt noch nicht vereinigt hat, und man wird sich über diesen Punkt nicht vereinigen, so lange man noch die Idee des Staates und die Erscheinung desselben in der Wirklichkeit nicht zu vereinigen weiß.

Das wahrhafte Leben ist das Fortschreiten zur Vollkommenheit, und wie jeder Einzelne diese Aufgabe anerkennen muß, so auch die Regierung. Da nun diese nichts anders ist, als der Mittelpunkt des Volkslebens; so hat sie die Aufgabe, durch die Vervollkommnung ihres Wesens das Volksleben auf einen höheren Standpunkt zu erheben. Daß noch keine Regierung ihre Aufgabe vollständig gelöset, ja daß der Lebenslauf einer jeden voll Irrthümer und Mißgriffe ist, liegt in der Natur des Menschen, berechtigt uns aber deshalb noch nicht, die Einwirkung der Regierung auf das Volksleben, auf die Fortbildung und Leitung des Staates ganz zu verwerfen. Aber auch zum Theil darf eine solche Einwirkung nicht einmal als nothwendig geleugnet werden, wie eben manche, welche dieses behaupten, durch ihren eigenen Widerspruch darthun. Der Staat ist ein geschlossenes Ganze, und umfaßt ein in seinen einzelnen Theilen und Bestrebungen innig verbundenes Mannichfaltige. Hier ist keine strenge Absonderung der besonderen Aeußerungen des Lebens möglich. Die Kirche darf z. B. den Rechtszustand nicht vernichten, Gewerbe dürfen der Sittlichkeit nicht Hohn sprechen, oder durch ihre Verfassung nicht drückend für die dabei nicht Beschäftigten, durch solche Verfassung nicht Begünstigten werden u. s. w. Indeß würde sich doch vielleicht finden, daß es eine Stufenfolge giebt, wonach die Einwirkung der Regierung auf den Staat, zufolge der verschiedenen Lebenskreise des Volkes, bald in weitere, bald in engere Grenzen eingeschlossen werden muß. Normen müssen überall sein; allein diese Normen werden hier mehr auf das Allgemeine, dort mehr auf das Einzelne gehen. So ist z. B. der Rechtszustand der Staatsbürger von der Art, daß allgemeine Bestimmungen nicht ausreichen und nur da statt finden können, wo das Verwandte einem Begriffe untergeordnet, in eine Gattung geworfen wird; wogegen der Kirche, dem sittlichen Leben ein freierer Spielraum gelassen werden muß. Wie sich in dieser Hinsicht die Regierung zur Volksbetriebsamkeit verhalte, muß hier näher untersucht werden. Im allgemeinen muß man, wie wir gesehen, die Einwirkung der Regierung auf dieselbe zugestehen, was aber unter dieser allgemeinen Einwirkung zu verstehen, und ob auch nicht eine besondere Leitung des Gewerbeganges eingeräumt werden müsse, und ob es ein stets gleichbleibendes Gesetz für diese Einwirkung gebe, fragt sich.

Sobald wir die Leitung des Staates durch die Regierung anerkennen, indem wir uns in dieser die konzentrirte Volksvernunft denken, ist auch die Leitung der Gewerbsamkeit und überhaupt des sinnlichen Genusses, entschieden, und das Ziel aller Bestrebungen der Regierung nach dieser Seite hin in die Erreichung der sinnlichen Genußvollkommenheit des Ganzen, in Einklang mit der geistigen Vollkommenheit, als der höheren und jene bestimmenden, zu setzen. Der Brennpunkt des geistigen Lebens ist aber die Sittlichkeit, die Erscheinung des Göttlichen (des Absoluten) im Denken und Handeln. Die allgemeinste Einwirkung der Regierung auf das Streben der Staatsbürger nach sinnlicher Genußvollkommenheit wäre daher, dieses Streben an die Sittlichkeit anzuknüpfen. Darin ist alles enthalten, was man von einer allgemeinen Wirkung der Regierung auf das Streben der Staatsbürger nach sinnlicher Genußfülle sagen kann. Die Erhaltung des Staates, die Liebe zu ihm, die Vaterlandsliebe, ist eine sittliche; denn sie strebt nach der Gestaltung und Vollendung der besondern Form, worin sich das Göttliche in dem Staate darstellt. Das sittliche Streben in der Gewerbsamkeit und dem Trachten nach sinnlicher Genußvollkommenheit, nach Reichthum, kann kein anderes, als ein vaterländisches, ein der Idee des besondern Staates entsprechendes sein. Indem also die Regierung ein sittliches Streben der Staatsbürger in Beziehung auf Erwerbung von Reichthum und Genuß desselben zu erwecken sucht, sucht sie zugleich dem Reichthume eine dem Wohl des Staates, seiner Erhaltung und Fortbildung günstige Richtung zu geben. Hiebei könnte man nun bemerken, daß sich die Sittlichkeit ja an sich wohl entwickeln lasse, ohne Bezug auf einen besondern Kreis des bürgerlichen Lebens zu nehmen, ja daß die Sittlichkeit sich also nur bilden lasse, und daß, wenn man auf diesem Wege zu seinem Ziele gelangen könne, eine besondere Leitung der Gewerbsamkeit und des Strebens nach Genußvollkommenheit überflüssig, ja störend sein würde. Wollte man nun auch einräumen, daß die Sittlichkeit nur auf jenem Wege den Herzen eingepflanzt werde, was denn doch bezweifelt werden möchte; so würde noch immer nicht der Erfolg dieses Verfahrens verbürgt sein, und die nähere Einwirkung der Regierung wäre eben so wenig auf diesem Gebiete abzuleugnen, wie die Nothwendigkeit einer Justizverwaltung, ungeachtet des Strebens der Regierung, die Sittlichkeit der Staatsbürger zu entwickeln, nicht bezweifelt werden kann. Nicht zu gedenken, daß der sinnliche Lebensgenuß den Menschen oft die Grenze der Sittlichkeit überschreiten läßt, ist der Einzelne auch selten fähig, zu beurtheilen, wo seine sinnliche Genußfülle, der besondere Zustand seines Erwerbes und seines Reichthums aufhört, dem Ganzen wohlthätig zu sein. Die Regierung dagegen, im Mittelpunkte der mannichfaltigsten Bestrebungen der Einzelnen und unberührt von den Vortheilen derselben, übersieht das sich durchkreuzende Interesse und sucht es auf einen Punkt hinzuleiten. Das lebensfrohe Zusammenwirken Aller ist ihr Ziel. Nicht dieser oder jener soll sich zum Nachtheile anderer zu großer sinnlicher Genußfülle erheben, das Ganze soll gedeihen, wie ein Baum mit frischen Säften, der nicht blos starke Aeste und Zweige ernährt, sondern auch in dem frohen Grün seiner Blätter seine Wohlhabenheit verkündigt. Dahin kann aber nur durch Bestimmung der besondern Erscheinungen gewirkt werden, in welchen das sich auf die sinnlichen Güter beziehende Staatsbürgerleben hervortritt. Alles Handeln, alles Wirken und Schaffen ist ein besonderes, und will die Regierung ihre Thätigkeit über die Welt des Innern, des blos Geistigen ausdehnen, und dieses muß sie, wie wir gesehen haben; so kann sie dieselbe nur auf das Besondere richten.

Nehmen wir nur Rücksicht auf die Bemühung der Regierung, das Streben des Einzelnen, in Hinsicht des sinnlichen Genusses und der dahin führenden Thätigkeit, mit der Sittlichkeit und der Idee des Ganzen, im Einklange zu entwickeln und zu bestimmen; so kann nur von Hemmungen, von Verboten die Rede sein. Indem die Grenze bezeichnet wird, bis zu welcher das freie Handeln gehen darf, ist die Sittlichkeit und das Wesen des Staates in seiner Eigenthümlichkeit gesichert, aber ob durch das Gesetz für jeden Fall, ist eine andere Frage. Die Sittlichkeit enthält, sagten wir, die Liebe zu der Idee, die durch den Staat dargestellt werden soll; aber in der Sittlichkeit selbst wird diese Liebe nur als ein Wollen, nicht als ein Können gegeben. Gesetze, welche die Uebertretung des Reinsittlichen hinderten, würden daher noch nicht die Uebertretung des die Aufgabe des Staates anerkennenden Strebens unmöglich machen. Dazu gehört, daß zu den auf das Reinsittliche gerichteten Gesetzen auch noch solche kommen, welche, aus der Eigenthümlichkeit des Staates hervorgehend, diese aufrecht zu erhalten suchen. Jene können, richtig aufgefaßt, für alle Zeiten Kraft haben, diese dagegen müssen sich mit der weitern Ausbildung des Staates, mit der besondern Gestaltung seiner Eigenthümlichkeit verändern. Von dieser Seite betrachtet muß daher auch die Gesetzgebung für die Nationalökonomie fortschreitend sein. Allein die ganze auf die Nationalökonomie gerichtete Thätigkeit der Regierung erschöpft sich nicht in Verboten; sondern hat auch den Zweck, die Gewerbsamkeit der Staatsbürger anzuregen, zu leiten, um so die sinnliche Nationalkraft auf eine höhere Stufe zu stellen. Hier bietet sich der Regierung ein weiter Spielraum der Wirksamkeit dar, aber hier ist es auch, wo sie durch Ueberschätzung ihres Einflusses und Geringschätzung der freien Nationalgewerbsamkeit höchst nachtheilig werden kann. Wie sie handeln solle, läßt sich, in Hinsicht des Allgemeinen, nur andeuten, und muß, in Beziehung auf das Besondere, bei Betrachtung desselben näher bestimmt werden. Sie muß nämlich nicht vergessen, daß theils die Menschen, vom eigenen Vortheile angetrieben, selten versäumen werden, den Weg einzuschlagen, bei dem ihr Wohlstand am meisten gedeiht, theils durch allgemeine Anregung und Entwickelung ihrer Kräfte mit der Zeit ihre Gewerbekenntnisse so vervollkommnen, daß eine Zurechtweisung und Ermunterung immer weniger nothwendig wird. Wenn z. B. früher mancher Kaufmann durch sogenannte Handelsgeheimnisse bedeutende Vortheile erlangen konnte; so ist jetzt, bei so sehr erweiterten Handelskenntnissen dadurch nicht mehr viel zu gewinnen. Diesen Gedanken festhaltend, wird daher die Regierung ihre Wirksamkeit nach dieser Richtung hin immer mehr beschränken und der Gewerbeentwickelung eine freiere Bewegung lassen.

Wenn wir nun von der Beziehung des den sinnlichen Wohlstand bezweckenden Strebens der Staatsbürger auf die Sittlichkeit absehen, weil diese blos das

Princip der Wirksamkeit der Regierung ist, aber die Wirksamkeit derselben nicht selbst bestimmt, und überhaupt nach der Form der Einwirkung der Regierung auf die Nationalökonomie fragen; so können wir entweder den Grundcharakter und Hebel des gewerbsamen Lebens, die Gewerbsthätigkeit, auffassen, oder wir können diese in den einzelnen Gebieten der Gewerbsamkeit betrachten. Im ersten Falle erhalten wir die Form des allgemeinen Einwirkens, im zweiten die des besondern. Durch diese zwiefache Beziehung der Regierungskunst auf die Nationalökonomie ist indeß die Form des Einflusses von jener auf diese noch nicht erschöpft; denn es kann die Einwirkung wieder auf einem unmittelbaren und mittelbaren Wege vor sich gehen. Allgemein unmittelbar wird die Regierung das gewerbsame Leben nur durch eine Richtung auf die Entwickelung der Gewerbekenntniß und Gewerbethätigkeit leiten können, oder, indem sie die Verhältnisse auffaßt, in welchen die Staatsbürger auf den Nationalwohlstand ohne Beziehung auf irgend einen Zweig der Gewerbe einwirken oder durch die besondere Gestaltung jener Verhältnisse ihn bestimmen. Das erstere würde der Fall mit allgemeinen Gewerbschulen sein, die andere Form der Leitung des Volkes durch die Regierung könnte sich aber nur auf den Verzehr und auf die Bevölkerung beziehen. Die allgemeine mittelbare Einwirkung der Regierungskunst auf den Nationalwohlstand ist von dem größten Umfange, da bei der ganzen Entwickelung des Staates die genaueste Vereinigung und Wechselwirkung der einzelnen Erscheinungen des bürgerlichen Lebens statt findet. Indem daher die Regierungskunst auf einen Zweig desselben vornehmlich gerichtet ist, darf sie alle andere niemals aus den Augen lassen, wenn der zum Gedeihen des Ganzen nothwendige Einklang aller einzelnen Theile nicht Gefahr laufen soll, gestört zu werden. Die allgemeine Kulturleitung, die Justiz-, Polizei-, Militär- und Finanz-Einrichtung und Verwaltung, die Verhältnisse des Staates zum Auslande und seine ganze Organisation darf nicht auf Vernichtung des Nationalwohlstandes gerichtet sein. Was ferner die besondere unmittelbare Einwirkung der Regierungskunst auf den Nationalwohlstand betrifft; so geht diese auf die verschiedenen Zweige des gewerbsamen Lebens, wie wir sie im ersten Theile unserer Untersuchungen kennen gelernt haben, auf Urproduktion, Fabrikation und Handel; die mittelbare dagegen auf Verbreitung richtiger Gewerbekenntnisse auf diesen einzelnen Gebieten.

Diese Auseinandersetzung giebt uns nun auch die Art und Weise an die Hand, wie wir unsere einzelnen Betrachtungen werden anzustellen haben, wobei wir indeß noch dieses bemerken wollen, daß es zweckmäßiger sein wird, die mittelbar wirkenden Einrichtungen und Maaßregeln der Regierung den unmittelbar wirkenden voranzuschicken; weil jene als die Grundlage von diesen erscheinen, indem sie auf die Möglichkeit, die letzteren aber auf die Wirklichkeit gerichtet sind.

Erste Abtheilung.

Von der allgemeinen, mittelbaren Einwirkung der Regierungskunst auf die freie Volkswirthschaft.

§. 216.

Obgleich alle einzelne Richtungen der Regierung auf die freie Volkswirthschaft auf dem hier zu betrachtenden Gebiete einen eigenthümlichen Charakter haben, und also auf eine verschiedene Weise wirksam sind; so stehen sie doch alle mit der Nationalökonomie in einem Punkte in genauem Zusammenhange, alle nämlich erfordern einen gewissen Aufwand, der nur durch die mittelbare oder unmittelbare Besteuerung des Vermögens der Staatsbürger möglich wird. In dieser Beziehung findet daher auch für alle ein und dasselbe Gesetz statt, welches wir schon als Richtschnur der Privatwirthschaft jedes Einzelnen kennen gelernt haben: mit dem geringsten Kraftaufwande die größten Erfolge zu bewirken. Gegen dieses Gesetz kann leicht auf eine doppelte Weise gefehlt werden, indem man entweder meint, durch Freigebigkeit sich die schicklichsten Werkzeuge, geschickte und thätige Staatsdiener, zu verschaffen, oder sich durch einen falschen Geist der Sparsamkeit blenden läßt, der zwar durch Verminderung des Staatsaufwandes den Staatsbürgern Erleichterung verschafft, aber auch die lebendige und kräftige Entwickelung des Staates selbst durch wenig tüchtige Verwalter hemmt. Dies kann hier nur angedeutet werden; die innere Organisation der einzelnen Staatsverwaltungszweige in Beziehung auf diesen Punkt muß der höchsten Staatsbehörde, welche die Nationalbedürfnisse und die Nationalkraft kennt, überlassen bleiben, so wie die Untersuchung über die Staatsbedürfnisse von der eigentlichen Staatswirthschaft erwartet werden muß.

§. 217.

Die rege Bewegung eines Volkes kann zweckmäßig nur durch Entwickelung der geistigen Kräfte hervorgebracht werden, und in sofern hat der Zweig der Staatsverwaltung, welcher sich mit dieser beschäftigt, einen entschiedenen Einfluß auf den Nationalwohlstand, ja auf ihn muß jede Regierung ihre Aufmerksamkeit hauptsächlich richten, weil er allen übrigen Staatsverwaltungszweigen auf das trefflichste vorarbeitet. Es ließe sich leicht nachweisen, wie wohlthätig auf die gesammte Entwickelung des Staates die Anregung und Ausbildung der geistigen Kräfte der Staatsbürger wirkt, wie sie auf der einen Seite der ganzen Gewerbsamkeit einen lebhaften Umschwung giebt und auf der andern den Verzehr in Grenzen einbannt, die allein einen wahren und dauerhaften Wohlstand begründen lassen, wenn wir mehr eine ausführliche Darstellung, als bloße Grundzüge der hier zu betrachtenden Wissenschaft geben wollten. Andeutungen dieses Gegenstandes sind auch schon §. 83 ff. enthalten, und wir begnügen uns, hier nur noch auf einige Punkte aufmerksam zu machen. Die Wissenschaften, fast auf allen Gebieten, haben nach und nach eine so weite Ausdehnung bekommen und erfordern so viel Zeit und Anstrengung, daß Einzelne auch nur diese oder jene besondere in ihrer Vollständigkeit zu umfassen vermögen, und daß die Erziehung gleich bei der frühern Ausbildung Rücksicht auf die Bestimmung des Einzelnen nehmen muß. Diese Bestimmung ist zwar äußerst verschieden; allein wie verschieden sie auch sein möge; so können wir doch zwei Hauptrichtungen nicht verkennen, und nach diesen muß die Regierung ihre Maaßregeln einrichten. Entweder nämlich kann die Absicht jemandes auf eine gelehrte, echt wissenschaftliche Bildung gerichtet sein, oder blos auf die Ausrüstung für ein niederes Gebiet der Thätigkeit. Auf jene machen besonders die mittelbaren Producenten, auf diese die eigentlich sogenannten, die unmittelbaren Producenten Anspruch. Bei der Einrichtung von Schulen muß mithin die Regierung auf beide Kreise des Lebens sehen, beide genau von einander absondern, und, durch eine vernünftige allgemeine Vorbereitung für das Leben, die größere Masse des Volkes über die Stufe der Unwissenheit erheben, auf der es leicht träge und sittenlos wird. Aber nicht blos Schulen mögen zu diesem Zwecke wirken, einsichtig veranstaltete Volksschriften werden ihnen kräftig zur Seite gehen, und die Kenntniß, welche die Jugend aus jenen schöpfte, unter den Erwachsenen erhalten und weiter entwickeln. Zu diesem glücklichen Erfolge wird sich auch bald eine höchst erfreuliche Wirkung gesellen. Religiöse Irrthümer und Schwärmereien, hervorgegangen aus unklaren Begriffen und dunkelen Gefühlen, werden dann weichen, und so mancher wird dem thätigen Leben erhalten werden, der, jenen feindlichen Mächten hingegeben, seinen und seiner Angehörigen Wohlstand zerstört, um ein Trugbild zu verfolgen, was bei besonnener Anschauung leicht verscheucht wird. Der Mensch soll sich allerdings zu Zeiten sammeln, um sein Leben an ein höheres Wesen und Dasein anzuknüpfen, und die Anschauung dieses Verhältnisses stets lebendig erhalten; allein diese Anschauung besteht nicht in einem bloßen Hinbrüten, in der bloßen Unterbrechung der Thätigkeit; im Wirken, im Handeln zeigt sich die lebendige Kraft des Göttlichen in uns, und nur damit der davon oft ableitende Strom des Lebens diese nachtheilige Wirkung nicht äußere, ist ein von Zeit zu Zeit wiederkehrendes Besinnen auf uns selbst, eine Vergegenwärtigung unseres Verhältnisses zu dem Urwesen nöthig, aber auch genügend.

§. 218.

Daß ohne Sicherheit des Daseins wahrer Wohlstand nicht gedeihen könne, zeigt das Bestreben eines jeden Menschen, seine Verhältnisse so fest wie möglich zu gründen, zeigt die Geschichte aller der Staaten, wo Willkühr herrschend ist. Eine gute Justizverfassung und Verwaltung ist daher das erste Erforderniß eines jeden Staates. Dieser Zweig der Regierungsthätigkeit erreicht aber nur dann seine Bestimmung, wenn er alle Willkühr ausschließt und keine Begünstigung des Einen vor dem Andern zuläßt. Ein jeder Staatsbürger macht Anspruch, die in ihm liegende Kraft nach allen Seiten hin möglichst frei zu entwickeln, und diesem Anspruche darf nichts, als das Wohl des Ganzen, entgegengesetzt werden. Privilegien (Bevorrechtungen) lassen sich daher auch nur durch diese Rücksicht rechtfertigen; wo dieselbe aber nicht statt findet, und ältere, dem Staate nachtheilige Privilegien bestehen, müssen sie aufgehoben werden, und zwar nach den Umständen mit oder ohne Entschädigung. Der Staat würde seine Aufgabe, sich fortschreitend zu vervollkommnen, niemals lösen können, wenn eine spätere Zeit immer die Thorheit oder Ungerechtigkeit einer früheren aufrecht erhalten wollte.

Abgesehen von einer durch Privilegirung geheiligten Ungerechtigkeit, und von der diese und die Unsicherheit herbeiführenden Willkühr, muß das Justizwesen in Beziehung auf den Nationalwohlstand eine solche Verfassung erhalten, daß weder durch Langsamkeit der Rechtspflege, noch durch die innere Einrichtung derselben das Eigenthum oder die persönliche Freiheit jemandes einer Gefahr oder einem offenbaren Nachtheile unverschuldeter Weise ausgesetzt werde. Wo z. B. unbegründete Verhafthaltungen statt finden können, wo dem Wohlhabenden die Möglichkeit gegeben ist, seine Ansprüche weiter zu verfolgen, als der Unbemittelte dieses vermag, hat das Justizwesen einen dem Wohlstande der Staatsbürger höchst nachtheiligen Charakter.

Die Einwirkungen des Rechtszustandes gehen tief in das gewerbsame Leben ein, aber wie sie im einzelnen wirken, werden wir bei den besonderen, sich darauf beziehenden Gegenständen noch näher entwickeln.

§. 219.

Ueber den Wirkungskreis der Polizei ist von jeher

viel gestritten worden, ob aber die Willkührlichkeit der Regierungen mit Absicht denselben unbestimmt gelassen habe, um durch einen nicht scharf begrenzten Verwaltungszweig ihre Eingriffe in den Rechtszustand der Gesellschaft zu bewerkstelligen und zu rechtfertigen, oder ob die mangelhafte Entwickelung der innern Politik daran Schuld gewesen sei, mag, da hier durch eine solche Ausmittelung nichts gewonnen wird, unentschieden bleiben. So viel ist indeß gewiß, daß die Polizei, wenn wir ihr die Aufrechthaltung der Sicherheit im Innern des Staates und die Fortentwickelung des örtlich-geselligen Verkehrs einräumen, einen bedeutenden Einfluß auf den Nationalwohlstand ausübt. Wo die Justizverwaltung nur bestrafend die Verletzung des Eigenthums und der Personen sicher zu stellen sucht, da ist die Polizei bemüht, die drohenden Gefahren hinwegzuräumen, und wo die nationalwirthschaftliche Behörde durch allgemeine Maaßregeln die Volkswirthschaft zu leiten sucht, da wirkt sie durch unmittelbare Gestaltung der örtlichen Verhältnisse. Wie viel leistet sie nicht, indem sie Diebstähle, Räubereien, Todtschläge, Betrügereien beim Verkehre zu verhindern und schädliche Dinge aus demselben zu entfernen sucht? lauter Gegenstände, welche mit dem Nationalwohlstande in der nächsten Verbindung stehen. Es wäre auch gewiß zweckmäßig, wenn die Polizei überall mit der Behörde für die Nationalökonomie verbunden würde, weil sie sich großentheils ganz an diese anschließen muß, wenn sie auf eine ihrem Wesen entsprechende Weise verfahren soll. Mit der Rechtspflege hat sie durchaus nichts zu schaffen, und, wenn sie in das Gebiet derselben eingreift, kann dies nicht anders, als zum Nachtheile des allgemeinen Wohles geschehen. Da aber diese Aufsicht über Sicherheit und Ordnung der Polizei einen ununterbrochenen Einfluß auf das örtlich-gesellige

Leben giebt; so muß sie, um nicht lästig und drückend zu werden, eine Einrichtung erhalten, durch welche nur ihre wohlthätige Wirksamkeit möglich wird, und es dürfte sich fragen, ob man diesen Zweck nicht am besten dann erreichte, wenn man die Polizeiverwaltung den Gemeinden überließe.

§. 220.

Die Finanzwirthschaft eines Staates, welche in der zweckmäßigsten Herbeischaffung und Verrechnung des Staatsvermögens besteht, und ihre Quellen theils in den Domänen und Regalien, theils in dem Vermögen der Staatsbürger hat, erscheint von allen Staatsverwaltungszweigen am allgemeindrückendsten, obgleich dieser Druck oft nicht von ihr ausgeht; sondern blos eine Folge der überspannten Staatsbedürfnisse ist. Nur, wenn die Finanzwirthschaft von Grundsätzen ausgeht, die mit der Nationalökonomie nicht vereinbar sind, wird sie durch sich selbst den Staatsbürgern drückend. Dies geschieht entweder durch eine unstaatswirthschaftliche Organisation der Domänen und Regalienverwaltung oder der Steuererhebung und Verrechnung, in Absicht der Form, ein Mangel, welcher hauptsächlich dem §. 216. angeführten, für alle Staatsverwaltungszweige gültigen Gesetzte widerstreitet, und in seinen Folgen mit den zu hoch gespannten oder nicht hinlänglich begründeten Staatsbedürfnissen übereinkommt, oder endlich durch ein falsches Princip der Besteuerung, wobei der erste Grundsatz, der der Gerechtigkeit, verletzt wird. Bei einer solchen Besteuerungsart wird nothwendig ein Theil der Staatsbürger gegen einen andern begünstigt, und durch die Versuche desselben, sich auf einem andern Wege zu entschädigen, werden die Gewerbeverhältnisse zerrüttet und zwischen den einzelnen Gewerbetreibenden entsteht ein Kampf, welcher die Unsicherheit alles Verkehrs herbeiführt und die an sich ungleiche Besteuerung noch ungleicher macht. Eine gute Finanzverwaltung kann daher ohne eine genaue Kenntniß der freien Volkswirthschaft gar nicht bestehen. Die verschiedenen Arten des Erwerbes müssen ihr vollständig bekannt sein, nicht allein an sich, sondern in Beziehung zu einander, damit sie beurtheilen kann, wie der Preis der Waaren sich festsetzt, und wie die auf ihn oder auf das Vermögen, in welcher Form es auch erscheinen möge, fallenden Lasten wirken. Ein Mißgriff ist hier immer eine Ungerechtigkeit, die nicht allein einem ganzen Gewerbszweige höchst nachtheilig werden kann, sondern auch die Berechnungen der Finanzverwaltung selbst täuscht. Wie übrigens diese am zweckmäßigsten verfahren werde, gehört in eine ihr eigens gewidmete Betrachtung.

§. 221.

Das Nationalvermögen besteht nicht allein in dem Grunde und Boden eines Staates, in den darin und auf seiner Oberfläche befindlichen Naturerzeugnissen, und in den vorhandenen Gegenständen der Kunstproduktion, sondern hauptsächlich in der produktiven Kraft der Staatsbürger. Jede Lähmung dieser Kraft ist daher eine Lähmung der hervorbringenden Volkskraft. Bleibt man blos bei diesem Gedanken stehen; so erscheint die Militärmacht eines Staates immer als ein Hinderniß des Nationalwohlstandes. Allein sobald die Verhältnisse eines Staates eine bewaffnete Macht unter den Staatsbürgern nothwendig machen; so muß jene Rücksicht zurückstehen, und es kommt alsdann nur darauf an, zu entscheiden, ob der gemachte Aufwand an Menschen, ihre Bedürfnisse mitgerechnet, in einem richtigen Verhältnisse zu der Gefahr stehe, die er abwenden soll. Es wäre demnach außerordentlich wichtig, auszumitteln, ob überhaupt eine beständig gerüstete, eine sogenannte stehende

Militärmacht einem Staate nothwendig sei, ob sie nicht auf irgend eine Weise ersetzt werden könnte, oder, wenn dieses nicht möglich, welche Verfassung sie erhalten müßte, um dem Nationalwohlstande am wenigsten drückend zu werden; denn daß die stehenden Heere mit manchen Nachtheilen, sowohl in sittlicher, als in nationalökonomischer Hinsicht verbunden sind, ist wohl keinem Zweifel unterworfen. Nicht allein wird der Soldat durch bloße mechanische Uebung in den Waffen eine Abneigung gegen eine andere, anstrengende Thätigkeit fassen, und, durch geringen Sold zum ehelosen Leben genöthigt, häufig sich Lastern ergeben, welche diesem naturwidrigen Zustande eigen sind, sondern es werden auch viele der kraftvollsten Staatsglieder unmittelbar den Gewerben entzogen und zugleich den übrigen Bewohnern die Unterhaltung derselben zur Pflicht gemacht.

§. 222.

Am entferntesten wirken auf den Nationalwohlstand die auswärtigen Verhältnisse eines Staates, so weit wir sie unter der Einwirkung der Regierung auffassen, und den Zustand der Feindseligkeit ausscheiden. Im Frieden sucht jeder Staat seinem auswärtigen Verkehre einen so großen Umfang, als möglich, zu geben, und den größten Vortheil von den übrigen Staaten zu ziehen. Dies kann, die besondere Entwickelung der freien Volkswirthschaft nach diesem Punkte hin ausgenommen, durch gegenseitiges Uebereinkommen der Regierungen, durch Verträge, zuweilen erreicht werden; aber im ganzen ist, wie wir weiter unten sehen werden, kein großer Vortheil dadurch zu erlangen, indem jeder Staat zunächst seine Wohlfahrt berücksichtiget, und nur im Irrthume Verträge schließen wird, welche dieser Absicht entgegenlaufen. Nur, wo dergleichen Verträge bestehen, und da, wo völkerrechtliche Grundsätze in Hinsicht des auswärtigen Verkehrs der Völker anerkannt sind, beweiset die Behörde, deren Wirkungskreis die auswärtigen Verhältnisse sind, sich wohlthätig, wenn sie jene Verträge und Grundsätze aufrecht zu erhalten oder fester zu gründen sucht.

§. 223.

Die Grundlage alles Staatslebens ist die Verfassung, ohne deren Zweckmäßigkeit das Wohlsein der Staatsglieder nur ein Spiel des Zufalls ist. Sie allein giebt den Staatsbehörden Kraft und verbürgt die Sicherheit, welche die Rechtsverwaltung gewähren soll. Während sie die Willkühr der Staatsbürger verhindert, bindet sie zugleich die Willkühr der Regierenden, und muß also die schwere Aufgabe lösen, der Regierung einen Charakter zu geben, der es ihr möglich macht, sich durch sich selbst zu beherrschen. Sollte sich nun aber bei einer solchen innern Organisation der Verfassung finden, daß sie hie und da der freien Entwickelung der Volkswirthschaft Fesseln anlegen müsse, um jene Aufgabe zu lösen, daß sie hier begünstigend, dort beschränkend sein werde; so muß sich das bürgerliche Leben in allen Beziehungen, also auch in Beziehung auf die Nationalökonomie, in diese Grenzen fügen und einen geringern Vortheil aufgeben, um den höchsten zu erlangen.

Zweite Abtheilung.

Von der allgemeinen unmittelbaren Regierungskunst in Beziehung auf die freie Volkswirthschaft.

Erster Abschnitt.

Ueber die Stiftung von Gewerbsschulen.

§. 224.

Man hat in neuern Zeiten eine Menge von Vorschlägen zur Errichtung von Gewerbsschulen gethan; allein ihre Zulässigkeit selbst erfordert noch eine eigene Untersuchung. Man mag nun unter ihnen verstehen, was man will; so muß man sie durchaus von den Erwerbsschulen absondern, d. h. von den Schulen, die mit dem Unterrichte zugleich den Lernenden eine Erwerbsquelle eröffnen, indem sie dieselben zu Arbeiten anhalten, welche ihnen durch ihren Preis einen Ersatz für die Arbeitsthätigkeit gewähren, sich aber nur für das weibliche Geschlecht eignen, weil in dem Kreise seiner Ausbildung vornehmlich, ja fast ausschließlich, die Hervorbringung so einfacher Gegenstände liegt, daß sie nach kurzer Unterweisung auch von Kindern eines sehr geringen Alters bewirkt werden kann. Gewerbsschulen dagegen würden wir diejenigen nennen, in denen entweder Unterricht in irgend einer zusammenhängenden Produktionsart ertheilt, oder diejenigen Kenntnisse mitgetheilt würden, welche man als vorbereitend für alle Gewerbszweige ansehen könnte. In sofern man die Lösung der erstern Aufgabe von ihnen verlangt, können sie hier nicht näher betrachtet werden, und gehören in die Untersuchung über die besondere mittelbare Einwirkung der Regierung auf die Volksbetriebsamkeit, in sofern aber die allgemeine Vorbereitung für alle Gewerbe von ihnen gefordert würde, könnten sie wenigstens zum Theil hier erörtert werden. Die allgemeine Vorbereitung für das, einen geringern Grad der Ausbildung voraussetzende Leben kann nämlich eine entferntere und eine nähere Beziehung auf die Gewerbe haben, indem entweder blos solche Gegenstände dazu gewählt werden, die den Menschen an sich ausbilden, oder solche, die ihn als eingreifend in die gewerbsame Betriebsamkeit voraussetzen. Wirkt man aber auch wirklich durch Gewerbsschulen auf diese beiden Punkte hin; so kann doch immer nur das gewerbsame Leben in seinen allgemeineren Grundzügen dargestellt werden, um so mehr, als diejenigen Produktionszweige, welche eine tiefere Kenntniß und also auch eine genauere Ausbildung erfordern, eigene Unterrichtsanstalten nothwendig machen: der Handel, die Landwirthschaft, die Forstkultur, der Bergbau. Die sich auf das gewerbsame Leben beziehenden Kenntnisse würden sich also auf einen Abriß der Technologie beschränken und sich leicht mit dem Unterrichte in der Naturgeschichte verbinden lassen, welche dadurch selbst ein neues Interesse bekäme. Zu weit dürfte man hierin schon deshalb nicht gehen, weil dadurch leicht der Kreis der allgemeinen Bildungsmittel eingeschränkt werden würde, die doch, bei dem frühen Uebergehen der Schüler zu den Gewerben, ganz vorzüglich wünschenswerth erscheinen. Die Gewerbekenntniß lernt sich am besten durch die Ausübung selbst; aber wenn der Knabe erst zu diesen fortgeschritten ist, und ihm fehlt die allgemeine Bildung, die ihn über die Stufe gänzlicher Unwissenheit erheben soll, dann möchte er schwerlich Gelegenheit finden, sich dieselbe zu verschaffen, wenn sich auch die Begierde danach zuweilen regen sollte.

Zweiter Abschnitt.

Von der Leitung des Verzehrs durch die Regierung.

§. 225.

Sehr schwierig möchte es sein, die Grenze zu bestimmen, bis zu welcher die Regierung in Beschränkung des Verzehrs der Staatsbürger gehen darf, und festzusetzen, wie sie denselben zu leiten habe, weil es sehr schwer ist, den Punkt anzugeben, wobei er anfängt unsittlich und zerstörend zu werden. Im allgemeinen können wir behaupten, daß jeder Verzehr unsittlich und zerstörend ist, der einen Staat vom Auslande abhängig macht, ohne durch diese Abhängigkeit den Kreis edler oder nothwendiger Genüsse zu vermehren, daß er unsittlich und zerstörend ist, wenn er einen in seinem Principe unsittlichen und in seinen Folgen schädlichen Aufwand veranlaßt.

Wenn gleich die lebendigere und umfassendere Ausbildung die Geschlossenheit eines Staates gegen allen auswärtigen Verkehr verwerfen läßt; so bleibt doch bei diesem Verkehre die eigenthümliche Entwickelung des Staates immer wünschenswerth, und wenn daher Erzeugnisse verschiedener Art, in verschiedenen Ländern hervorgebracht, einen und denselben Zweck zu erreichen bestimmt sind; so scheint es zweckmäßig, statt des ausgedehnteren Tausches derselben, den einheimischen lieber einen größeren Kreis des Gebrauches zu sichern. Oft bedarf es indeß solcher Vorkehrungen gar nicht, da die natürliche Lage der Staaten häufig auf dasselbe Ziel hinwirkt. So sind die kalten Länder gewöhnlich reich an Pelzwerk, liefern also das Gut, wodurch die Menschen sich gegen die Eigenthümlichkeit des Himmelsstriches zu schützen im Stande sind, wogegen heiße Länder

Seide und andere Stoffe hervorbringen, welche ihre Bewohner nicht geneigt sein möchten, gegen das ihnen unnütze Pelzwerk zu vertauschen. Erzeugnisse, welche einen verschiedenen Genuß gewähren müssen jedoch von dieser Bestimmung ausgenommen bleiben, theils weil ihr Austausch oft ein nothwendiges Bedürfnißmittel herbeischafft, theils weil auf diese Weise ein höherer Grad des Genusses erlangt werden kann. Nur, wenn er Veranlassung zur Einführung von Gegenständen eines unsittlichen Verzehrs würde, müßte die Regierung darüber wachen, was sie indeß erreichen kann, ohne dem Verkehr unmittelbar Fesseln anzulegen, ein Verfahren, welches überhaupt selten seine Absicht erfüllt und häufig zu der einen Unsittlichkeit eine andere hinzufügt, die betrügerische Einschwärzung der verbotenen Gegenstände oder die Bestechung der von der Regierung mit der Ausführung ihrer Maaßregeln beauftragten Staatsdiener. Ueberhaupt wird die Regierung weit zweckmäßiger auf den Verkehr mittelbar, als unmittelbar wirken. Weiß sie den Verzehr zu leiten; so ist der Verkehr mit Gegenständen eines solchen bestimmten und begrenzten Verzehrs ebenfalls in ihren Händen. Ueber Gesetze, welche den Verzehr unmittelbar bestimmen, sind indeß die Meinungen sehr getheilt; allein, wenn wir auch einräumen, daß durch die Erziehung am meisten auf denselben gewirkt werden kann; so müssen wir doch auch zugeben, daß auf das Volk im ganzen Gesetze den größten Einfluß haben, daß die Gesetzgeber die wirksamsten Erzieher des Volkes sind. Das Leben verwischt zu leicht die ersten Eindrücke auf das Herz und den Verstand der Jugend, besonders derjenigen, deren Umgebung von Kindheit an geeignet war, die Lehren der Vernunft durch lebendige Beispiele des Gegentheils zu unterdrücken. Die Regierung darf sich nie durch die Schwierigkeit einer Aufgabe abschrecken lassen, wäre es auch blos, um ihre Achtung vor der Sittlichkeit des bürgerlichen Lebens an den Tag zu legen. Möge man daher auch immer Aufwandsgesetze und Kleiderordnungen als eine Beschränkung der natürlichen Freiheit, als eine Antiquität ansehen, deren Mangelhaftigkeit ihr allmähliges allgemeines Verschwinden aus der Reihe der Gesetze beweise, wir können diese Meinung keineswegs theilen, und stellen der langen Vernachläßigung dieses Gegenstandes in den neuern Zeiten Privatvereine entgegen, die den Mangel der Regierungsthätigkeit in ihrem kleinen Kreise durch freie Uebereinkunft zu ersetzen suchen. Freilich möchte es schwer halten, auf jeden unsittlichen Aufwand verhindernd zu wirken, ja es möchte dieses wohl unmöglich sein, ohne in die geheimsten Privatverhältnisse einzudringen, die der Regierung stets heilig sein müssen; allein der Aufwand, welcher sich der Oeffentlichkeit entzieht, ist auch bei weitem nicht von den nachtheiligen Folgen, als der vor den Augen Aller erscheinende. Dieser letztere zeigt sich besonders in der Kleidung, im Essen und Trinken und in der ganzen, blos auf Eitelkeit und Prunk berechneten Umgebung jemandes. Um ihn zu verhindern oder doch einzuschränken, giebt es einen doppelten Weg, entweder Verbote oder Besteuerung, das Princip dabei aber muß auf der Berücksichtigung der verschiedenen Klassen von Staatsbürgern beruhen. Die Wegräumung alles Unterschiedes zwischen den verschiedenen Ständen und Klassen der Bewohner eines Landes, welche man durch die natürliche Gleichheit Aller zu rechtfertigen sucht, von der in einer bürgerlichen Gesellschaft aber nicht die Rede sein kann, in sofern dadurch nicht die Gleichheit vor dem Richterstuhle angedeutet werden soll, hat sich nur zu nachtheilig durch die Erfahrung bewiesen, und könnte auch nur eine Wegräumung der Schranken sein, wodurch die Thorheit und Sittenlosigkeit gefesselt werden sollen. Wie wir schon früher gesehen haben, liegt in jedem Menschen ein natürliches Streben nach einer Uebereinstimmung aller Verhältnisse seiner jedesmaligen Lage. Diese Lage aber wird nicht blos bestimmt durch sein Vermögen, sondern durch seine ganze Weise zu sein, durch sein Gewerbe, seine Angehörigen, seine Freunde, seinen Stand. Es kann also blos eine verkehrte Entwickelung der Gesellschaft einem Gliede derselben die Begierde einflößen, sich über seine Lage durch seinen öffentlichen Aufwand erheben zu wollen, und die Regierung handelt daher zweckmäßig und keineswegs die vernünftige Freiheit in Fesseln schlagend, wenn sie durch ihre Gesetze einen jeden in den Schranken hält, worin ihn ein unbestochenes Gefühl gehalten haben würde. Dies scheint andeutend genug über diesen Gegenstand gesagt; wegen der wohlthätigen Folgen eines solchen Verfahrens aber dürfen wir uns nur auf das beziehen, was früher in Hinsicht der Moden, des Luxus und der Verschwendung vorgekommen ist. Läßt es überdies die Regierung bei solchen Verboten nicht bewenden, sondern geht sie selbst durch ihre Mitglieder dem Volke mit einem guten Beispiele voran; so dürfen wir durchaus an dem guten Erfolge nicht zweifeln, den sie hervorbringen wird, wie dieses auch die Erfahrung hinlänglich bestätigt. Wo die Ersten des Staates, auf welche die Augen der übrigen Bürger gerichtet sind, sich eines den Wohlstand zerstörenden Verzehrs enthalten, wo eine weise Sparsamkeit im Staatsaufwande herrscht, verbreitet sich ein gleicher Geist der Sparsamkeit allgemein, und alle Tugenden, welche aus wohlgenutztem Wohlstande hervorgehen, zeigen sich in schönster Eintracht und Wirksamkeit.

Die Regierung kann aber auch noch dadurch auf den Verzehr einwirken, daß sie ihn selbst unmittelbar veranlaßt. Thut sie dieses; so muß sie natürlich ebenfalls das sittliche Princip des Verzehrs, worauf sie bei den Privatkonsumtionen dringt, festhalten. Aber es fragt sich überhaupt, ob der Staat einen Verzehr blos des Verzehrs wegen machen solle. Ein solcher Verzehr würde durchaus, als Verzehr, kein Princip haben, würde ein zweckloser Aufwand, ein Luxus sein, der weder an sich, noch durch seinen außer ihm liegenden Erfolg gerechtfertigt werden könnte; weil es andere Mittel giebt, in Zeiten der Nahrungslosigkeit für die Bedürftigen zu sorgen. Die einfachsten Geldunterstützungen, die Lieferung von Materialien, von Werkzeugen u. s. w. würden zu eben dem Ziele führen, und dabei nicht Veranlassung zur Entstehung von Gütern geben, die, einmal entstanden, auf die Produktion weiter keinen Einfluß haben würden, und sogar keinen wirklichen Genuß gewährten. Dieses wäre z. B. der Fall mit Prachtgebäuden, mit der Anlegung von Parks u. dergl. Bei jenen Unterstützungen dagegen setzt sie die ärmere Klasse oft in den Stand ihre produktiven Beschäftigungen fortzusetzen, also durch ihre Thätigkeit die Entstehung von Gütern zu veranlassen, die in einer langen Kette zusammenhängender Wirkungen neue Genußmittel hervorrufen. Etwas anders würde es sein, wenn die Regierung Staatsbedürfnisse in Zeiten der Noth, wo die Arbeit, wegen häufigen Angebots derselben zu einem geringen Preise zu haben ist, zu befriedigen suchte, wenn sie Straßen anlegen, Kanäle ziehen, Brücken bauen und ähnliche Unternehmungen ausführen ließe.

Zuweilen sucht die Regierung auch einen Ort dadurch zu heben, daß sie ihn mit unproduktiven Verzehrern bevölkert. Von der Residenz eines Fürsten, von dem Aufenthalte der Staatsbehörden oder des Militärs, der Akademien, der Universitäten erwartet man z. B. diesen

sen Erfolg; allein der Irrthum eines solchen Verfahrens wird durch unsere frühere Untersuchung über den Verzehr deutlich. Zweckmäßiger wäre es die Anlegung von Fabriken und Manufakturen, von Märkten und Messen an einem solchen Orte zu begünstigen, große Straßen hindurchzuführen und überhaupt durch dergleichen Maaßregeln auf seinen Hervorbringungsverzehr zu wirken, wenn nicht andere Gründe vorhanden sind, welche eine solche Begünstigung widerrathen. Am besten ist es immer, wenn die Regierung der natürlichen Entwickelung des gewerbsamen Lebens nachgeht und nachhilft, und nicht ohne wichtige Aufforderungen Veränderungen vornimmt, die plötzlich einen andern Zustand herbeiführen. So kann es wohl kommen, daß ein Ort seine Produktion und seinen Verzehr nach den darin befindlichen unproduktiven Verzehrern einrichtet, und in Gefahr geräth, seine Nahrungsquelle zu verlieren, wenn die Regierung diese Verhältnisse plötzlich verändert.

Dritter Abschnitt.

Von der Wirksamkeit der Regierung in Beziehung auf die Bevölkerung.

§. 226.

Die Regierung hat mannichfaltige Mittel in Händen, auf die Bevölkerung eines Landes zu wirken; denn so verschieden, als die Ursachen sind, welche der Vermehrung der Bevölkerung nachtheilich sind, oder sie begünstigen, so verschieden wird auch der Einfluß der Regierung auf dieselbe sein können. Es lassen sich indeß, wie dieses auch schon in dem Gesagten liegt, zwei verschiedene Richtungen ihrer Thätigkeit anerkennen, einmal nämlich das Streben, alle Gefahren zu entfernen, welche der Bevölkerung mittelbar oder unmittelbar drohen können, und, wo sie wirklich eingetreten sind, die üblen Folgen derselben zu verhindern oder minder schädlich zu machen, und zweitens das Streben, den Zustand des bürgerlichen Lebens herbeizuführen, wodurch die Vermehrung der bürgerlichen Gesellschaft begünstigend erlangt werden kann. Alles Leben in der bürgerlichen Gesellschaft ist aber ein örtlich-geselliges, und die Gefahren, welche ihm drohen, gehen aus örtlich-geselligen Verhältnissen hervor, fallen also in den Wirkungskreis der Polizei, wenigstens durch ihre erste Erscheinung. Sie müssen daher auch in dieser besonders abgehandelt und zugleich muß nachgewiesen werden, wo dieser Staatsverwaltungszweig der Hülfe eines andern bedarf und wo er selbstständig eingreifend ist. Es fragt sich daher hier nur, was kann die Regierung durch ihre Behörde für die Nationalökonomie thun, um die Bevölkerung zu vermehren, und welche Maaßregeln wirken unmittelbar, welche mittelbar darauf. Eine Vermehrung der Bevölkerung ist eine Vermehrung der Konsumtion, und eine Vermehrung der Konsumtion setzt immer eine Vermehrung der Produktion oder doch eine zweckmäßigere Vertheilung derselben voraus. In sofern wir uns nun in den folgenden Untersuchungen mit der Vermehrung der Produktion durch die Wirksamkeit der Regierung beschäftigen, lösen wir den ersten Theil dieser Aufgabe auf, sofern sich nicht finden sollte, daß weder in dem Einflusse der Regierung auf die Urproduktion, noch auf die Fabrikation und den Handel alle Verhältnisse aufgefunden sind, worin die Regierung als die Produktion vermehrend erscheint. Alle eigentliche Produktion ist zwar durch die angeführten drei Arten derselben erschöpft; allein es kann auch der Fall sein, daß die Regierung, ohne Bezug auf einen besondern Zweig der Produktion zu nehmen, sich in der Lage befände, im allgemeinen für den Unterhalt eines Theiles der Staatsbürger durch Beschäftigung derselben sorgen zu müssen. Diese Sorge würde sich nun auf diejenigen beziehen, die durch ihre Verhältnisse gezwungen, gänzlich unbeschäftigt und hülflos ihren Unterhalt nur durch die mitleidige Unterstützung anderer finden könnten. Nähme sich nun die Regierung derselben auf irgend eine Weise an; so könnte dieses unmittelbar nur durch eine Auflage auf das Vermögen der übrigen Staatsbürger geschehen; weil eine solche Beschäftigung der arbeitslosen Armen zum Theil wenigstens eine Auslage, einen Aufwand erfordert, der vielleicht nur mit der Zeit an die deshalb besteuerten zurückgezahlt werden kann. Die Regierung bewirkte also eigentlich durch dieses Verfahren weiter nichts, als eine gleichere Vertheilung des Vermögens, was indeß in einem weit höheren Grade dann der Fall ist, wenn sie den zur Arbeit ganz unfähigen und bedürftigen Staatsgliedern Unterhalt giebt. Durch andere Hülfsleistungen geschieht dieses ebenfalls, obgleich in einem weit geringeren Maaße, wie z. B. durch medicinische Anstalten verschiedener Art, durch Freischulen, Freitische u. dergl. Die deshalb zu treffenden Einrichtungen lassen zwar allgemeine Grundsätze zu, und fordern eine allgemeine Aufsicht der Regierung; allein die besondere Ausführung möchte sich mehr für die Gemeinden eignen, deren Glieder den auf diese Weise zu unterstützenden Mitbürgern weit näher stehen, weit eher zu beurtheilen wissen, wo die Hülfe am nöthigsten und wie sie geleistet werden müsse. Ist es einmal anerkannt, daß der Staat die Versorgung seiner hülflosen Glieder zu übernehmen die Pflicht habe, und wer möchte daran zweifeln; so kommt es blos darauf an, sich über die deshalb im allgemeinen zu treffenden Veranstaltungen zu rechtfertigen. Man könnte zuerst fragen, ob es nicht nothwendig sei, die Unterstützung der

Armen nach den Ursachen des hülflosen Zustandes derselben einzurichten; also die davon auszuschließen, die durch eigenes Verschulden in Armuth gerathen; allein, wem kommt es zu über Schuld und Unschuld zu richten?! wer sieht nicht ein, daß der hülflose Zustand selbst Unglück oder Strafe genug ist?! Die erste Sorge des Staates muß dagegen immer sein, sich eine allgemeine Uebersicht der Hülfsbedürftigen im Lande zu verschaffen, und die allgemeine Vertheilung der Unterstützungsmittel zu übernehmen; denn, wenn gleich die einzelnen Gemeinden ihr eigenes Armenwesen besorgen; so würde es doch eine große Ungerechtigkeit begründen, ihnen auch die Aufbringung der zur Versorgung ihrer eigenen Armen nöthigen Hülfsmittel aufzulegen; da das Unglück sich höchst ungleich vertheilt. Ist dieses geschehen, dann mag sie mit den Gemeinden die schicklichsten Maaßregeln der Anwendung ihrer Fonds überlegen: ob Armenhäuser zu errichten, ob Geldunterstützungen oder Lieferung von Materialien oder Arbeitswerkzeugen, oder ob Vertheilung von Lebensmitteln oder Holz, oder ob Einräumung von freien Wohnungen vorzuziehen, oder dieses oder jenes Mittel mit einem andern, oder alle zusammen zu vereinigen seien, wie Armenhäuser, oder die für Findlinge und elternlose Kinder bestimmten am zweckmäßigsten angelegt und eingerichtet werden müßten, ob es gut sei, eine Gemeinde allein, oder mehrere verbunden zu solchen Anstalten zu ziehen? Auch bei diesem Gegenstande könnte man sich leicht durch die Unthätigkeit mancher Regierungen verleiten lassen, das Armenwesen ganz als eine Sache der Privatpersonen zu betrachten; allein, wenn diese auch einen noch so guten Willen, eine noch so lebendige Betriebsamkeit besitzen, werden ihre Anstalten doch nur immer einseitig wirken, werden hie und da, oft gar mit Freigebigkeit aushelfen, das Ganze aber wird leiden, weil die genaue Uebersicht sowohl der Mittel, als des Gegenstandes fehlt, wobei sie angewandt werden sollen. Je mehr einzelne Hülfsgesellschaften für Arme daher entstehen, desto mehr müssen wir uns von der Unthätigkeit der Regierung, von dem Mangel eines allgemein zureichenden Planes überzeugen. Daß indeß bei allen diesen Maaßregeln eine zweckmäßige Sparsamkeit herrschen, daß man überall darauf sehen müsse, die noch irgend vorhandene produktive Kraft zu beschäftigen, versteht sich von selbst.

Weit umfassender wäre freilich der Einfluß der Regierung auf die allgemeinere Verbreitung des Vermögens, wenn sie berechtigt wäre, die Gleichheit desselben zu bewirken, oder das übermäßige Anwachsen des Besitzes in den Händen Einzelner zu verhindern. Allgemeiner, sagen wir, würde alsdann die Verbreitung des Vermögens sein, ob aber überhaupt der Nationalwohlstand dabei gewinnen würde, läßt sich mit Recht bezweifeln. Denn sobald eine solche gleiche Vertheilung des Besitzes statt finden soll, müssen auch Einrichtungen vorhanden sein, welche den Verlust, das Einschwinden desselben verhindern, der übrigen dabei vorkommenden Schwierigkeiten gar nicht einmal zu gedenken: wenn aber der Mensch weder die Aussicht hat, seine Betriebsamkeit ins Unbegrenzte zu verstärken, noch auch den Verlust des Besitzes fürchten darf, erstirbt die bewegende Kraft der gewerbsamen Thätigkeit. Also, wenn auch in jedem Staate, in einem blos ackerbauenden möchte es sich aber wohl allein bewerkstelligen lassen, der Besitz gleich vertheilt werden könnte, würde diese Vertheilung doch dem Nationalwohlstande und mithin der Bevölkerung nicht zuträglich sein.

Es wäre indeß verkehrt gehandelt, wenn die Regierung nur immer auf Vermehrung der Bevölkerung

Rücksicht nähme. Nicht die Zahl der Staatsbürger, ihre Wohlhabenheit und der damit zusammenhängende Grad ihrer Entwickelung, giebt dem Staate Kraft und seinen Gliedern den Willen, diese Kraft zur Erhaltung des Ganzen anzuwenden. Richtet daher die Regierung ihr Augenmerk auf die Bevölkerung; so muß sie immer das Gleichgewicht zwischen ihr und dem zu ihrem glücklichen Bestehen nöthigen Vermögen zu erhalten suchen. Sie muß eben sowohl, wie sie bei zunehmendem Ueberflusse die Einwohnerzahl zu vermehren strebt, auch bei Abnahme desselben, oder bei dem gestörten Gleichgewichte zwischen der Erwerbsmöglichkeit und der Bevölkerung, sich eines Theils der letztern zu entäußern suchen. Zu diesem Ende kann sie entweder Niederlassungen in unbewohnten Gegenden des Auslandes gründen, oder mit fremden schwachbevölkerten Staaten zur Aufnahme ihrer überflüßigen Volksmenge Verträge schließen, um nicht den Einzelnen dem Unglücke und der menschlichen Willkühr Preis zu geben. Wie übrigens das Verhältniß zwischen den Kolonien und den Mutterländern am vortheilhaftesten bestimmt werden möge, wollen wir weiter unten, wenn wir von dem Verkehre eines Staates mit seinen Kolonien sprechen werden, anzugeben versuchen.

Dritte Abtheilung.

Von der besondern mittelbaren Einwirkung der Regierungskunst auf die freie Volkswirthschaft.

---

§. 227.

Die besondere mittelbare Einwirkung der Regierungskunst auf die freie Volkswirthschaft kann sich nur auf die besondern, zu einem Gewerbszweige gehörenden Kenntnisse beziehen, und die Mittheilung derselben kann entweder an alle Staatsbürger, oder nur an einzelne Glieder, die sich ihr besonders hingeben, gerichtet sein. Das erstere geschieht durch Schriften, das andere durch eigens dazu eingerichtete Anstalten. Wenn freilich die Bildung unter den producirenden Volksklassen noch sehr weit zurück ist, dann möchten allerdings Schriften, worin die zu den Gewerben nöthigen Kenntnisse entwickelt werden, von einem geringen Nutzen sein, wo aber der Staat in allen verschiedenen Kreisen seines Lebens kräftig fortschreitet, und vorzüglich auf die erste Ausbildung eines jeden Gliedes der Gesellschaft ein besonderes Augenmerk gerichtet wird, da dürften Schriften der angezeigten Art eines bedeutend glücklichen Erfolges nicht verfehlen. Sie müßten von der Centralbehörde für die Nationalwirthschaft ausgehen, von jeder einzelnen Gemeinde gehalten werden, und aus einem theoretischen und geschichtlichen Theile bestehen, damit, was der eine als Wesen des Gewerbes, als einen Vor- oder Rückschritt desselben schilderte, der andere in lebendigen Beispielen darstelle. Dieses Mittel würde schon deshalb von großer Wirksamkeit sein, weil der Mensch alles, was er in seinen einzelnen Theilen und in seinem Zusammenhange kennen lernt, mit weit mehr Sinn und Liebe ergreift und fortbildet. Die mehr oder minder mechanischen Producenten gewöhnen sich sehr leicht an eine einmal herkömmliche Form, Verkehrtes sowohl, wie Zweckmäßiges setzt sich in ihren Köpfen fest, wird ihnen zur andern Natur, und wenn sie nirgends auf das Bessere aufmerksam gemacht werden, wenn die weiter fortgeschrittenen unter ihnen mit ihren Vortheilen zurückhalten; so bleibt das Alte eine lange Reihe von Jahren gewiß in seinem Ansehn. Viele würden zwar auch dieses vorgeschlagene

Bildungsmittel anfangs verschmähen; allein dies dürfte eine thätige Regierung nicht abschrecken. Das sich Streuben in der menschlichen Natur gegen das Neue ist eben nöthig, damit sie mit Sicherheit fortschreite. Nur durch Widerstreit wird die Wahrheit geboren. Außer diesem Einflusse von solchen Schriften könnten wir auch noch des mittelbaren auf andere Kreise der Ausbildung gedenken, des dadurch gewiß erfolgenden Anstoßes zu einer allgemeineren Entwickelung und der darauf folgenden größeren Achtung, welche den Producenten zu Theil werden würde. Mit diesem Mittel könnten alsdann auch noch schicklich Ausstellungen von Erzeugnissen der verschiedenen, sich dazu eignenden Fabrikationszweige verbunden werden, und hievon dürfte man eine ähnliche Wirkung erwarten.

Noch mehr wirkt die Regierung auf die verschiedenen Produktionszweige mittelbar, wenn sie für eigens denselben gewidmete Bildungsanstalten Sorge trägt, wobei denn gefragt werden muß, für welche Produktionszweige dergleichen Anstalten und in welcher Art sie am zweckmäßigsten errichtet werden können. Das Gewerbe der Handwerker, Fabrikanten und Manufakturisten ist von der Art, daß es größtentheils nur wenig theoretische Kenntnisse voraussetzt, die noch überdies am zweckmäßigsten durch die angeführte Art von Schriften mitgetheilt werden können. Dagegen sind die Geschäfte der Urproducenten großentheils und die der Handeltreibenden so beschaffen, daß sie eine weitere theoretische Ausbildung erforderen. Unter den urproduktiven Gewerben verdient die Landwirthschaft, die Forstkultur und der Bergbau vorzügliche Aufmerksamkeit, und man würde die Regierung der Nachläßigkeit beschuldigen können, wenn sie die wissenschaftliche Vorbereitung für dieselben Privatunternehmern überließe. Es würde sich indeß fragen, ob nicht Landbau- und Forstschulen füglich mit einander vereinigt werden könnten, eine Vereinigung, die schon wegen der Eigenthümlichkeit des Grundbesitzes, vornehmlich aber dann wünschenswerth wäre, wenn die Regierung sich die Forstkultur nicht vorzugsweise zueignete. Die Kenntnisse, welche bei der Landwirthschaft und Forstkultur erfordert werden, sind zum Theil ganz dieselben, und es wäre eine unnöthige Zersplitterung der lehrenden Kräfte und des dazu gehörenden Aufwandes, so verwandte Gegenstände ganz von einander abzusondern. Indeß, möge man beide von einander trennen oder mit einander verbinden, immer muß die Theorie sich unmittelbar an die Ausübung anschließen. Landwirthschaftliche und Forstschulen müssen auf dem Lande liegen und die Schüler unmittelbar durch Anschauung des Gegenstandes ihrer künftigen Wirksamkeit mitten in diese hineinversetzt werden. Dazu ist es denn nöthig, daß die Regierung in verschiedenen Gegenden des Landes Domänengüter anweiset, und so Gelegenheit giebt, die weiteren Fortschritte in den beiden urproduktiven Gewerbszweigen durch die Erfahrung zu läutern und zu prüfen. Ein ähnliches Verfahren muß auch bei den Bergbauschulen statt finden. Sie müssen wo möglich in der Nähe von Bergwerken und Fabriken, welche die Bergprodukte verarbeiten, gelegen sein, und die Zöglinge müssen einen Theil des Jahres sich mit der wissenschaftlichen Ausbildung, den andern aber mit der Anwendung beschäftigen, und in dieser Absicht an die verschiedenen Bergwerke und mit ihnen in Verbindung stehenden Fabrikationsgewerbe vertheilt werden. Man pflegt der Behörde für die Bergbauproduktion auch wohl die Sorge für die Gewinnung des Torfes zuzutheilen; allein diese sollte mit dem Landbau in weiterem Umfange vereinigt werden, da die Benutzung der ausgetorften Gründe und des auf den Mooren selbst wachsenden Viehfutters, ja die Gewinnung des Produktes selbst mit der Gewinnung der Bergbauerzeugnisse in gar keiner nähern Verbindung steht. Handlungsschulen weichen darin von den angeführten ab, daß sie keine praktische Ausübung mit der theoretischen Ausbildung, wenigstens nicht in dem Maaße und der Freiheit, wie bei jenen, verbinden lassen, weil die ganze Handlung auf Speculation mit den Handelswaaren beruht, ohne Waarenbesitz oder freie Verfügung darüber also auch nur beispielsweise die wissenschaftlichen Kenntnisse von der Handlung erläutert werden können. Daß dennoch aber Handlungsschulen sich vorzüglich für Handelsplätze eignen, leuchtet ein, wenn man die Wirkung der Regsamkeit des Handels und der mannichfaltigen damit in Verbindung stehenden Gewerbe auf die Anschauung einräumt.

Vierte Abtheilung.

Von der besondern unmittelbaren Einwirkung der Regierungskunst auf die freie Volkswirthschaft.

Erster Abschnitt.

Von der Regierungskunst in Beziehung auf die Urproduktion.

§. 228.

Die Regierung kann ihre Aufmerksamkeit im allgemeinen auf die Urproduktion richten, indem sie zur Gewinnung der unbenutzten Reichthümer des Urstoffs Veranlassung giebt, oder auf das Verhältniß des Besitzes zu den Besitzern, oder auf den die Landwirthschaft unterstützenden fremden Verlag, oder auf die Schranken, in denen sich die produktive Kraft der Urproducenten bewegt, oder endlich auf den Absatz der Urprodukte wirkt. Was den letzten Punkt betrifft; so müssen wir auch hier, um unsern einmal betretenen Weg der Untersuchung nicht zu verlassen, auf den Abschnitt verweisen, welcher die Regierungskunst in ihrer Richtung auf den Handel betrachtet.

§. 229.

Nicht alle Staaten sind durch ihren Grund und Boden in den Stand gesetzt, ihre Unabhängigkeit von andern in ihren nothwendigsten Bedürfnissen, die doch immer wünschenswerth ist, zu behaupten, wenn sie andern Wegen der Bereicherung, als der Urproduktion, folgen, und dadurch einer großen Bevölkerung Unterhalt verschaffen. Bei ihnen wird daher auch immer eine größere Vorsicht in Anschaffung jener Nothwendigkeiten statt finden müssen, wenn sie sich nicht großen Gefahren aussetzen wollen. Wo dagegen der Boden hinreichend ist, um die ganze Volksmenge zu ernähren, muß die Regierung ganz vorzüglich ihre Aufmerksamkeit darauf richten, die wichtigste Urproduktionsart, den Ackerbau, in den Zustand zu versetzen, worin er fähig ist, den Landesbedarf an den ersten Lebensmitteln zu liefern. An diese Sorge wird sich dann die für die zunächst unentbehrlichen Urproduktionsarten, welche zum Theil genau mit dem Ackerbau zusammenhängen, anschließen: Viehzucht, Gartenbau, Obstbaumzucht, Holzkultur. Er wird wüste liegende Ländereien, die noch in niemandes Privatbesitze sind, zu einem niedrigen Preise verkaufen, oder mit Kolonisten besetzen, oder sonst verschenken, ja wohl gar die ersten Grundauslagen vorschießen, oder zum Theil oder ganz übernehmen, oder mit seinen Unterstützungen in Hinsicht des ersten Anbaus noch weiter gehen. Sümpfe werden ausgetrocknet, Seen abgelassen und wo Ueberfluß an Holz ist wohl gar Waldungen ausgerottet werden. Für die Verbesserung und Vermehrung der Viehzucht wird die Regierung theils durch diese Maaßregeln zugleich sorgen, theils aber auch durch Ankauf und Vertheilung von ausländischem Zuchtvieh, durch Anlegung von Gestüten, durch Einführung von nützlichen Thierarten aus der Fremde. Die Obstbaumzucht wird er durch eigene Anlegung von Baumschulen, durch befohlenes Anpflanzen von Obstbäumen, durch Vertheilung edlerer, auf öffentliche Kosten gezogener Arten, durch Einführung ausländischer begünstigen, und für die Forstkultur durch sorgsame Thätigkeit für die Staatswaldungen geschäftig sein. Des Gartenbaus wird er nicht nöthig haben, sich besonders anzunehmen; weil dieser sich am leichtesten von selbst erzeugt, wo Gründe zu seiner Entstehung vorhanden sind, wie dies die ziemlich allgemein geringen Preise der Gartengewächse beweisen, er aber am wenigsten, wegen seiner Eigenthümlichkeit, erzwungen werden kann. Weniger, als den Flor des Ackerbaues, erheischt das unabhängige und sichere Fortbestehen eines Staates die Betreibung der übrigen Urproduktionsarten; doch ist es zu wünschen, daß die Regierung sich des Bergbaus thätig annehme, so lange nicht ein offenbarer Nachtheil daraus hervorgeht. Dieses ist aber am leichtesten bei der Gewinnung der edlen Metalle möglich. Da diese, wegen der geringen Fortschaffungskosten und wegen ihres Gebrauchs im Weltverkehre sich überall hin von ihrem ersten Gewinnungsorte verbreiten, wo andere Gegenstände des Bedürfnisses gegen sie eingetauscht werden können und ihr Hauptwerth gerade in dieser Austauschungsfähigkeit besteht; so wird ein Staat nie fürchten dürfen durch Mangel an eigener Gewinnung derselben von andern in eine lästige Abhängigkeit zu gerathen.

Etwas anders ist es mit den verschiedenen Bergprodukten, welche verarbeitet unmittelbar dazu dienen, ein Bedürfniß zu befriedigen. Selbst wenn die Staatskasse dadurch gar keinen Vortheil erlangt, ist schon die Beschäftigung der meist sehr dürftigen Bergbewohner ein Gewinn. Wenn freilich das Ausland die gleichen Produkte auf den Markt dieses Staates wohlfeiler, als er selbst liefern kann, möchte die Fortsetzung ihrer einheimischen Gewinnung als ein Nachtheil zu betrachten sein, wie dieses bei der Untersuchung über den Verkehr näher auseinander gesetzt werden wird. Indeß muß doch die Regierung mit solchen Maaßregeln sehr vorsichtig zu Werke gehen, wenn sie nicht dadurch der ganzen Produktion eines Landes eine andere Richtung geben will. Wird nämlich gerade der Bedarf an nothwendigen Bedürfnißmitteln gewonnen, und dieses darf man von einem Lande, wie wir es angenommen, im allgemeinen voraussetzen, da der Reichthum und die ihm zum Grunde liegende Betriebsamkeit in der Regel aus der Urproduktion hervorgeht; so würde die Regierung durch rasche Urbarmachung großer Landstrecken, durch Verschenkung derselben und Uebernahme der ersten Kulturkosten nicht allein einen großen Aufwand verursachen, den gerade die Staatsbürger zum Theil aufzubringen hätten, welche von solchen Maaßregeln keinen oder geringen Vortheil haben, sondern auch den übrigen Gewerbszweigen einen Theil der produktiven physischen Kräfte entziehen. Die Erfahrung lehrt auch, daß dergleichen neuangebaute Landstrecken oft in langer Zeit durchaus zu keiner Blüthe kommen können. Sie zeigen dann offenbar, daß sie in ein Gebäude eingefügt werden, zu welchem sie unter den bestehenden Verhältnissen nicht passen. Die Regierung sollte daher nur alsdann solche Unternehmungen ausführen lassen, wenn unbeschäftigte Hände vorhanden wären, die sich ohne eine Unterstützung dieser Art mit der Zeit dem Staate ganz entziehen, oder ihm als Bettler zur Last fallen müßten, oder wenn dadurch die Trägheit des Urproducenten zu einem regern Leben angespornt und die Landwirthschaft und die Urproduktion, ohne Nachtheil der übrigen Produktionsarten, zu einer höheren Entwikkelung gebracht werden könnte. Diejenigen der angezeigten Beförderungsmittel der Urproduktion, welche nicht auf eine so durchgreifende Weise wirken, sind, als fortgesetzt in Ausübung zu bringen, im allgemeinen die zweckmäßigsten. Alle Ueberspannung führt zur Erschlaffung, und so auch in Hinsicht des angeführten Gegenstandes. Die Regierung muß ihr Augenmerk immer auf das Ganze, auf sein sicheres Bestehen gerichtet haben, im übrigen aber der eigenthümlichen Entwickelung der freien Volkswirthschaft nachgehen, wie ein weiser Erzieher nicht gegen die Anlagen seines Zöglings ihm eine Bildung aufzwingen, sondern ihnen folgend, sie auf einen glücklichen Punkt hinleiten und fortentwikkeln wird.

§. 230.

Sehen wir auf die Verhältnisse des Besitzers zu dem Besitze, so kann hier nur gefragt werden: wie verhält sich die produktive Kraft von jenem zu dem zu bearbeitenden Stoffe? In unserer frühern Untersuchung über die ungleiche Vertheilung des Grundeigenthums haben wir dieses Verhältniß nur im allgemeinen, aber rein, betrachtet, und einzelne Umstände unerwähnt gelassen, welche man im weitern Sinne geneigt sein möchte, ebenfalls hieher zu zählen, die sich aber mehr auf eine an sich unzweckmäßige, als ungleiche Vertheilung beziehen. Dieses ist wenigstens ihr Hauptcharakter und danach wollen wir auch hier beide Arten des Grundbesitzes von einander absondern. Sehen wir nun auf unsere früheren Behauptungen zurück, wo wir den Grundbesitz als einen großen, mittlern und kleinen aufstellten, und den mittlern, übersehbaren, als den dem Landbau zuträglichsten annahmen; so fragt es sich jetzt: soll die Regierung, mit Berücksichtigung jedoch des dort ebenfalls erwähnten höheren Princips, ein besonderes Gesetz über die Größe des Grundbesitzes aufstellen, und wie müßte dieses beschaffen sein? Man mag hin und wieder mit leichtfertigen Worten ein solches Gesetz vertheidigen oder verwerfen, uns dünkt dieser Streitpunkt höchst schwierig zu erledigen, da uns die Geschichte selbst irre zu führen scheint, indem sie uns hier ein Streben nach einem solchen Gesetze, ja die Ausführung desselben zeigt, dort aber ein mächtiges und glückliches Kämpfen dagegen. Indeß wer ist auch berechtigt die Geschichte auf diese Weise um Rath zu fragen, aus ihren Jahrbüchern einzelne Blätter herauszureißen?! Nur wer den innigsten Zusammenhang der Entwickelung von Staaten und Völkern kennt, vermag aus ihr für das Aehnliche ein Gesetz herzunehmen; nur wer die nähern Umstände genau kennt, welche hier und dort auf den menschlichen Willen einwirkten, vermag zu sagen: dieses oder jenes Streben liegt in der Natur des Menschen! Da nun diese besonderen Verhältnisse, in denen sich der Mensch im Staate befindet, jeden umschlingen, auf den einen so, auf den andern anders wirken, und hier, wie dort sich mit den Leidenschaften verbinden; so stellt das bürgerliche Leben, so lange noch Leben im Staate ist, stets einen Kampf dar, und Einrichtungen, welche aus solchen Kämpfen hervorgehn, sind oft weiter nichts, als die Trophäen der siegreichen Partei. Rein kann man nur urtheilen, wenn man sich ganz parteilos fühlt, und sich in die Stelle einer nur das Ganze anschauenden, sich selbst als etwas besonders vernichtenden Regierung versetzt. Indem wir uns nun auf einen solchen Punkt zu erheben versuchen, fragen wir: ist es überhaupt möglich, wenn der Staat nicht der allgemeine Haushalter wird, alle Klassen der Staatsbürger in einen wohlhabenden Zustand zu versetzen, ihren Vermögenszustand in einer gewissen Grenze zwischen dem zu groß und dem zu gering zu halten, oder erfordert nicht vielmehr die Entwickelung des Ganzen ein Unterordnen des Einen unter den Andern, nach seinen persönlichen und den Kräften seines sinnlichen Besitzes? Ohne uns lange zu besinnen, werden wir gewiß für das Letztere entscheiden, und in der ganzen Entwickelung, dem gegenseitigen Ineinandergreifen des betriebsamen und mehr geistigen Lebens und der einzelnen Zweige beider den Beweis davon finden, und uns also auch für berechtigt halten, die verschiedene Größe des Landbesitzes gut zu heißen. Allein diesen Schluß dürfen wir deshalb nicht als richtig anerkennen, weil zwar die verschiedenen Zweige der Urproduktion in einander eingreifen, aber nicht die verschiedene Größe des Grundbesitzes einen solchen innigen Zusammenhang begründet, auch jene obige Behauptung noch dadurch modifizirt werden muß, daß die Regierung, neben dem regsamen Zusammenhange der produktiven Kräfte, die möglichste Erhöhung jeder produktiven Kraft zu bewirken zur Aufgabe hat. Bei der Urproduktion, und damit wir den Zweig derselben gleich herausheben, worauf es hier hauptsächlich ankommt, bei der Landwirthschaft mit ihren Nebenzweigen, wie bei allen Produktionsarten, sind die in einander wirkenden Glieder die arbeitenden und die leitenden, die Knechte und die Grundbesitzer und Pächter. Beide sind in einer Person vereinigt, wenn der Grundbesitz nicht groß genug ist, um die blos leitende Thätigkeit ganz zu beschäftigen und durch den Ertrag die Unthätigkeit des Grundbesitzers oder Pächters möglich zu machen, und beide müssen vorhanden sein und vorhanden sein dürfen, wenn die Landwirthschaft sich zu einer immer größern Vollkommenheit erheben soll; denn nur der das Ganze leitende und einen bedeutenden, die verschiedenen Zweige der Landwirthschaft übersehende Landwirth vermag sein Gewerbe leicht weiter zu bilden, während die ihm untergeordneten, blos ausführenden Kräfte diese höhere Wirksamkeit gestatten. Wären nun viele so kleine Wirthschaften vorhanden, daß ihre Besitzer weder in der einen, noch in der andern Eigenschaft ihre volle Thätigkeit beweisen könnten, und müßten sie also ihre Arbeit bald auf ihr eigenes Grundstück, bald auf das eines andern wenden, um auf diesem doppelten Wege ihr nöthiges Einkommen zu erschwingen; so würden sie, was sie sind, überall nur halb sein können, und die Landwirthschaft würde durch sie bei weitem nicht die Fortschritte machen, als wenn sie entweder ihre Arbeit ganz einem andern überließen, oder einen Grundbesitz hätten, welcher groß genug wäre, sie auf die eine, oder die andere Art ganz zu beschäftigen. Bedenken wir dieses und die übrigen, schon früher angeführten Schwierigkeiten ihrer Lage; so werden wir nicht anstehen können, einen so geringfügigen Grundbesitz als der Nationalökonomie nachtheilig anzuerkennen und uns vielleicht für diejenigen erklären, welche die Erlangung desselben durch ein Gesetz zu verbieten rathen. Dagegen aber müssen wir einwenden, daß, wenn die Betriebsamkeit gedeihen soll, nothwendig die Erlangung eines fortschreitenden Besitzes möglich sein muß. Der Landbauer hat aber keinen wünschenswertheren Besitz, als das Grundeigenthum, dem seine ganze Kraft und Thätigkeit gewidmet ist. Dieses Streben muß sich bei ihm weit lebendiger zeigen, als bei den meisten andern Producenten; weil der Besitz, durch welchen er eine feste Stelle auf der Erde bekommt, auch zugleich die Quelle seines Einkommens ist, und ein solcher Besitz ihn beständig umgiebt. Der Knecht, der Tagelöhner muß es als die höchste Aufgabe seiner Mühe und Arbeit betrachten, ein Eigenthum, eine eigene Wirthschaft zu erlangen, wenn sie ihn auch nicht ganz nähren sollte. Selbst das Unglück, welches ihn treffen kann, darf nicht mit so grellen Farben als nachtheilig für den Nationalwohlstand geschildert werden, weil ihm das Uebergehen in eine abhängige und dienstbare Lage weit leichter wird, als einem andern, der nie einen solchen Zustand kannte, und, hülflos in Beziehung auf seinen Besitz, die Unterstützung anderer ansprechen muß, ohne doch oft so viel zu erlangen, sein Grundeigenthum der Nationalökonomie durch neuen thätigen Anbau retten zu können. Wäre nun durch ein Gesetz die Erlangung eines solchen geringfügigen Grundstückes abgeschnitten; so würde der Thätigkeit eines ländlichen Lohnarbeiters aller Sporn fehlen, er würde sich oft entweder der Trägheit überlassen, oder vom Lande in die Stadt ziehen, um hier ein seinen Wünschen entsprechendes Glück durch Ergreifung eines städtischen Gewerbes zu suchen, oder doch, wenn er auch selbst darauf verzichtete, seinen Kindern diese Aussicht zu verschaffen, wodurch alsdann nicht nur die Landwirthschaft einen Theil ihrer Arbeiter verlieren, sondern auch die städtischen Gewerbe übersetzt werden würden. Demnach scheint es mir zweckmäßig, der Erwerbung eines solchen kleinen Besitzes kein Hinderniß in den Weg zu legen. Anders verhält es sich mit einem allzugroßen Grundbesitze. Bei einem solchen muß die Kultur des Bodens und also auch der Nationalreichthum aus mehreren oben angegebenen Gründen leiden, und wäre es daher der Regierung blos um Vergrößerung desselben zu thun; so könnte sie sich für ein Gesetz erklären, welches den Grundbesitz nur bis zu einem gewissen Grade auszudehnen erlaubte. Aber, behaupten wir, es kann höhere politische Gründe geben, welche dagegen sprechen: der große Grundbesitz erzeugt einen gewissen Charakter der Selbstständigkeit und macht die Eigenthümer desselben fähig, sich im Staate als die Schranken der Willkühr aufzustellen. Dies ist allerdings nicht zu leugnen; aber es ist auch nicht zu leugnen, daß eben diese Stellung der großen Güterbesitzer sie auf der andern Seite verleiten kann, einen gefährlichen Aristokratismus auszuüben, von welcher Erscheinung die Geschichte reich an Beispielen ist. Sie erzeugt allerlei Bevorrechtungen, und diese das Streben bei minder großen Landeigenthümern, ihren Besitz so schnell und so weit als möglich auszudehnen. Dadurch gehen dann allmählig die geringern Besitzungen ganz ein, und der Landbesitz befindet sich in den Händen einer gegen das Ganze geringen Anzahl von Männern, die nun immer mehr dahin zu wirken suchen werden, ihr Ansehn im Staate auf Kosten ihrer Mitbürger zu vergrößern. Diese übeln Folgen würden dann nicht eintreten können, wenn nur wenige große Gutsbesitzer vorhanden wären. Sie würden stark genug sein, gegen Willkühr aufzutreten, aber zu schwach, um Anmaßung und Selbstsucht geltend zu machen. Dies würden sie nur durch die Vereinigung mit ihren Standesgenossen thun können; aber ihre Bevorrechtung vor diesen würde sie von der Anwendung eines Mittels abhalten, welches ihnen nur einen ungewissen Gewinn verspräche, aber einen gewissen Nachtheil drohte. Indeß, wie würde die Regierung bei der Ertheilung eines solchen Vorrechtes zweckmäßig verfahren, und welche Grenze des Besitzes müßte sie für alle davon ausgeschlossene festsetzen? Um zugleich in die Ertheilung selbst den Zweck derselben zu legen, dürften nur solche Männer darauf Ansprüche machen, welche sich vorzüglich um den Staat verdient gemacht hätten, mit der Bedingung ihren Besitz ungetheilt an ihre männlichen Descendenten zu vererben, so daß also ein Erstgeburtsrecht statt fände. Die Zahl dieser Reichsgroßen müßte sich natürlich nach der Größe des Landes richten, wie ihr Besitz selbst, und dieser wieder in eine gewisse Grenze eingeschlossen werden, damit er schon durch seine Unantastbarkeit ehrwürdig erschiene. Wie er nicht über ein gewisses Maaß anwachsen dürfte, dürfte er auch nie unter eine gewisse Grenze sinken; er müßte bis zu dieser unveräußerlich und unverlierbar gemacht werden. Die Grenze nun, wo der Besitz dieser Reichsgroßen anfinge, müßte zugleich die äußerste Grenze für den Landbesitz der übrigen Grundeigenthümer sein, von denen auch diejenigen unter die Reichsgroßen versetzt werden dürften, deren Familie lange, wenn auch nicht durch glänzende, doch durch fortgesetzte Verdienste um das Vaterland und durch Bewahrung eines würdigen Charakters vor den übrigen sich auszeichneten. Dieses müßte indeß immer mit Bewahrung der bestimmten Zahl der Reichsgroßen geschehen. Weiter ließe sich im allgemeinen über ein den Grundbesitz bestimmendes Gesetz nichts sagen; die besondere Einrichtung desselben müßte die Eigenthümlichkeit eines jeden Staates angeben, nur wäre es zweckmäßig dergleichen Besitzthümer im Lande gleichmäßig zu vertheilen.

Was die Regierung auf diese Weise erreichen würde, haben die Grundbesitzer unter dem Schutze der Regierung häufig selbst zu erreichen gesucht; sie haben Majorate und Fideicommisse gestiftet, indem sie durch jene entweder der Erstgeburt ein Vorrecht der Erbfolge bestimmten, oder dieses Recht auf den ältesten Verwandten, dem Grade nach, oder überhaupt auf das älteste Familienglied, die Nähe der Verwandschaft nicht berücksichtigend, ausdehnten, durch die Fideicommisse aber die Art der Erbfolge bei gewissen eintretenden Umständen, oder die bloße Benutzung der Erbschaft festsetzten. Daß der Zweck aller dieser Einrichtungen die Erhaltung des Grundbesitzes bei einer Familie sei, ist einleuchtend; aber es kann für den Staat die nachtheilige Folge daraus hervorgehen, daß das Grundeigenthum nach und nach in wenige Hände kommt, oder daß diejenigen, welche keinen Sinn für einen solchen Besitz haben, oder welche durch Veräußerung desselben einen bedeutenden Vortheil erlangen könnten, in jenem Falle schlecht wirthschaften, in diesem aber um einen Gewinn gebracht und durch seinen Verlust gehindert werden, ihrer Betriebsamkeit eine größere Ausdehnung zu geben, ohne daß der Staat aus einem solchen Verfahren den Nutzen zieht, welchen ihm jene beschränkte Zahl großer Grundeigenthümer gewährt.

§. 231.

Wo das Interesse und nicht das bloße Wohlgefallen an der Produktion die Triebfeder derselben ist, wird diese natürlich immer am kräftigsten erscheinen, wenn sie von denen selbst geleitet oder ausgeübt wird, deren Vortheil unmittelbar damit zusammenhängt. In einem ähnlichen Verhältnisse stehen auch gesellschaftlich unternommene Produktionsarten zu denen, welche von Einzelnen betrieben werden. Daher hat man den Staatsbesitz von Grundstücken, das Grundeigenthum der Korporationen und Stiftungen als nachtheilig für den Nationalwohlstand betrachtet und die Veräußerung oder Theilung vorgeschlagen. Was zuerst den Staatsbesitz von Grundstücken betrifft; so haben wir das Wesentlichste darüber §. 66. gesagt; hier bleibt nur übrig noch Einiges hinzuzufügen, um den Gegenstand in allen seinen Beziehungen zu übersehen. Die Urproduktion kann in einem Staate noch weit zurück sein, oder schon solche Fortschritte gemacht haben, daß die vorhandene Menge des im Privatbesitze befindlichen Grundeigenthums nicht mehr hinreicht, die Nachfrage nach Urprodukten, Lebensmitteln und Materialien, zu befriedigen, oder die Grundstücke der Privatleute lassen noch eine weit zweckmäßigere und ausgedehntere Kultur zu. Nur in dem ersten Falle würde, die schlechtere Betreibung der Urproduktion durch den Staat vorausgesetzt, eine Veräußerung des Staatsvermögens als zweckmäßig erscheinen; aber auch dann nur immer eine allmählige, theils um durch die plötzliche bedeutende Vermehrung des Angebots von Grundstücken ihren Preis nicht zu erniedrigen, und dem Staate den Ersatz für die wegfallenden Domäneneinkünfte nicht zu schmählern, theils um nicht dadurch die schlechte Bewirthschaftung der veräußerten Güter, wenn auch nicht herbeizuführen, doch möglich zu machen. Bei einem niedrigen Güterpreise würden nämlich Viele Grundstücke, nicht ihres Vortheils, sondern blos, oder hauptsächlich, ihres Vergnügens wegen, ankaufen, und so würde die Absicht, welche die Regierung durch die Veräußerung der Domänen, zu erreichen strebt, vereitelt werden. Auch einen finanziellen Grund pflegt man für die Beibehaltung der Domänen anzuführen. Sie sollen nämlich bei Staatsanleihen als Unterpfand dienen; allein, wenn sonst die Regierung nicht die Absicht hat, ihre Verbindlichkeiten zu erfüllen, wird auch die Verpfändung der Domänen keine Sicherheit gewähren, statt deren man ja überdies die Steuern zu demselben Zwecke benutzen könnte. Befindet sich die Urproduktion aber nicht in einem so blühenden Zustande; so sind auch keine Gründe vorhanden, die Domänen zu veräußern. Inzwischen muß doch immer das Bestreben der Regierung sein, so vielen

Nutzen wie möglich daraus zu ziehen, theils um unmittelbar die Produktion zu fördern, theils um nicht durch schlechte Verwaltung der Quellen ihres unmittelbaren Einkommens den Verlust an demselben durch Erhöhung der Steuern ersetzen zu müssen. Sobald daher die Erbpacht als die vortheilhafteste Art der Verpachtungen, und die Verpachtung überhaupt sich ersprießlicher, als die Selbstverwaltung, zeigen sollte, müßte die Regierung nach gerade alle Staatsländereien in Erbpacht geben. Was hier im allgemeinen von der Urproduktion gesagt worden, leidet natürlich durch die auf diesen Gegenstand sich beziehenden früher angestellten Untersuchungen eine Einschränkung. Die hier aufgestellten Behauptungen gehen hauptsächlich auf den Ackerbau und die nahe damit zusammenhängenden Gewerbe; aber auch die Fischerei wird die Regierung am zweckmäßigsten verpachten. Forsten und Bergwerke dagegen würden durch Verpachtung mehr leiden, als durch Selbstverwaltung, und bei ihnen muß daher auch diese vorgezogen werden.

In Hinsicht des Grundbesitzes der geistlichen Korporationen und Stiftungen und der Gemeinden haben sich in neuern Zeiten die Meinungen der Staatswirthe ziemlich vereinigt, und für die Auflösung derselben gestimmt. Rein staatswirthschaftlich läßt sich freilich die Frage in Rücksicht der geistlichen Korporationen und Stiftungen nicht leicht beantworten; allein wenn man sich auch durch die ganze Stellung derselben in der bürgerlichen Gesellschaft zu einer andern Meinung sollte verleiten lassen; so darf uns doch eben so wenig die Betrachtung dessen irre führen, was sie einst zur Kultur des Bodens beitrugen, als die mancherlei Wohlthaten, welche sie vermöge ihres Besitzes häufig verbreiteten. Jene vortheilhafte Wirkung konnten sie nur in Zeiten, wie das Mittelalter, hervorbringen, diese Wohlthaten aber waren häufig nur möglich durch die Zerstörung des Wohlstandes vieler, aus welcher der Reichthum der geistlichen Korporationen und Stiftungen sich erhob. Indeß selbst mit der religiösen Ansicht dieser Institute ist nicht nothwendig ihr Landbesitz verbunden, ja er scheint von ihrer eigentlichen Bestimmung abzuleiten, und schreibt sich aus Zeiten her, wo Grundeigenthum fast der einzige Reichthum war. Da dieses sich nun jetzt ganz geändert hat; so läßt sich nicht einsehen, warum man selbst bei der Beibehaltung solcher religiösen Anstalten, außer ihrer religiösen Bestimmung ihnen zugleich durch die Sorge für die Verwaltung ihres Vermögens ein weltliches Streben auflegen will. Ein Garten, um der freien Luft zu genießen und durch die Beschäftigung mit seiner Pflege den Leib gesund zu erhalten, wird ihnen genügen, der übrige Grundbesitz aber kann und muß ihnen zum Vortheile der allgemeinen Landeskultur entzogen werden, nicht aber, um ihn in Staatsgut übergehen zu lassen, sondern um ihn zu veräußern, wobei dann ähnliche Grundsätze, wie bei Veräußerung der Domänen, zu beobachten sein würden. Wollte man jedoch jene Anstalten selbst aufheben; so müßte die Berücksichtigung des Unterhaltes der sie bildenden Glieder und der durch ihre Bestimmung ganz eigenthümlichen Gebäude eine besondere Vorsicht bei der Veräußerung erzeugen. Da die letzteren sich für die Benutzung bei der Landwirthschaft nicht wohl eignen, gut aber zu Fabrik-, Armen-, Schul- und ähnlichen Anstalten benutzt werden könnten; so müßte man auf alle diese Punkte Rücksicht nehmen.

Auch die ganzen Gemeinden zustehende Benutzung eines Grundstückes ist entschieden der Landwirthschaft höchst nachtheilig. Eines solchen Grundstückes nimmt sich niemand an, und es gewährt wenigen oder gar keinen Nutzen. Es kann daher auch eigentlich nur (es sei denn eine Holzung) als Weideland benutzt werden; allein wie solche Weiden beschaffen, lehrt die Erfahrung hinlänglich. Das Vieh findet geringe und schlechte Nahrung, und da die Viehzucht die Grundlage des Ackerbaus, seine eigentliche Quelle ist, und seinen Flor begründet; so kann auch dieser nicht gedeihen, und es geht nicht nur das Gemeindeland größtentheils verloren; sondern auch die Landwirthschaft selbst bleibt zurück. Wir finden diese Behauptungen auch auf das augenscheinlichste durch diejenigen Gegenden bestätigt, wo das Gemeindeland getheilt und noch andere, den Landbau drückende Umstände, von denen wir sogleich reden wollen, entfernt sind. Dieses sind nämlich mancherlei Berechtigungen der Gemeinden, die man, wegen des gemeinschaftlichen Besitzes, wie die Gemeindeländereien, zu den Gemeinheiten rechnet, und bestehen in der besonders hieher gehörigen Hut- und Trift-Gerechtigkeit, in der Ausübung der Jagd und des Fischfangs. Da die Hut auf den Brach- und Stoppelfeldern, die Trift auf den Wintersaaten statt findet; so geht schon aus ihrer Aufrechthaltung theils eine mangelhafte Bestellung der Aecker, theils die wenigstens zum Theil fehlende Stallfütterung hervor, bei welcher die Landwirthschaft erst recht gedeihen kann, und welche wir da antreffen, wo sowohl diese Berechtigungen, als auch die gemeinschaftliche Benutzung gewisser Grundstücke aufgehört hat. Hieher müssen wir ferner noch das sogenannte Gemenge rechnen, welches dann entsteht, wenn die Aecker verschiedener Grundeigenthümer ohne Ordnung, in kleinen Antheilen, durcheinander liegen. Freilich mag dieses mit der Entstehung der zusammenliegenden Wohnungen in den Dörfern zusammenhängen; aber nothwendig ist es damit nicht verbunden, und erzeugt sich sehr leicht durch Veräußerung des Grundeigenthums an Inhaber von entfernter gelegenen Aeckern. Ein solches Gemenge kann nie mit dem Vortheile bestellt werden, wie zusammenhängende Grundstücke, und wo es statt findet, sollte die Regierung eine Arrondirung der Besitzungen zu veranlassen suchen. Sie zu gebieten, möchte, wegen der Schwierigkeit der Ausführung, vielleicht eben so wenig rathsam sein, als die Gemeinheiten von Grundstücken und Rechten geradezu aufzuheben. Besser wäre es, wenn die Regierung auf die Ueberzeugung der Gemeinden so mächtig wirken könnte, daß diese sich freiwillig zur Wegräumung der angezeigten Hindernisse, unter Mitwirkung der Regierung, entschlössen. Wenigstens müßte die größere Zahl der Landwirthe für die bessere Ansicht gewonnen sein, die übrigen würde die Erfahrung leicht von ihrem Irrthume zurückbringen. Es läßt sich auch annehmen, daß, wenn die Regierung sich theoretisch und praktisch von der Schädlichkeit der Gemeinheiten und des Gemenges überzeugt hat, die Fortschritte, welche die Landwirthschaft hie und da gemacht, ihr diese Ueberzeugung gegeben haben müsse. Ist dieses aber der Fall, dann wird sie in dem Wunsche mancher Landwirthe schon die Vorarbeit für ihre weiteren Maaßregeln finden. Wenn dagegen die Landwirthschaft in einer Gegend noch sehr weit zurück ist; so dürfte die Lösung einer mit so vielen Schwierigkeiten verbundenen Aufgabe, wie die vorliegende ist, durch einen glücklichen Erfolg in einem zu geringen Grade belohnen, als daß dadurch die Unzufriedenheit der am Alten festhängenden Gemüther über die Maaßregel der Regierung gehoben werden sollte. Nur ein Theil der Gemeindegüter pflegt vertheidigt zu werden, nämlich die Gemeindewaldungen; weil man durch ihre Aufhebung den Gemeinden ein nothwendiges Bedürfnißmittel zu entziehen fürchtet. Zuweilen geht man wohl in dieser Besorgniß zu weit; aber ganz ungegründet ist sie nicht; denn die einzelnen Gemeindeglieder würden größtentheils nichts eiliger zu thun wissen, als das Holz herunterzuschlagen, und viele von ihnen würden dabei nicht einmal im Stande sein, die bedeutenden Kosten aufzuwenden, welche nöthig sind, einen Waldboden in Ackerland zu verwandeln. Man müßte daher, bei Aufhebung der Gemeindewaldungen ganz besonders ihre Lage berücksichtigen, die Möglichkeit, auf eine leichte Weise in Zeiten des Bedürfnisses Holz herbeizuschaffen, oder die Forsten selbst an solche Käufer ablassen, welche Willens wären, sie als solche fortbestehen zu lassen.

§. 232.

Wenn die Landwirthschaft recht gedeihen soll; so müssen von Zeit zu Zeit bedeutende Kapitalien auf die Verbesserung des Bodens, auf die Wirthschaftsgebäude, auf die Geräthe, Maschinen, den Viehstand u. s. w. verwandt werden, und der thätige und weiter strebende Landwirth, dem eigene Kapitalien nicht zu Gebote stehen, wird sich am ersten nach Kredit umsehen. Dieser wird ihm auch selten entstehen, weil der Grund und Boden eine so gute Hypothek abgiebt, und der Staat hat, um den Gläubiger zu sichern, weiter nichts zu thun nöthig, als ihm, durch die Einsicht in die Hypotheken- und Lagerbücher über die bereits auf dem Grundstücke haftenden gerichtlichen Schulden und über den Werth desselben Auskunft zu verschaffen. Es kommt denn freilich immer auf die Grundsätze an, wonach die Lagerbücher angefertigt worden sind, ob eine genaue oder oberflächliche Abschätzung der Grundstücke statt gefunden, ob viele oder wenige Klassen derselben, ihrer Ertragsfähigkeit gemäß gemacht worden. Sorgt der Staat überdies für zweckmäßige Versicherungsanstalten, nicht allein gegen Feuersgefahr, sondern auch gegen andere, durch die Natur herbeigeführte Unglücksfälle; so wird der Landwirth, welcher unter dem Schutze dieser Anstalten steht, nicht leicht eines ausgedehnten Kredites entbehren. Ob die Regierung noch weiter gehen und landschaftliche Kreditsysteme errichten oder unter ihren besondern Schutz nehmen solle, erhellet aus der, solchen Kreditsystemen im ersten Theile gewidmeten Untersuchung, woraus wir auch für die Beantwortung der Frage, ob die Regierung selbst die Entstehung von landschaftlichen Kreditsystemen erlauben dürfe, einen Fingerzeig erhalten. Gesellschaften, welche ein gemeinschaftliches Interesse wirklich fest verbindet, erhalten durch ihr gemeinsames Wirken ein Uebergewicht über alle, welche der Wohlthaten eines solchen Vereins nicht genießen, es sei denn, daß jeder im Stande, und gleich leicht im Stande ist, daran Theil zu nehmen. Dieses ist aber weder bei der Urproduktion, noch bei den andern Produktionsarten der Fall. Der Reiche schließt sich weit leichter an den Reichen an, als der Arme, und wenn die Regierung, wegen des hülflosen Zustandes des letzteren, eine doppelte Aufforderung hat, ihn zu unterstützen; so darf sie am wenigsten zugeben, daß Verbindungen entstehen, welche nur den Vortheil des Reichen begünstigen. Anders müssen freilich Vereine betrachtet werden, welche in ihren Nutzen zugleich den Nutzen des Ganzen einschließen. Ueberdies wird es auch solcher Kreditsysteme gar nicht bedürfen, wo die Regierung die angeführte Aufmerksamkeit in Ansehung der Benutzung des fremden Verlages beobachtet; weil ein jeder alsdann gern seine Kapitalien den Grundbesitzern anvertrauen wird.

§. 233.

Wenn indeß die Regierung auch die zweckmäßigsten Maaßregeln ergreift, um die Urproduktion die genannten Vortheile genießen zu lassen und sie von den erwähnten Hindernissen zu befreien; so wird sie dennoch so lange nicht recht gedeihen können, als die Urproducenten unter Lasten seufzen, von denen ihre hervorbringende Thätigkeit niedergehalten wird, oder welche dahin streben, ihren Wohlstand, ihr Eigenthum zu vernichten. Diese Lasten bestehen entweder in Dienstleistungen, welche sie entweder durch eigene Arbeit allein, oder mit ihrem Gespann leisten müssen, sind Hand- oder Spanndienste, oder sie bestehen in Abgaben an die Gutsherrschaft von dem Ertrage ihres Grundstücks, sei es in Erzeugnissen oder in Gelde, oder sie bestehen endlich in der gänzlichen Vernichtung der persönlichen Freiheit. Es ist nicht zu leugnen, daß alle diese Lasten einen wohlgegründeten Ursprung haben, auf Verträgen beruhen, mag es nun auch sein, daß viele dieser Verträge, wie die Geschichte des Mittelalters dieses nachweiset, von der unterdrückten Partei aus Noth eingegangen worden. Durch ihre Aufhebung würden daher immer Rechte verletzt werden, die man im allgemeinen als wohlerworben annehmen muß. Die Grundherren überließen gegen die Uebernahme gewisser Leistungen den Genuß ihres Eigenthums oder dieses Eigenthum selbst an Landbauer, und haben also gerechte Ansprüche, diese Leistungen erfüllt zu sehen, oder sie erwarben die ganze persönliche Thätigkeit von Menschen als Eigenthum, um darüber nach ihren Absichten zu verfügen. Darf der Staat nun diese Rechte aufheben, oder darf er sie nur beschränken, oder darf er keins von beiden? Im allgemeinen muß der Staat den Rechtezustand seiner Glieder aufrecht erhalten, die Sicherheit der Rechte sichert das Bestehen des Staates selbst; allein es kann Rechte geben, welche auf Vernichtung des Ganzen hinstreben, und von dieser Art sind alle Rechte, welche auf einer Ungerechtigkeit beruhen.

Des Staates Zweck ist aber der Staat, etwas Höheres kennt er nicht, und wenn zwischen Privatrechten und diesem seinem Zwecke ein Zwiespalt entsteht, müssen jene weichen. Von dieser Art ist aber ein großer Theil jener rechtlichen Verhältnisse zwischen den Grundherrn und Grundholden, der Leibeigenschaft gar nicht zu gedenken. Diese Rechte vernichten durch das, was sie fordern, den Genuß, den sie gewähren; sie geben dem Grundholden ein Eigenthum, und vernichten durch die damit verknüpften Leistungen derselben den daraus zu ziehenden Nutzen. Ein Vertrag zwischen dem Grundherrn und Grundolden setzt immer voraus, daß jener diesem, nach Abzug der Leistungen und Kulturkosten, einen Ertrag zusichert, der ihn und seine Familie zu ernähren im Stande ist, ihm wenigstens das Einkommen eines Tagelöhners verspricht. Vermag er nicht so viel davon zu ziehen; so vermag er auch nicht den Anbau seines Grundstückes fortzusetzen, oder schleppt unter Anstrengungen, die dennoch weder seiner noch der Wirthschaft des Gutsherrn genügen, ein kümmerliches Leben hin. Die Geschichte zeigt in mehreren Beispielen, wohin endlich ein solches drückendes Verhältniß führt. Der Leibeigene, als solcher geboren, kennt das schöne Gut der Freiheit kaum, der Grundholde dagegen kennt die Freiheit, und sieht sich mit dieser Freiheit elend, gedrückt, allen Sorgen der Noth Preis gegeben. Dieses muß ihn zur Verzweiflung bringen und ihm einen unbezwinglichen Haß gegen seinen Unterdrücker einflößen. Wäre es also auch nicht das traurige Schicksal dieser Klasse von Staatsbürgern, was die Regierung bestimmte, sich ihrer anzunehmen; so müßte sie dieses doch schon thun, um der Gefahr vorzubeugen, die mit der Zeit aus dem Schooße der Unterdrückung in der furchtbaren Gestalt der Empörung gewiß aufsteigt. Ueberdies kann eine solche Unterdrückung nur aus einem Gefühle des Hochmuthes und der Verachtung des Landmanns, aber nicht aus einer verständigen Einsicht in den eigenen Nutzen hervorgehn. Des Grundholden Wohlstand ist auch der Wohlstand des Grundherrn, und wenn der letztere von diesem Gedanken ausgeht, wird er die Lasten, welche den Grundholden drücken, wenigstens um so viel erleichtern, daß derselbe sein Grundstück vollständig anzubauen im Stande ist. Auf einen solchen Zustand kann und muß auch die Regierung dringen. Ohne die Rechte des Grundherrn ganz aufzuheben, muß sie dieselben doch bis zu einer Grenze beschränken, von woan sie dem allgemeinen Wohlstande nicht mehr nachtheilig werden. Aber auch bei diesem Schritte muß sie mehr den Weg der Uebereinkunft, als des Zwanges, einschlagen, und bedenken, daß den Grundholden oft wenig mit ihrer gänzlichen Freiheit gedient sein kann, wenn sie diese vielleicht mit einem großen Theile ihres kleinen Vermögens erkaufen müssen. Die Ablösung der Leistungen sollte daher auch nur allmählig geschehen und also dem allgemeinen Gesetze der Staatsmaaßregeln folgen: nichts zu übereilen. Am drückendsten sind natürlich die ungemessenen Dienste; denn sie geben den Grundholden ganz in die Hände des Grundherrn. Bei ihnen läßt sich an einen eigentlichen Vertrag nicht denken. Wer sich der Willkühr eines Andern hingiebt, räumt ihm auch das Recht ein, den Genuß zu zerstören, den er ihm gegen diese Verzichtleistung auf seine Freiheit zu gewähren versprochen. Einen solchen Vertrag kann der Grundholde nur im Vertrauen auf die milde Behandlung von Seiten seines Grundherrn eingehen. Man hat daher auch damit angefangen, die ungemessenen Dienste in gemessene zu verwandeln, und ist dann erst zur Ablösung der gemessenen fortgeschritten. Wer den Landbau nur einigermaßen kennt, wird einräumen, wie nachtheilig schon gemessene Hand- und Spanndienste sind, wenn sie zu einer Zeit fallen, wo der Landmann seiner und seines Gespannes Arbeit höchst nothwendig bedarf, wo er ihrer nur mit Gefahr eines Theiles seiner Erndte entbehren kann. Ueberhaupt sind die Dienstleistungen weit nachtheiliger, als die Leistungen, welche in einem Theile des Ertrages, in gewissen Renten bestehen; ja man streitet darüber, ob nicht vielleicht diese fortlaufenden Renten (Grundzinsen, Erbzinsen, Kanon, Geld- und Getreidegülten) und das Lehnsgeld (Laudemien, Handlohn) zweckmäßiger seien, als gewöhnliche Kapitalzinsen. Allein durch ein solches fortlaufendes Verhältniß der Abhängigkeit, worin die Grundholden sich gegen die Grundherrn befinden, wird die freie Verfügung über den Grundbesitz gehindert. Dieses bewirken freilich die auf einem Grundstücke haftenden Schulden ebenfalls; aber dadurch, daß diese abbezahlbar sind, wird der freien Verfügung doch eine Aussicht geöffnet und der Thätigkeit ein Sporn gegeben, diese Aussicht bald möglichst in Erfüllung zu bringen. Wenn man dagegen behauptet, daß die angeführten Leistungen dieses ebenfalls bewirken; so sieht man wohl zu wenig auf die menschliche Natur. Die Zeiten, in denen die Grundholden ihr Verhältniß zu den Grundherrn als eine Wohlthat anerkennen mochten, liegen zu entfernt; allein ihre Leistungen, die Theilung ihres Einkommens mit jenen, erneuern sich beständig und erzeugen ein Gefühl des Unmuths, welches durchaus nachtheilig auf die Arbeitsthätigkeit wirken muß. Woher anders stammt denn der Stumpfsinn, die Verdrossenheit eines großen Theiles der Landleute, als aus dieser Abhängigkeit, aus diesem Mangel der Freiheit, da in ihrem Gewerbe selbst durchaus nichts Niederdrückendes liegt. Wenn wir aber auch dem Grundzins, dem Kanon, den Laudemien nicht eine so be-

bedeutend nachtheilige Wirkung beimessen wollen, als viele ihnen zurechnen; so müssen wir diese doch dem Zehnten zuschreiben, wie dieses auch von den erfahrensten Landwirthen geschieht. Bei ihm äußert sich ganz vorzüglich jenes Gefühl der Unzufriedenheit, da er stets mit dem Fortschritte der Kultur steigt, ohne daß doch der Grundherr vielleicht das Geringste beigetragen hatte, diesen Fortschritt zu erleichtern. Zudem wird der Zehnte nicht von dem reinen, sondern von dem rohen Ertrage gegeben, und erscheint also weit höher, weit drückender, veranlaßt auch selbst wegen der Erhebung manche Beschwerden. Ihn, vor allen andern auf dem Landmanne liegenden Lasten, sollte man daher auch ablösen, und in eine nach einem Durchschnitte von 30 bis 40 Jahren berechnete, bestimmte, den zehnten Theil des Ertrages ausmachende Abgabe verwandeln. Eine solche würde dem Grundholden und dem Grundherrn selbst weit angenehmer sein, schon deshalb, weil alles Gewisse, Berechenbare, dem Menschen weit mehr zusagt, als das Ungewisse, Unsichere, aber auch deshalb, weil der Landmann nun im voraus seine ganze Betriebsamkeit darauf einrichten, und der Grundherr mit Zuverlässigkeit vorher über sein Einkommen zu bestimmen vermag. Ganz werden alle diese Lasten gehoben, wenn die Regierung eine Theilung der Grundstücke zwischen den Grundherren und Grundholden veranlaßt, wobei freilich die Schwierigkeit statt findet, daß die ganze Wirthschaftseinrichtung nun auf beiden Seiten unpassend wird, beide Theile in eine äußerst verwickelte Lage versetzt und Veranlassung zur Entstehung einer großen Menge ganz kleiner Grundbesitzungen giebt, die wegen schlechter Bewirthschaftung im Anfange vielleicht dem Nationalwohlstande ein größeres Uebel zufügen werden, als dieser durch die freie Verfügung der Landwirthe über ihr Grundeigenthum an

Vortheilen gewinnt. Indeß würde dieser Nachtheil wenig oder gar nicht zu bemerken sein, wenn die Grundherrn ihren ehemaligen Grundholden den ihnen zufallenden Theil der Grundstücke in Pacht gäben. Dann würden sie in dem Pachtschillinge und in der freien Verfügung über ihr Grundeigenthum einen Ersatz für ihre grundherrlichen Rechte erhalten, und die so oft streitigen, zur Unzufriedenheit, zu Bedrückungen und selbst zur Verschlechterung des Charakters der Landleute Veranlassung gebenden Verhältnisse fielen hinweg. Räumt man der Regierung ein Recht ein, diese Maaßregeln auszuführen; so läßt sich gar nicht an ihrer Befugniß, die Leibeigenschaft aufzuheben, zweifeln. Hier ist der Vortheil auf allen Seiten gewiß, und es könnte nur die Rede davon sein, die Herren wegen der Kränkung ihres Stolzes, dem durch eine große Zahl von Leibeigenen geschmeichelt wird, zu entschädigen.

§. 234.

Aber nicht allein die in Abhängigkeit lebenden Landleute, auch die freien sind häufig auf mancherlei Weise in der Ausübung ihrer hervorbringenden Kräfte gehindert. Die Regierungen sollten sich immer darauf hauptsächlich beschränken, die Schranken der Gewerbe im großen zu bestimmen, durch allgemeine Maaßregeln darauf hinzuwirken; aber innerhalb dieser Schranken die Produktion so frei als möglich lassen, und wo Privatverträge und Privatanstalten sie zu hemmen streben, dagegen einschreiten. Thun sie dieses nicht; so müssen sie zuletzt die Gewerbsamkeit ganz unter ihre Leitung nehmen; weil hier Beschränkung und dort Freiheit einander zu zerstören drohen. Dieses ist z. B. der Fall mit dem Verbote, vom Lande in die Stadt, oder von der Stadt auf das Land zu ziehen. Will dieses die Regierung, dann muß sie auch dafür Sorge tragen, daß jeder bei seinem Gewerbe hinreichenden Unterhalt finde, daß zwischen dem Wohlstande der Städte und des platten Landes immer ein Gleichgewicht vorhanden sei. Wer würde aber die städtische Gewerbsamkeit wieder in Aufnahme bringen, wenn die damit beschäftigten Arbeiter z. B. durch ansteckende Krankheiten, die doch in Städten einen weit größeren Spielraum haben, zum großen Theile hinweggerafft wären, und es den Landleuten nicht frei stände in die Stadt zu ziehen. Oder, was sollte aus den Landleuten werden, wenn bei der Landwirthschaft plötzlich mehrere bedeutende Menschenarbeit ersparende Maschinen eingeführt würden, und sie dennoch nicht zu städtischen Gewerben übergehen dürften?! Gegen den Gebrauch der Maschinen könnte zwar die Regierung Mittel finden; aber würde es ihr immer gelingen unbescheidene Seuchen von den Städten abzuhalten? Die Regierung muß aber noch weiter gehen: sie muß das Entstehen städtischer Gewerbe auf dem Lande nicht hindern und keine Vorrechte in Hinsicht der verschiedenen ländlichen Gewerbzweige und Nebengewerbe ertheilen oder statt finden lassen. Bedeutend große Städte, welche blos zufolge der Begünstigung der städtischen Gewerbe und ihrer Verweisung nach den Städten hin entstehen, sind einem Lande mehr nachtheilig als vortheilhaft. Sie erfordern zu ihrem Unterhalte eine Menge Bedürfnisse, die oft aus weiter Entfernung herbeigeschafft werden müssen, daher bedeutend im Preise steigen, und den Preis aller in der Stadt erzeugten und vorhandenen Gegenstände des Nutzens und Vergnügens erhöhen. Die große Zahl von Staatsbeamten, deren Aufenthalt in diesen großen Städten ist und sein muß, erfordert deshalb auch einen bei weitem größeren Staatsaufwand und erhöht die Abgaben, und der Landmann, welcher genöthigt ist seine Bedürfnisse der städtischen Produktion aus diesen grosen Städten zu holen, muß nicht allein den auf die Anschaffung derselben zu verwendenden Zeitverlust, sondern auch die höheren Preise bei der Veräußerung seiner Produkte mit in Anschlag bringen. Zu allen diesen Nachtheilen noch die schädliche Wirkung auf die Sitten und Gesundheit hinzugerechnet, wird man das Bestreben der Regierung, um die Kultur in allen ihren Richtungen mehr über das ganze Land zu verbreiten, gewiß lobenswerth finden. Was die verschiedenen Wirthschaftszweige und die gewöhnlichen Nebengewerbe auf dem Lande betrifft; so müssen diese durchaus keinen Einschränkungen unterworfen werden. Je mehr es auf kleine Vortheile, auf die Benutzung der Umstände ankommt, was bei den genannten Gegenständen doch in einem so hohen Grade der Fall ist, desto weniger muß die Regierung sich einen Eingriff, eine Beschränkung erlauben, es sei denn, daß aus einer gänzlichen Freiheit Nachtheile für andere Kreise des geselligen Verkehrs entstehen könnten. Dieses ist indeß weder bei der Freiheit der verschiedenen ländlichen Wirthschaftszweige, noch bei den Nebengewerben der Urproducenten der Fall. Jene entstehen aus örtlichen Verhältnissen, diese aber gründen sich auf die den Urproducenten noch über ihre eigentliche Beschäftigung vorhandene freie Zeit, und sind zum Theil ein Zeichen, daß die Nachfrage nach ihren Erzeugnissen noch nicht groß genug ist, um besondere selbstständige Gewerbszweige aus ihnen zu machen.

Zweiter Abschnitt.

Von der Regierungskunst in Beziehung auf die Fabrikation.

§. 235.

So wie wir die verschiedene Größe der Grundstücke in Beziehung auf den Nationalwohlstand betrachteten, und fragten, welche Maaßregeln die Regierung in dieser Hinsicht zu ergreifen habe, so wollen wir jetzt auch die Größe der Fabrikationsanstalten aus demselben Gesichtspunkte ansehen; dann die Wirkung des Kredits auf die Fabrikation untersuchen, und endlich, den Absatz der Fabrikationswaaren an eine andere Stelle verweisend, die verschiedenen Befugnisse, Begünstigungen und Beschränkungen, welche bei der Fabrikation statt finden, durchgehen, um zu sehen, auf welche Weise die Regierung ihren Flor am ersten bewirken könne, und wie weit sie ihn ohne Nachtheil für den Nationalwohlstand überhaupt begünstigen dürfe.

§. 236.

Die Fabrikation entsteht zufolge der höheren Bedürfnisse des Menschen, und wenn sie auch in ihren Grundzügen schon vor der eifriger betriebenen und höher entwickelten Urproduktion vorhanden ist; so kann sie doch in einer größern Ausdehnung nur der Urproduktion nachschreitend hervortreten, bis sie, in einem noch größern Umfange ausgebildet, sich wieder von der mit ihr verschwisterten einheimischen Urproduktion losreißt. So sehr sie aber auch vervollkommnet werden kann, so sehr sie sich in dieser Vervollkommnung der Kunst nähert; ist doch die dazu gehörige Arbeit immer zu einem sehr großen Theile mechanisch, und eben, daß sie dieses ist, bewirkt die große Menge ihrer Erzeugnisse, den wohlfeilen Preis derselben und ihre Verbreitung fast unter alle

Volksklassen. An sich ist freilich die mechanische Arbeit nicht in diesem Maaße geringpreisig; aber sie wird es dadurch, daß der Mensch durch Maschinen, durch Thiere, durch Naturkräfte ersetzt werden kann. Eine solche Stellvertretung macht jedoch wieder für den Anfang einen großen Aufwand, eine bedeutende Auslage, nothwendig, und somit sehen wir, daß die Fabrikation nur recht gedeihen kann, wenn sie von hinreichenden Kapitalien unterstützt wird. Die Landwirthschaft gedeiht am meisten, wenn der Grund und Boden nicht in zu großen Antheilen unter seine Bebauer vertheilt ist, die Fabrikation dagegen, wenn sie sehr im großen betrieben werden kann; denn die Anwendung vieler Menschen, die weitgetrennte örtliche Arbeitsthätigkeit derselben, erfordert eine beständige, schwierige Aufsicht, die Wirksamkeit der Maschinen dagegen beruht auf ihrer größern oder geringern Vollkommenheit, und wird von einem Werkmeister willkührlich in Bewegung gesetzt und angehalten. Nur diejenigen Fabrikationsgewerbe machen eine Ausnahme, bei welchen die Thätigkeit des Menschen, wenig oder gar nicht durch Maschinen ersetzt, und nur durch einfache Werkzeuge unterstützt werden kann, ein Unterschied, der die Handwerke von den eigentlich sogenannten Fabriken und von den Manufakturen absondert. Zwar gewährt das anzuwendende Vermögen dem einen vor dem andern Fabrik- und Manufakturunternehmer einen Vorzug; allein dieses Uebergewicht ist weder dem Nationalwohlstande, noch dem politischen Zustande eines Staates nachtheilig, und darf also auch nicht, wie bei der Landwirthschaft, zu besondern, einschränkenden Gesetzen Veranlassung geben, es sei denn, daß man auf Mittel bedacht wäre, die Fabrikations- und Manufakturgewerbe auf Staatskosten zweckmäßig betreiben zu lassen, ein Unternehmen, über dessen Unstatthaftigkeit wir uns schon ausgelassen haben. Die grossen Fabriken (wir wollen uns dieser Benennung immer für Fabriken und Manufakturen gemeinschaftlich bedienen) haben einmal den Vortheil, daß sie durch die Anwendung der mannichfaltigsten Maschinen die Menschenhände bei einem großen Theile der ganz mechanischen Arbeiten überflüssig machen, viele Menschen also einer Arbeit entziehen, welche den Geist tödtet und auf die Gesundheit nachtheilig wirkt, und sie den übrigen Gewerben der Fabrikation, der Urproduktion, dem Handel und den sogenannten mittelbar produktiven Gewerben zuführt. Dadurch wird nun auf eine doppelte Weise vortheilhaft auf den Nationalwohlstand gewirkt. Die Fabrikwaaren werden schon an sich und dann durch die Erniedrigung des Preises der übrigen Waaren minder kostbar, der Preis der übrigen Waaren wird aber erniedrigt; weil die bei den Fabriken ersparten Menschenkräfte auf diese angewandt werden: es nimmt also die Menge der Genußmittel zu. Es wäre hiebei nur noch der Klage derjenigen zu begegnen, welche in den großen Fabrikanstalten die Unterdrückung der kleineren sehen; allein diese Klage bedeutet nichts; denn sonst müßte man es überhaupt beklagen, daß ein Mensch vor andern eines Vortheils genießt. Die Regierung kann hiebei nichts thun, als durch die Möglichkeit des Ueberganges von einem Fabrikgewerbe zum andern, welche sie jedem gewährt, ihm die Freiheit zu geben, sein Heil auf einem andern Wege zu versuchen, was um so eher geschehen kann, als viele Fabrikzweige in ihrer Betreibung eine große Aehnlichkeit haben, und manche kein grosses Kapital erfordern, um mit dem möglichen Vortheile betrieben zu werden. Zudem könnten ja mehrere minder Wohlhabende sich zur Errichtung einer großen Fabrikanstalt vereinigen, und würden, bei entschiedenem Vortheile ihres Gewerbes auch leicht den ihnen etwa fehlenden

Kredit bekommen; und endlich ist nicht aus den Augen zu lassen, daß, so wie das Maschinenwesen nur langsam fortschreitet, auch Fabrikanstalten sich nur allmählig vergrößern und dadurch der Einfluß der ausgedehnteren auf die geringeren sehr vermindert wird. Gesetzt aber auch dieser Einfluß wäre gar nicht unbedeutend nachtheilig für die letztern; so sind doch die daraus hervorgehenden allgemeinen Vortheile entschieden überwiegend. Aus denselben Gründen, welche für große Fabriken sprechen, wird sich eine Regierung auch niemals durch das Geschrei von Arbeitern oder kleinen Fabrikunternehmern über die Einführung von arbeitersparenden Maschinen irre machen und zu einem Verbote ihrer Anwendung verleiten lassen.

Wenn von Unterstützung der Fabrikanten insbesondere durch fremden Verlag, durch Kredit, die Rede ist; so wird man sich sehr bald überzeugen daß es für sie weit schwerer ist, denselben zu erlangen, als für Grundeigenthümer. Fabrikgebäude und Maschinen, worauf sich doch der Kredit hauptsächlich gründen müßte, sind nur wieder für Fabrikunternehmer von einem ihren Schaffungskosten angemessenen Werthe, wenn diese sich derselben ganz in der Art, wie sie von ihnen vorgefunden werden, bedienen wollen. Fabriken werden daher auch vornehmlich aus eigenen Mitteln errichtet, wenn die Regierung nicht hinzutritt, und können daher auch nur in einem Lande recht in Aufnahme kommen, wo viele Kapitalien vorhanden sind und die Fabrikationsthätigkeit schon geweckt ist. Weniger, als große Fabrikunternehmer, bedürfen Handwerker des Kredits, und es ist im ganzen vortheilhaft für diese, daß ihnen solche Hülfe nicht leicht zu Gebote steht; da ihr Gewerbe immer mit Unsicherheit zu kämpfen hat, und sie häufig wegen Abtragung der Zinsen oder der Schuld in Verlegenheit kommen würden. Ein Gewerbe, welches auf Speculation und auf einem bedeutenden Waarenabsatze beruht, immer große Kapitalien, sowohl in der Form von stehenden, als umlaufenden, beschäftigt, kann leicht eine große Ausdehnung durch Kredit erlangen; allein bei den Handwerken ist nur ein langsamer, auf Arbeitsthätigkeit beruhender Fortschritt möglich: sie stützen sich am sichersten auf ihre eigene Kraft. Die Regierungen haben sie daher auch immer mehr sich selbst überlassen, als die Fabriken, und nicht blos; weil diese zu ihrem Aufkommen fremder Hülfe oft sehr bedürfen; sondern auch; weil nicht in Hinsicht der Handwerks-, sondern der Fabrikwaaren verschiedene Staaten mit einander zu konkurriren pflegen. Indeß haben sich doch unter den Handwerkern nach und nach, oft gegen die Absichten der Regierungen, eigene feste Systeme, besondere, eng verbundene Genossenschaften, die Zünfte oder Innungen, gebildet. Fest verwachsen mit der Entwickelung der Städte, der Stadtverfassungen und überhaupt des Bürgerstandes haben sie lange den gegen sie gemachten Angriffen getrotzt, von manchen als heilsam vertheidigt, von vielen auf das nachtheiligste geschildert. Die neuere Zeit, die Gutes und Schlechtes, sofern es nur die Spuren des Alters an sich trug, in einen gleichen Untergang stürzte, hat auch die Zünfte hier in ihrem Innersten erschüttert, dort ganz vertilgt. Was Gutes an ihnen ist und war, mag hier neben dem stehen, was man ihnen mit Recht zum Vorwurfe machen kann; dann erst läßt sich entscheiden, ob ihre unbedingte oder bedingte Beibehaltung, oder ihre vollständige Auflösung wünschenswerth sei. Zwar haben wir es hier nur mit der ökonomischen Seite der Gewerbsamkeit zu thun; allein ohne Bezug zugleich auf die politische und sittliche Erscheinung derselben zu nehmen, wo diese wirklich mit jener in Verbindung steht, würden wir nie für eine Maaßregel der Regierung vollständig entscheiden können. Da dieses nun der Fall mit den Zünften ist, oder doch war; da sie von sittlicher Seite höchst bedeutend erscheinen und von politischer einst erschienen, und ihnen wohl noch jetzt, doch mit Unrecht, eine politische Wichtigkeit zugeschrieben wird; so müssen wir sie auch aus dem dreifachen Gesichtspunkte der Politik, der Sittlichkeit und der Oekonomie betrachten.

Was zuerst den Begriff einer Zunft betrifft; so bezeichnen wir damit eine Verbindung von Handwerksgenossen zum ausschließlichen Betriebe eines Gewerbes, unter einer bestimmten, selbstgegebenen Verfassung, in der Absicht, aus ihren also geordneten Gewerbeverhältnissen den größten Vortheil zu ziehen. Den Zweck hat die Zunft mit jedem andern Gewerbebetriebe gemein; aber daß sie diesen Zweck durch eine Selbstgesetzgebung und Selbstverwaltung ihrer Angelegenheiten zu erreichen sucht, giebt ihr den eigenthümlichen Charakter, und ist der Punkt, den wir vorzüglich ins Auge fassen müssen. — Die Zünfte bildeten sich in einer Zeit, wo die Sicherheit des bürgerlichen Lebens noch den Kämpfen der Parteien unterlag, indem die Handwerker, größtentheils aus der Zahl der Leibeigenen entstanden, die ihren Herren entflohen waren und den Schutz der Städte aufgesucht hatten, durch gleiche Hülflosigkeit, gleiches Streben nach Freiheit, gleiche oder doch ähnliche Beschäftigung und gleichen Haß gegen den Adel zusammengehalten wurden. Durch Zunahme ihrer Zahl und ihres Wohlstandes nahm freilich der Neid und Haß der übrigen Stadtbewohner gegen sie, besonders der adelichen Familien, in deren Händen noch das Stadtregiment war, zu; allein dieselben Umstände und diese daraus entstandenen Folgen ließen sie sich noch enger an einander anschließen, und nach und nach den offenen Kampf mit den Patricierfamilien beginnen. Natürlich war es dabei, daß sich die Genossen desselben oder ähnlicher Gewerbe am engsten verbanden, und diese Verbindung nur durch eine eigene Gesetzgebung aufrecht erhalten konnten. Dieses veranlaßte freilich unter den verschiedenen Genossenschaften selbst manche Reibungen; aber in ihrem politischen Streben, ihr Gewicht in den städtischen Angelegenheiten zu vermehren und die Geschlechter aus dem Stadtrathe zu verdrängen, waren sie doch größtentheils einig, und diese Einigkeit führte sie häufig zu ihrem Ziele. Indeß mußte doch ihr Ansehen der sich immer weiter ausdehnenden Landeshoheit weichen, und ihr politischer Einfluß war in den neuern Zeiten bis auf einen leeren Schatten vernichtet. Dennoch aber lag in der Selbstgesetzgebung noch immer die Quelle, aus welcher, unter günstigen Umständen, sich ein politisches Gewicht der Zünfte wieder erzeugen konnte, und wenn man auch nicht geneigt sein sollte, sie selbst aufzuheben; so müßte doch ihre Selbstgesetzgebung in eine von der staatswirthschaftlichen Behörde geleitete Gesetzgebung verwandelt werden.

Kommt es nun ferner darauf an, die Zünfte von ihrer ökonomischen und sittlichen Seite zu betrachten; so ist es nöthig, ihr eigenthümliches Wesen aufzufassen, zu sehen, wie sie sich im Innern durch ihre Selbstgesetzgebung gestaltet haben. Die Einrichtungen, welche wir zufolge dieser Selbstgesetzgebung bei den Zünften finden, gehen entweder auf Erhaltung oder Weiterbildung des Handwerksbetriebes, oder auf Sicherung des Unterhaltes der Zunftgenossen. Ganz genau lassen sich diese beiden Zwecke zwar nicht immer von einander absondern, indem sie in manchen Einrichtungen vereinigt sind; aber der eine ist doch immer der vorherrschende, und diesem gemäß wollen wir hier die Scheidung der darauf berechneten Gesetze betrachten. Auf Erhaltung und Fortbildung des Gewerbebetriebes zielte zuerst die Festsetzung einer bestimmten Lehrzeit, und bei manchen auch eine vorgeschriebene Zahl von Wanderjahren. Das Gute dieser Einrichtungen sowohl in sittlicher als ökonomischer Rücksicht ist schon angeführt worden, und wir dürfen hier nur noch der Mißbräuche gedenken, die häufig dabei statt fanden. Hauptsächlich hat man die lange Lehrzeit bei den meisten Handwerken, aber wenigstens nicht ganz mit Recht getadelt. Allerdings ist es unnöthig für die Erlernung mancher Gewerbe mehrere Jahre zu bestimmen; da sie vielleicht in eben so viel Monaten erlernt werden können; allein wir dürfen dagegen die Ausbildung des Charakters, die für das ganze Leben so wichtige Gewöhnung an Gehorsam in die Waagschale legen, und nur, wenn wir die Möglichkeit des Besuches zweckmäßig eingerichteter Schulen voraussetzen, kann jener Vortheil ebenfalls, und noch besser erreicht werden, indem einmal der Lehrling manche Unsittlichkeit in dem Umgange mit den Gesellen kennen lernt, und der Meister ihn oft zu ganz andern Dingen, als zum Betriebe des Handwerks anhält, gegen beides aber gesicherter durch einen längern Besuch der Schule erscheint; da er, bei ausgebildeterer Willenskraft sich weder jenen Verführungen durch die Gesellen, noch dem Mißbrauche durch den Meister so leicht hingeben wird. Ein anderes Uebel waren die Vorrechte, welche auch hier bald um sich griffen, indem den Meistersöhnen häufig ein großer Theil der Lehrzeit erlassen, und sie überdies von manchen drückenden und Kosten verursachenden Gebräuchen befreit wurden. Auch gegen das Wandern der Gesellen, d. h. derjenigen, welche ihr Handwerk bei einem zünftigen Meister zunftmäßig erlernt hatten, hat man seine Stimme hie und da erhoben; aber man hat den Gegenstand nur oberflächlich betastet und unter andern behauptet, die Gesellen könnten, bei dem jetzigen Zustande der Handwerke nichts Neues auf ihren Wanderungen lernen. Gesetzt auch dieses wäre richtig, wovon man jedoch, wenn man selbst Wanderungen anstellt und die Augen aufthut, das Gegentheil findet; so blieben doch die übrigen, so wichtigen Folgen des Wanderns, daß man dasselbe als eine herrliche Erscheinung der Zünfte ja aufrecht erhalten sollte. Um nun dieses Wandern der Gesellen noch mehr zu erleichtern, kam die Gastfreundschaft unter manchen Zünften auf, den wandernden Gesellen zu ihrem weitern Fortkommen entweder Arbeit zu verschaffen, oder ein sogenanntes Geschenk zu reichen, welches entweder in Speise und Getränk, oder in Gelde, oder in freiem Nachtlager bestand. Gewerbe, wobei ein solches Geschenk eingeführt war, nannte man geschenkte. Wäre etwas hauptsächlich an den Wanderjahren tadelnswerth, so wäre es die zu große Ausdehnung derselben. — Indeß fand bei dem Gesellenstande selbst eine Einrichtung statt, die, bei vielem Guten, doch manchen Nachtheil mit sich brachte. Dieses war die Errichtung eigener Gesellenladen, gemeinsamer Kassen, welche durch die Vereinigung der eigentlichen Gesellen, d. h. derjenigen Gesellen, die im Gesellenleben eine gewisse Stufenfolge durchgemacht und sich bei der Gesellenbrüderschaft hatten einschreiben lassen, entstanden waren. Wären diese Gesellenladen blos darauf beschränkt geblieben, dem Herbergsvater die Hausmiethe zu bezahlen, arbeitslosen, bedürftigen, kranken und alten wandernden Gesellen eine Unterstützung zu geben, Kranke und Nothleidende im Orte zu verpflegen; so würde man ihre Errichtung nicht anders als lobenswerth finden; aber da durch sie Leute eng vereinigt wurden, deren Charakter noch nicht gehörig befestigt war, die keinen bestimmten Wohnsitz hatten; so gaben sie Gelegenheit zu Auftritten, mit denen die Aufrechthaltung der bürgerlichen Ordnung nicht wohl bestehen konnte. Auf Erhaltung und Fortbildung des Gewerbebetriebes zielte ferner die Verbindlichkeit, ein in den Zunftartikeln vorgeschriebenes Meisterstück zu machen. Der Gesell mußte sich aber, ehe er dazu gelangen konnte, ausweisen, daß er die Bedingungen erfüllt habe, welche nöthig waren, um ihn zur Prüfung und Aufnahme unter die Meister zu eignen, z. B. zunftmäßige Erlernung des Handwerks, Wanderung u. s. w. Wurde das Meisterstück als genügend angesehen; so erhielt er die den Meistern zustehenden Rechte: sein Handwerk in dem in den Zunftartikeln bestimmten Umfange mit Ausschluß aller Unzünftigen auf eigene Rechnung zu treiben; Lehrburschen und Gesellen zu halten; bei langwierigen Krankheiten sich von einem seiner Mitmeister, welcher mehrere Gesellen hielt, einen abtreten zu lassen, und endlich an allen Angelegenheiten der Zunft Antheil zu nehmen. An dieser Einrichtung, wenn sie sich überall rein erhalten hätte, wäre durchaus nichts zu tadeln; allein es war nicht nur mit dem Meisterstücke selbst manches Zweckwidrige verbunden, sondern die Meisterwerdung überhaupt hing an so vielen besondern und lästigen Bedingungen, daß die Absicht der Prüfung ganz in den Hintergrund gestellt und von dem Eigennutze verdrängt wurde. Oft lief das Meisterstück auf einen leeren Kostenaufwand hinaus, oft war es dadurch drückend, daß die zu diesem Zwecke gelieferten Arbeiten nicht verkauft werden durften; einem verheirateten Gesellen ward es schwer gemacht, zur Stuckung (Verfertigung des Meisterstückes) zugelassen zu werden, und ein lediger sollte nicht eher die Betreibung seines Handwerks anfangen, ehe er nicht in das Handwerk hineingeheiratet hätte, ja es waren zuweilen sogenannte Muth- oder Sitzjahre bestimmt, eine gewisse Zahl von Jahren, welche ein Gesell an einem Orte mußte gearbeitet haben, bevor er zum Meisterstücke gelassen wurde. Diese Bedingungen und andere, so wie die Befreiung der Meistersöhne von manchen derselben, waren allerdings eine Last und Ungerechtigkeit; allein, da man sie nur als Auswüchse betrachten kann, auch zu entfernen.

Auf die Selbsterhaltung zweckte ab, außer der engen Verbindung durch die Meisterlade, welche wir blos als Mittel, wodurch das Ganze bestand und die Zunftgesetze erhalten wurden, ansehen können, zuerst die Scheidung der Gewerbe. Des geschenkten Handwerks haben wir mit Recht bei einer andern Gelegenheit erwähnt; weil es mehr die Absicht hatte, zur Vervollkommnung des Gewerbebetriebes durch das Wandern der Gesellen beizutragen. Hieher gehört besonders die Sperrung und Schließung der Gewerbe. Die gesperrten Gewerbe bestanden darin, daß die dazu gehörenden Handwerker ihr Handwerk nur in einer bestimmten Stadt, oder an einzelnen bestimmten Orten treiben, und keinen Fremden, der nicht in dieser Absicht besonders verpflichtet worden, in die Lehre nehmen durften. Darin liegt offenbar das eigennützige Streben, die Zahl der dieses Gewerbe treibenden so viel wie möglich zu beschränken und auch die Geheimnisse des Gewerbebetriebes zu bewahren. Ihnen waren die ungesperrten Gewerbe entgegengesetzt. Noch mehr dem Eigennutze zusagend, und, durch die eigennützige Uebertreibung, den wohlthätigen Einrichtungen der Zunftverfassung entgegen, waren die geschlossenen Gewerbe, deren Betreibung auf eine bestimmte Zahl von Meistern oder auf gewisse Häuser oder auf Erkaufung von besondern Gerechtigkeiten beschränkt war. Bei den ungeschlossenen Gewerben herrschte diese Beschränkung nicht. — Ganz unzweckmäßig war die Schärfe, mit welcher man oft Gewerbegegenstände von einander absonderte und zu einem eigenen zünftigen Handwerke erhob, da sie doch füglich hätten mit einander vereinigt bleiben können.

Die Selbsterhaltung hatte ferner zum Zwecke die Bedrückung der Landmeister, die Verfolgung der Pfuscher, die Bestimmungen der Lehrjungen und Gesellenzahl, die Bedingung des Kundeneinstandes und die Festsetzung des Waarenpreises. — In den früheren Zeiten des Zunftwesens mochte es auf dem Lande wenige Handwerker geben, und, außer einigen Gewerben, welche sich für dasselbe besonders eigneten, keine eigentlichen Meister zufolge des Zunftzwanges geben dürfen; aber späterhin bestanden neben den städtischen Meistern auch Landmeister, welche letztere sich, jedoch unter harten Bedingungen, den Zünften anschließen mußten Sie durften keine Lehrjungen annehmen und keine Gesellen halten, nicht in die Bannmeile der Stadt hineinarbeiten, und mit ihren Waaren, ohne einen besondern Vertrag, keinen städtischen Markt beziehen. — Was die Pfuscher (auch Bönhasen, Stümper genannt) betrifft; so verstand man einen jeden darunter, der auf seine eigene Hand ein Gewerbe betrieb, wenn er nicht zunftmäßig zur Ausübung desselben berechtigt war, mochte er nun das Gewerbe unzünftig oder zünftig erlernt haben, und litt ihn eben so wenig neben sich, als man gestattete, daß jemand sich mit der Selbstverfertigung seines Bedarfs beschäftigte. — In Hinsicht der Zahl der Lehrjungen und Gesellen, welche ein Meister halten durfte, fanden in den verschiedenen zünftigen Gewerben auch die verschiedensten Bestimmungen statt, immer aber war das allgemeine Streben zu erkennen, sich dadurch den Unterhalt zu sichern und diesen unter die Zunftglieder so gleichmäßig als möglich zu vertheilen, ein Streben, welches gleichfalls aus der Bedingung des Kundeneinstandes hervorgeht. Kein Meister durfte, dieser Bedingung

ge-

gemäß, eine von einem andern angefangene Arbeit fortsetzen, oder einen Kunden annehmen, wenn dieser nicht seinem bisherigen Meister die Kundschaft eine bestimmte Zeit vorher aufgekündiget hatte, ja hie und da ging man sogar so weit, unter keiner Bedingung eine solche Annahme zu gestatten. — Endlich wirkten die Zünfte zur Sicherung des Einkommens ihrer Glieder durch die gemeinschaftliche Festsetzung des Waarenpreises, worin sie wegen des engen Verbandes ihrer Genossen sehr weit zu gehen im Stande waren.

So erscheint die Verfassung der Zünfte nach einem allgemeinen Umrisse in ihrem Streben löblich, aber in den dazu gewählten Mitteln oft gehässig; immer ist jedoch der große Nutzen derselben in sittlicher Hinsicht nicht zu verkennen. Die Ordnung und Zucht, wozu sie die Gewerbegenossen gewöhnten, und welche durch manche Vorschriften aufrecht erhalten wurden, der Geist eines ernsten Strebens, die beständige Aufsicht, unter welcher alle Glieder standen, theils durch die deshalb selbst unter den Meistern fortgehenden Abstufungen, theils durch die gemeinsamen Zusammenkünfte, die rege Mitwirkung, die allgemeine Theilnahme an dem Schicksale des ganzen Gewerbes und des einzelnen Genossen, die Unterstützung der Hülfsbedürftigen, alles dieses konnte nicht anders, als gute Wirkungen hervorbringen, und in dieser Hinsicht werden den Zünften auch die geringsten Vorwürfe gemacht, ja manche ihrer Gegner können diese Vortheile nicht leugnen, und bemühen sich nur, andere Wege aufzusuchen, welche auf dasselbe Ziel hinführen sollten. Vorzüglich greift man sie von ihrer ökonomischen Seite an, und stellt ihnen in dieser Hinsicht die wohlthätigen Wirkungen der Gewerbefreiheit, als das Ideal des gewerbsamen Lebens, entgegen, Wirkungen, die man indeß nur voraussetzt und über welche erst die

Erfahrung entscheiden soll. Aber fragen wir, hat denn die freie Konkurrenz immer das Vortheilhafte, welches man ihr so freigebig beilegt? und beziehen uns hiebei auf das, was wir in der Abtheilung von dem Gleichgewichte des Einkommens bei verschiedenen Arbeits- und Verlagsanwendungen über die freie Konkurrenz gesagt haben. Nach jener Untersuchung scheint allerdings ein ähnliches Streben, wie das der Zünfte, eine Regierung leiten zu müssen: die Sicherheit des Einkommens der Handwerker, so viel es sich thun läßt, durch die Beschränkung, wenn auch nicht der Zahl der Handwerker einer Art, doch des leichtsinnigen Ergreifens eines Handwerks, zu erstreben. Eine Stufenfolge der Arbeiter, eine Prüfung derselben, muß statt finden, und das Wandern der Gesellen aufrecht erhalten werden, und zwar nicht blos, um die Gewerbekenntniß zu erweitern und auf die sittliche Ausbildung der Handwerker zu wirken, sondern zugleich dadurch die Gleichstellung zwischen Nachfrage nach Arbeit und Angebot derselben möglich zu machen. Ich möchte selbst so weit gehen, eine Beschränkung der Zahl der Meister an einem Orte anzurathen, um so mehr, da ja die Zunftgenossen selbst, aus eigenem Antriebe, eine solche Beschränkung ihren Vortheilen angemessen fanden. Was wir schon mehrmals angeführt haben, daß nämlich der Mensch vor allem nach der Sicherheit seines ganzen Zustandes strebt, zeigt sich auch hier. Man giebt ihretwegen gern einen größern, aber unsichern Vortheil auf. Darum wird der Staatsdienst so hoch geschätzt, und darum wählt mancher eine Kunst oder ein Gewerbe nicht, wozu ihn die Neigung doch treibt. Daß man bei einiger Einsicht in die Verhältnisse der Gewerbsamkeit eines Ortes oder einer Gegend die Meisterzahl werde bestimmen können, welche nöthig ist, für das Bedürfniß dieses Ortes oder dieser Gegend zu sorgen, ohne zu darben und ohne im Ueberflusse zu leben; (denn dieser ist dem Nationalwohlstande nachtheilig; weil er den Meister in den Stand setzt, nicht zu arbeiten) leidet wohl keinen Zweifel. Faßt man aber einmal die Sicherheit der Ernährung ins Auge; so muß man auch eine Bestimmung wegen des Haltens der Lehrburschen und Gesellen als zweckmäßig anerkennen; und sollte die gesteigerte Nachfrage die ganze Summe aller an einem Orte zu halten erlaubten Lehrburschen und Gesellen übersteigen, dann würde dieses ein Zeichen sein, daß man die Zahl der Meister vermehren könnte. Bei diesen Maaßregeln müßte man indeß immer einen großen Unterschied in Hinsicht der verschiedenen Handwerke machen, ob sie nämlich einen großen oder geringen Wechsel der Nachfrage gestatten. Bei den erstern würde in Hinsicht der Meister-, Gesellen- und Lehrburschenzahl eine größere Freiheit gestattet werden müssen. — Dabei müßte jedoch die staatswirthschaftliche Behörde die Zunftgesetze unter ihre eigene Gesetzgebung stellen und die Mängel des Zunftwesens aufheben: die zu sehr ausgedehnte Lehr- und Wanderzeit, die Mißbräuche der Gesellenlade, die unzweckmäßige Wahl der Meisterstücke, die Bevorrechtung der Meistersöhne (ob aber diese ganz und gar, fragt sich noch), die peinliche Scheidung der verschiedenen Gewerbsarten, die Bedrückung der Landmeister und die Bestimmung des Waarenpreises (wovon unten ein Mehreres) und andere unbedeutendere, hier der Kürze wegen übergangene Mängel.

Dieses sind die Grundlinien eines Gegenstandes, der in den neuern Zeiten so viele Federn beschäftiget hat, und dessen richtige Ansicht das Wohl eines sehr großen Theiles der Landesbewohnerschaft gründen kann. Wann werden wir aufhören, was Jahrhunderte bauten, mit einem Federstriche zu vertilgen?!

§. 237.

Die Zünfte haben einen großen Einfluß auf die Entwickelung der Fabrikation gehabt und haben ihn noch, wo sie bestehen; aber außer ihnen, die nur durch sich selbst entstanden und sich von den Regierungen das Recht ihres Bestehens erwarben, können diese ebenfalls auf verschiedene Weise in die Kunstgewerbsamkeit eingreifen und dadurch mittelbar auf den Volkswohlstand einwirken. Von einer dieser Wirkungen, von den Staatsmonopolien, haben wir früher gesprochen, und wenden uns jetzt zu den an Privatpersonen ertheilten Fabrikationsprivilegien, die einen Unterschied der Betrachtung zulassen, je nachdem sie nämlich Einzelnen oder Mehreren gemeinschaftlich bewilligt werden. Geschieht das Letztere; so treten alle die Nachtheile ein, welche gemeinschaftliche Unternehmungen gewöhnlich begleiten, und worauf wir schon an mehreren Stellen hingedeutet haben: ein großer Aufwand und wenig Gewinn, weder für den Unternehmer, noch für die Fabrikation selbst. Einzelne werden allerdings mehr leisten; aber immer bleiben Privilegien eine Hemmung der Fabrikation überhaupt. Ein Privilegium zur Betreibung eines Fabrikationszweiges ist ein Privilegium zu unvollkommenen Leistungen. Der Wetteifer allein belebt die Gewerbe, wenn der Absatz ihrer Erzeugnisse gewiß ist; dieser aber ist dem Privilegirten gesichert, ohne daß jener vorhanden wäre. Er hat das Recht, seine Waare schlecht zu liefern und einen hohen Preis für dieselbe zu bestimmen, bewirkt dadurch offenbar eine geringere Nachfrage nach ihnen und also auch im ganzen eine geringere Produktion, es sei denn, daß das Erzeugniß, wegen seiner Nothwendigkeit, kein Sinken der Nachfrage zuläßt, verleitet zum Einschwärzen des fremden konkurrirenden Erzeugnisses, und kann die gemeinen Fabrikarbeiter durch niedern Lohn drücken. Nur in dem Falle möchten sich Privilegien rechtfertigen lassen, wenn sie jemand als Lohn einer neuen Erfindung zu Theil werden. Aber auch in dieser Gestalt, worin man sie Patente nennt, müssen sie nicht ohne große Behutsamkeit ertheilt werden. Die Erfindung muß wirklich von Bedeutung, und außerdem muß wahrscheinlich sein, daß sie nicht in kurzer Zeit auch von mehreren andern hätte gemacht werden können. Hat man diese Vorsicht gebraucht, dann muß das Patent auf eine Zeit ertheilt werden, welche hinreichend ist, dem Erfinder einmal seinen gemachten Kostenaufwand wiederzuerstatten und dann ihm einen der Erfindung angemessenen Vortheil zu gewähren. — Verwandt mit den Monopolen oder Privilegien und den Patenten sind die Prämien, die entweder zur Absicht haben können, Erfindungen und besondere Auszeichnungen im Betriebe eines Gewerbszweiges zu belohnen, oder einen Gewerbszweig aufzumuntern. Im letztern Falle kommen sie mit den verschiedenen andern Unterstützungsmitteln des Gewerbsfleißes überein, mit den Unterstützungen bei Anlegung von Fabriken, die von mancherlei Art sein können, und mit der Anlegung von Fabriken auf Staatskosten. Wir fassen sie daher alle unter einem Gesichtspunkte zusammen und fragen: handelt der Staat zweckmäßig, die Fabrikation auf irgend eine Weise unmittelbar zu beleben, oder soll er sie sich selbst überlassen, im Vertrauen, daß der eigene Vortheil der Gewerbetreibenden sie immer werde dahin führen, wo sie dem Volkswohlstande zugleich den größten Nutzen stiften? Um diese Frage zu beantworten, müssen wir die Fabrikation in Beziehung theils auf das Inland, theils auf das Ausland betrachten. Sehen wir blos auf das Inland; so kann die Regierung keine andere Absicht haben, als die Summe der Genußmittel durch ihre Unterstützung zu vermehren. Er muß daher zwischen dem deshalb zu machenden Staatsaufwande und den mit Wahrscheinlichkeit zu erwartenden Vortheilen eine Vergleichung anstellen, und wenn die letzteren jenen übertreffen, die Unterstützung als zweckmäßig anerkennen. Die Vervollkommnung einer Fabrik durch die Erbauung von zweckmäßigeren Gebäuden und Maschinen und dergleichen Unterstützungen werden auf ähnliche Art wirken, wie die Anlegung einer guten Straße, eines Kanals. Es können sowohl bei jenem, als bei diesem Mittel anfangs Einige leiden, dort die Fabrikarbeiter, hier die Fuhrleute; aber der größere Umschwung der Betriebsamkeit wird einen hinreichenden Ersatz dafür gewähren. Am gefährlichsten ist die Anlegung ganz neuer Fabrikanstalten, für deren Erzeugnisse sich noch keine hinreichende Nachfrage gebildet hat, und wodurch leicht anderen Gewerbszweigen wohlbeschäftigte Hände entzogen werden können. Genaue Kenntniß aller Gewerbeverhältnisse, aller Quellen des Nationalwohlstandes und ihres Zusammenhanges kann hier nur sicher leiten. Etwas anders ist es, wenn man die inländische Fabrikation in Beziehung auf die ausländische betrachtet. Hier wird die Regierung die Absicht haben, das Volk von einer lästigen Konkurrenz zu befreien. Aber fragt es sich, kann es überhaupt eine lästige Konkurrenz geben, und setzt die Konkurrenz auf der einen Seite nicht immer eine Konkurrenz auf der andern voraus? Diese Frage würde sich allerdings an dieser Stelle bequem erörtern lassen, wenn sie nicht mit einer allgemeineren zusammenhinge, nämlich mit der: nach welchen Grundsätzen soll die Regierung den Handel mit dem Auslande leiten? eine Frage, welche wir füglich nach dem folgenden Abschnitte hin verweisen.

Dritter Abschnitt.

Von der Regierungskunst in Beziehung auf den Handel.

§. 238.

Da wir das gewerbsame Leben in dem Ineinandergreifen seiner einzelnen Bestandtheile im ersten Theile kennen gelernt haben; so können wir, auf diese Bekanntschaft uns stützend, jetzt eine andere, hier zweckmäßiger scheinende Ordnung der einzelnen Gegenstände beobachten, und wollen dem zufolge zuerst die Einwirkung der Regierung auf die Mittel des Verkehrs, das Geld, den Kredit und die damit zusammenhängenden Anstalten, betrachten, dann zu ihrer Einwirkung auf Theurung und Wohlfeilheit, auf Preis und Lohn übergehen und endlich ihre Maaßregeln in Absicht des Handels selbst, seiner verschiedenen Arten, der Verbindungsmittel der Verkehrenden und der Sicherheit beim Tausche übergehen.

§. 239.

Was das Geld oder vielmehr die Münze betrifft; so haben wir diese in ihrer mannichfaltigen Erscheinung schon im ersten Theile als lediglich von der Regierung ausgehend (die wenigen Ausnahmen kommen in geringe Betrachtung) kennen gelernt, und angegeben, wie sie beschaffen sein müsse, wenn sie dem Nationalwohlstande auf's möglichste entsprechen solle; es würde mithin eine unnütze Wiederholung sein, jene Grundsätze hier noch einmal aufzuführen. Nur dürften wir hier noch der Bemühungen gedenken, zu welchen eine Regierung, aus Besorgniß, es möchte ein Land seiner erforderlichen Umlaufsmittel entbehren, sich könnte verleiten lassen; indeß, wenn wir auf die Betrachtung der Handelsbilanz verweisen; so scheinen wir einer besondern Erörterung auch dieses Gegenstandes entbehren zu können. Anstalten für das Scontriren und Girobanken möchten sich dagegen nicht für eine besondere Aufmerksamkeit der Regierung eignen. Hier muß das Bedürfniß der Handeltreibenden sprechen, und da keine Produktionsklasse mit einer solchen Umsicht und Speculation verfährt, als der Handelsstand, da ihm die hinreichenden Hülfsmittel zu Gebote stehen; so wird es auch nicht fehlen, daß er, wo das Bedürfniß es erheischt, zur That schreitet. Ein anderes ist es mit den Zettelbanken, welche man im allgemeinen in den Händen von Privatpersonen für sicherer, als in denen der Regierung hält. Allein, man führe hier keine Beispiele zum Belege an; Privatbanken haben gar oft ein gleiches Schauspiel schlechter Wirthschaft dargeboten, und können, wegen der damit für den Volkswohlstand verbundenen Gefahr, wegen des so häufig unüberlegt handelnden Speculationsgeistes, doch nie ohne eine Aufsicht und Leitung der Regierung errichtet werden. Den ganzen Gang und Zusammenhang der Gewerbsamkeit und des Geldumlaufes zu überschauen, ist außerdem auch nur der Regierung möglich, und wo Privatbanken einander leicht entgegenwirken können, oder die Absicht haben, dieses zu thun, kann die Regierung mit Uebereinstimmung, mit festem Zusammenhange der einzelnen Anstalten verfahren. Nimmt man eine schlechte Staatsverwaltung an, ja dann darf man ihr freilich keine Anstalt, keine Maaßregel und also auch keine Zettelbank anvertrauen! Aber erst, wenn man bewiesen, daß jede Regierung nothwendig schlecht sein müsse, dann mag man ihr in der Wissenschaft eine Wirksamkeit absprechen, die ihr vollkommen zusteht, wenn sie ist, was sie sein soll. Fragen dürfte man indeß, ob die Regierung zweckmäßig verfahre, wenn sie den Zinsfuß gesetzlich zu bestimmen suche, und ob sie nicht vielleicht darauf sinnen müsse, eine ähnliche Anstalt, wie die landschaftlichen Kreditsysteme, über alle Grundeigenthümer zu verbreiten und die ganze Nation dafür zu interessiren, eine sogenannte Nationalhypothekenbank?

Das Verhältniß zwischen Gläubiger und Schuldner ist häufig von der Art, daß es die Theilnahme Anderer, ihr Mitleid für den Letztern erregt, indem es ihn in einem abhängigen, hülflosen Zustande darstellt, hingegeben den harten Bedingungen, denen der Gläubiger ihn unterwirft; und während man selbst nichts zu seiner Unterstützung thut, und unmittelbar kein Geschenk des Reicheren, um dessen Hülfe er sich bewirbt, für ihn verlangt, ist man doch geneigt, jene harten Bedingungen, welche blos den fehlenden persönlichen Kredit ersetzen und das Darlehn sichern sollen, einen Wucher zu nennen. Diese Theilnahme, in Beziehung auf das Schicksal des Schuldners im allgemeinen oft gerecht, in Rücksicht seines Verhältnisses zum Gläubiger aber ganz ohne Grund, hat doch mehrere, ja die meisten Regierungen bewogen, sich zu bestreben, durch gesetzliche Bestimmung des Zinssatzes den sogenannten Wucher zu unterdrücken. Indeß läßt sich leicht nachweisen, daß man dadurch nur denjenigen schadete, welchen man helfen wollte, und dieses konnte auch nicht anders sein, da man in ein Verhältniß eingriff, welches sich ganz gemäß der Lage des Schuldners zum Gläubiger gestaltet und weder von der Willkühr des Einen noch des Andern abhängt. Wer einen Fluß verhindern will zu fließen, der muß seine Quelle verstopfen, aber ihm nicht einen Damm entgegensetzen wollen. Er durchbricht ihn oder ergießt sich über die Ufer. Jedes Darlehn, welches mit einer besondern Gefahr für den Darlehner verbunden ist, erfordert eine Assekuranzprämie, um ihn für diese Gefahr zu entschädigen. Bestimmt nun die Regierung einen Zinsfuß gesetzlich; so zeigt sie dadurch nichts anders an, als daß sie jene Assekuranzprämie nicht gelten lassen will: dem Gläubiger soll also für die Gefahr, vielleicht Kapital und Zinsen zu verlieren, keine besondere Sicherheit gewährt werden. Er wird mithin, da es selten an Gelegenheiten fehlt, Kapitalien wenigstens leidlich sicher unterzubringen, oder selbst produktiv anzulegen, entweder den Darlehnsuchenden in seiner Verlegenheit lassen, oder er wird Mittel und Wege finden, das Gesetz zu umgehen, und sich, wegen der neuen Gefahr, auf einer Verletzung der Gesetze gefunden zu werden, eine noch größere Assekuranzprämie bedingen, als die gewesen sein würde, welche ohne Hinzutritt der Regierung statt gefunden hätte. Eine andere Schwierigkeit, welche die Unzweckmäßigkeit eines gesetzlichen Zinsfußes ebenfalls beweiset, zeigt sich bei der Bestimmung desselben selbst. Wonach, fragt es sich, wird sich die Regierung bei seiner Festsetzung zu richten haben? Sie kann sich entweder nach dem natürlichen Marktsatze der Zinsen bei gehöriger Sicherheit der Kapitalien richten, oder ihn höher oder niedriger bestimmen. Thut sie jenes; so thut sie nichts anders, als was der Verkehr durch sich selbst erzeugt. Allein auch dann kann der gesetzliche Zinsfuß nur auf diejenigen Darlehne Anwendung finden, die auf der möglichen Sicherheit beruhen, für die andern wird er dagegen unpassend, und nöthigt die kontrahirenden Parteien zu einer Gesetzwidrigkeit, oder verhindert die Darlehne dieser Art ganz. Bestimmt sie den Zinsfuß etwas niedriger, als der Marktsatz ist, dann dehnt sie jene nachtheilige Wirkung des naturwidrig bestimmten Zinssatzes auf alle Darlehne aus. Setzt sie ihn endlich etwas höher an, dann hat er zwar in sofern den meisten Sinn, als er eine Assekuranzprämie zuläßt; allein indem er dieses einräumt, und doch die Grenze dieser Assekuranzprämie bestimmen will, verliert er allen Charakter. Die Erfahrung hat diese Behauptungen auch sattsam bestätigt: der Zinssatz in einem Lande richtet sich nie nach den gesetzlichen Bestimmungen. Nur in streitigen Fällen, wo Zinsen bezahlt werden müssen und vorher nichts darüber festgesetzt worden ist, müssen gesetzliche Bestimmungen vorhanden sein, im übrigen aber muß die Regierung den sogenannten Wucher nicht künstlich in die Höhe schrauben. Ein gesetzlicher Zinsfuß für diejenigen Darlehen, welche eine Assekuranzprämie nothwendig machen, ist dem gänzlichen Verbote der Zinsen bei den Muhamedanern gleich zu achten: unter ihnen erreichen die Zinsen eine außerordentliche Höhe. — Weit vortheilhafter kann eine Regierung durch eine zweckmäßig eingerichtete Rechtspflege, welche weder den Schuldner, noch den Gläubiger begünstigt, auf den Kredit wirken. Die Hypothekenordnungen müssen eben diesen Geist athmen, und lästige und kostspielige Formalitäten müssen so viel wie möglich entfernt werden. Kommt dann noch eine größere Ausdehnung der Versicherungsanstalten hinzu; so scheint die Regierung alles gethan zu haben, um den Kredit von dieser Seite zu begünstigen. Man hat indeß geglaubt, daß durch das Wechselinstitut die Geschäfte der Industrie einen weit größern Vortheil genießen, als die Grundeigenthümer durch den ihnen gewöhlich offen stehenden Kredit, und besonders hat man gemeint, sei für den Ackerbau bei weitem nicht das in Hinsicht des Kredites geschehen, was er wegen seiner Wichtigkeit in der Reihe der Produktionsarten verdiene. Man müsse ihn wo möglich gegen die Wandelbarkeit des Preises schützen, die aus der Wandelbarkeit des Werthes der Austauschmittel hervorgehe, und die den Ackerbau gar nicht gedeihen lasse, der überdies so vielen Gefahren ausgesetzt sei. Aber wenn wir auch annehmen wollten, daß der Kaufmann, der doch eigentlich hauptsächlich von dem Wechselinstitute Vortheil zieht, in

Hinsicht des Kredites mehr begünstigt, als der Grundbesitzer, sei, obgleich bei den Handelsgeschäften aller Art, wobei Kredit statt findet, immer ein Kredit durch einen andern bedingt, oft über eine ganze Reihe von Personen ausgedehnt ist, so daß blos eine gegenseitige Leistung existirt und der Vortheil des Einen den Vortheil des Andern, als Kredit, aufhebt; so müssen wir dagegen die im allgemeinen weit mehr gesicherte Lage des Grundeigenthümers in Anschlag bringen. Indeß bewogen durch jene angeführten, zum Vortheile des Grundeigenthümers sprechenden Gründe hat der Graf von Soden den Vorschlag zu einer Nationalhypothekenbank gethan. Diese Bank sollte, zufolge eines allgemeinen Lagerbuches, worin alle Grundstücke nach ihrem möglichst richtig ausgemittelten Werthe eingetragen wären, einem jeden Grundeigenthümer für den vollen Betrag dieses Werthes Bankzettel in geringeren Summen und an den Inhaber zahlbar austheilen. Dabei sollten die Bankzettel die gewöhnlichen höchsten hypothekarischen Zinsen tragen, von der Bank nach einem Umlaufe von wenigstens sechs Monaten eingelöset werden dürfen, von ihr aber keine andern Bankzettel, als die eingelöseten, ausgegeben werden. Um ihr die zur Realisirung nöthige Münzmasse zu verschaffen, müßten alle gerichtlich hinterlegte, alle vormundschaftliche und alle Wohlthätigkeitsanstalten gehörige Kapitalien in Banknoten umgewechselt werden. Alle andere gerichtliche hypothekarische Verschreibungen dürften in der Folge aufhören, und alle außergerichtliche müßten ohne rechtliche Wirkung sein. Uebrigens müßten diese Banknoten auf eine bestimmte Zeit, drei oder sechs Jahr ausgestellt, nach deren Verlauf aber gegen neue ausgetauscht werden. Die Zinsen müßten von 6 zu 6 Monaten zahlbar sein. Im Handel würden sie die Umtauschenden sich vergüten, und wer nach sechs Monaten die Noten in Besitz hätte; würde die Zinsen von dem Grundeigenthümer einziehen, der die Zahlung auf der Rückseite der Note bemerken möchte. Um aber den Kredit der Noten zu erhöhen, müßte die Bank vier Wochen nach der Verfallzeit die Zinsen für den Grundeigenthümer zahlen, indem sie für ihn auf deren Betrag neue Noten ausstellte, wenn die Zahlung nicht auf der Note bemerkt wäre. Um wieder diese Zinszahlung zu sichern, erhielte jeder Grundeigenthümer den Betrag dreijähriger Zinsen weniger an Noten, als er nach dem geschätzten Werthe seines Grundeigenthums zu gut hätte. Hätte nun die Bank dreijährige Zinsen für ihn auf diese Weise gezahlt; so würden zwar die Banknoten erneuert, aber auch das Grundeigenthum von der Gerichtsstelle in Beschlag genommen, und für Rechnung der Nationalhypothekenbank verpachtet; welcher Beschlag mit der Berichtigung und Deckung dreijähriger Zinsen aufhören würde. Endlich soll die Nationalhypothekenbank eine öffentliche Staatsanstalt sein und den Charakter der Publicität durchaus haben. — Murhard hat diese Idee einer Nationalhypothekenbank aufgefaßt und danach eine Anstalt für das ehemalige Königreich Westphalen in Vorschlag gebracht, auch mehrere Punkte in Sodens Theorie näher bestimmt. Mit Lotz wollen wir hier einige Bedenken zur Prüfung hersetzen: er zweifelt zuerst an der Möglichkeit, die Bank in den Stand zu setzen, alle Noten zu realisiren, die ihr präsentirt werden möchten. Zweitens meint er, der Kredit dieser Banknoten werde durch die Bedingung leiden, daß die Bank nur dann zu ihrer Realisirung verbunden sein solle, wenn sie wenigstens sechs Monate in Umlauf gewesen sind. Drittens ist er der Meinung, daß der Gläubiger sich durch die Verpflichtung, die Zinsen von dem Grundeigenthümer zahlen zu lassen, auf dessen Namen die Noten ausgestellt sind, nicht gehörig gedeckt glauben und also zu denselben Sicherheitsmaaßregeln seine Zuflucht nehmen wird, die er, wenn die Bank nicht bestände, ergriffen haben würde. Viertens sagt er, wage die Bank zu viel, wenn sie sich durch die Zurückbehaltung dreijähriger Zinsen für ihre Vorschüsse sicher zu stellen meine. Ohne uns hier auf eine Erörterung der Gründe und Gegengründe einzulassen, möchten wir fragen: hängt denn wirklich der Druck der Landwirthschaft von dem von Soden angeführten Umstande, von dem Wechsel der Masse von Ausgleichungsmitteln ab, und wenn dieses wäre, kann die Nationalhypothekenbank ihn dagegen in Schutz nehmen, und ferner wird nicht vielleicht durch eine solche Nationalhypothekenbank ein anderes Uebel, ein leichtsinniger Betrieb der Landwirthschaft, ein Geist übermäßiger, unberechneter Speculationen, wenn nicht gar ein bloßer Genußverzehr, hervorgerufen werden? Die einem Lande nöthige Masse von Werthausgleichungsmitteln kann zwar durch Umstände bedeutend vermindert werden, wie wir gesehen haben; allein im allgemeinen wird sie durch den Wohlstand des Landes gefesselt. Wird dieser zerrüttet, dann theilt die Urproduktion das Schicksal der gesammten Betriebsamkeit und meistentheils weniger, als die übrigen Gewerbe, und es wird den Grundeigenthümern in solcher Lage eben so wenig durch die Nationalhypothekenbank, als auf eine andere außer ihrer Produktionsquelle und Produktionskraft liegende Weise geholfen werden können, da eben bei mangelnder Metallmünze die Banknoten ohne Zweifel fallen werden. In dem Falle eines Krieges können zwar die Grundeigenthümer unmittelbar mehr leiden, als die übrigen Gewerbsklassen; es können ihre Erndten vernichtet, ihre Heerden hinweggeführt, ihre Wohnungen zerstört werden; aber ihnen bleibt doch der Boden und die Nachfrage nach ihren Produkten, und diese giebt dem Landbau wieder neues Leben. Der Kunstfleiß und Handel dagegen sterben ab, ohne vielleicht unmittelbar vom Kriege getroffen zu sein, weil die fehlende Umlaufsmünzmasse einen jeden zu Einschränkungen seines nicht durchaus nothwendigen Verzehrs nöthigt. Wer noch Kapitalien besitzt, wird sie dann am liebsten dem Landmanne borgen, der noch nicht durch die Freigebigkeit der Nationalhypothekenbank verschuldet ist, und dessen nicht zu vernichtender Boden, dessen neue Erndten ihm Sicherheit wegen der Zurückzahlung gewähren. Der Handwerker, der Fabrikant, der Kaufmann dürfen so leicht an Kredit nicht denken, selbst das Wechselinstitut hat eine tödliche Wunde bekommen. Das Unentbehrliche wird wieder belebt, weil es unentbehrlich ist; aber das Ueberflüssige zeigt diese Natur erst recht in Zeiten des Mangels, wo seine Ueberflüssigkeit sich durch die Möglichkeit, seiner entbehren zu können, beurkundet. — Aber wir behaupten auch ferner, daß die große Leichtigkeit, Darlehne zu erhalten, den Grundeigenthümer verführen werde, zu rasch mit Verbesserungsversuchen, mit neuen Anlagen vorzuschreiten, ja zu einem bloßen Genußverzehr. Die Geschichte der Betriebsamkeit lehrt, daß wahrer Wohlstand nur langsam gedeiht, aus Anstrengung und Sorge hervorwächst, und daß gegen die Zahl der Unbegüterten immer eine überlegene Zahl von Reichen zu Grunde geht. Manche Länder, denen die Natur in ihrer Fruchtbarkeit ein unberechenbares Darlehn anvertraut hat, tragen durch den geringen Fleiß ihrer Bewohner nur unbedeutende Zinsen ab, und sind im Wohlstande gegen andere zurück, die von der Natur stiefmütterlich behandelt wurden. Der Reiche liebt den Genuß, wenn ihm der Segen gleich bei der Wiege zu Theil ward, während ein Anderer, der durch Anstrengung Wohlstand erlangte, die Mittel schätzen lernt, welche ihn dahin führten, und noch im Wohlstande den Geist der Sparsamkeit und des Fleißes beibehält. Die Banknoten, welche der Grundbesitzer in seine Hände bekäme, und wer würde nicht eilen, sie sich zu verschaffen, würden alles Maaßstabes der Sorge und Arbeit entbehren, und indem sie ihn plötzlich um das Doppelte reicher machten, wenn man blos auf den Grundbesitz sieht, ihn auch auffordern, seinen Genuß zu verdoppeln oder doch zu erweitern. Wie viele würden sich nicht mit der Hoffnung schmeicheln, durch eine spätere gute Wirthschaft ihre anfängliche Verschwendung wieder gut machen zu können! Käme nun gar ein Unglücksfall hinzu; so könnten sie leicht in die traurigste Lage versetzt werden. — Hinzufügen dürfen wir auch noch erstens, daß auch nicht die Veränderungen zu übergehen sind, welche sich mit dem Werthe der Grundstücke ereignen können, und zwar oft in kurzer Zeit, und welche stets im Lagerbuche so zu berichtigen, daß das Kreditsystem an Genauigkeit und Gerechtigkeit nicht litte, wenigstens mit bedeutenden Kosten verknüpft sein möchte. Zweitens aber ist es eine Frage, ob überhaupt ein Darlehn gegeben werden könne, welches den ganzen Werth der Hypothek beträgt, wenn man auch nicht einmal die Verminderung desselben annimmt; weil die Hypothek diesen Werth immer nur haben kann in dem besondern Verhältnisse, worin sie sich zu ihrem Besitzer befindet. Für den Darlehner wird in den meisten Fällen die Hypothek einen geringern Werth haben, und ihm also keine Entschädigung für ein eben so hoch geschätztes dagegen verlorenes Kapital gewähren, es sei denn, daß er aus dem Verkaufe derselben das Darlehn zurückzuerhalten hoffte. Aber auch darauf darf er nicht rechnen; da der Nothverkauf meistentheils einen unter dem wahren Werthe stehenden Preis erzeugt. —

Nach

Nach unserer Ansicht scheint es daher das zweckmäßigste, sich mit besondern Kreditanstalten dieser Art nicht zu befassen und nur durch andere, auf den Kredit einwirkende Einrichtungen und Maaßregeln ihm eine größere Ausdehnung zu geben. Außer guten Lagerbüchern, einer zweckmäßigen Hypothekenordnung, keinen Theil begünstigenden Rechtspflege und Bequemlichkeit in der Form der hypothekarischen Darlehen würden gewiß Versicherungsanstalten ganz vorzüglich heilsame Wirkungen hervorbringen. Bei allen Darlehnen, haben wir gesehen, ist ihre Sicherheit das Hauptaugenmerk des Gläubigers, und da alle sinnliche Güter mehr oder weniger der Zerstörung unterworfen sind; so werden sie nie eine vollkommene Sicherheit eines Kapitals bewirken; wenn sie nicht selbst wieder auf irgend eine Weise sicher gestellt worden. Da nun dieses die Versicherungsanstalten sollen; so ist ihre Wirkung auf die Darlehne nicht zu bezweifeln. Die Angabe der nähern Einrichtung derselben kann hier natürlich nicht erwartet werden; aber fragen müssen wir, wie weit sie sich werden erstrecken können und welche Grundsätze die Regierung in Beziehung auf sie werde anzunehmen haben. Die Versicherungsanstalten können sich über alle mögliche sinnliche Güter erstrecken, sobald von einer äußern Zerstörung, Verletzung derselben, nicht aber von einer durch die Zeit oder durch die Willkühr des Eigenthümers hervorgebrachten die Rede ist; allein die Versicherung wird immer desto schwieriger, je weniger sich die möglichen Unglücksfälle nach Wahrscheinlichkeit berechnen lassen. Was dabei die Thätigkeit der Regierung anbetrifft; so hängt diese von einer frühern Behauptung ab. Wir behaupten nämlich, daß die Regierung die Pflicht habe, sich der Armen im Staate anzunehmen, um ihnen entweder die Möglichkeit zu verschaffen, sich hervorbringend zu beschäftigen, oder, in

Fälle sich dieses nicht thun läßt, sie zu ernähren. Hat sie diese Pflicht, dann darf man ihr auch die Sorge nicht absprechen, alle diejenigen Maaßregeln zu ergreifen, welche der Möglichkeit des Eintritts einer solchen Unterstützung entgegenwirken. Da nun die Versicherungsanstalten dieses auf eine doppelte Weise thun; so muß der Staat ihre Einrichtung über sich nehmen und die Staatsbürger zur Theilnahme anhalten. In dieser Bemühung wird sich ihm aber eine schickliche Grenze in der Bestimmung der sinnlichen Güter selbst darbieten. Nur diejenigen, welche auf Produktion hingerichtet sind, können ohne Ungerechtigkeit einer erzwungenen Versicherung unterworfen werden, wenn von ihnen das Einkommen, das Dasein der Menschen abhängt. Jeder also, dessen Eigenthum in diese Gattung von Gütern gehörte und dasselbe nicht versichern wollte, müßte nachweisen, daß er nicht blos aus ihm sein Einkommen ziehe, oder keine Ansprüche auf Unterstützung auf den Verlust jenes Eigenthums gründen wolle. Um nun die Versicherung wirklich eintreten zu lassen, dürfte aber die Regierung keine allgemeine Versicherungsanstalt errichten, worin alle Beiträge zusammenflössen, und woraus aller Schadenersatz geleistet würde; sondern sie müßte nach der Aehnlichkeit der Gegenstände und Gefahren verschiedene Anstalten einrichten und überall dahin sehen, ob sich nicht unter Privatpersonen Männer fänden, edel genug, sich der Verwaltung derselben unentgeltlich zu unterziehen.

§. 240.

Der Nationalreichthum beruht immer zunächst auf der Möglichkeit, den Genuß der sinnlichen Güter so weit wie möglich auszubreiten, also der möglich größten Bevölkerungszahl eines Staates die Gelegenheit zu verschaffen, sich in den Besitz von Genußmitteln zu versetzen. Dieses kann aber nur dann geschehen, wenn das Verhältniß zwischen dem Preise der Waaren und dem Vermögen der Konsumenten von einer für die Letztern günstigen Art ist, also einen geringen Aufwand derselben erfordert. Bei einem solchen Zustande des Preises pflegt man die Waaren wohlfeil zu nennen, obgleich man sich, wie wir gesehen haben, eines dem Ausdrucke kostbar im Begriffe entgegengesetzten Ausdrucks bedienen sollte: nicht kostbar, geringpreisig. Die ganze Aufgabe der Regierung in Beziehung auf den Volkswohlstand ist daher: einen geringen Preis der Waaren herbeizuführen, und dazu giebt es nur einen verständigen Weg: die Produktion so viel wie möglich zu begünstigen. Mit den Mitteln dazu haben wir uns bisher beständig beschäftigt, und auch die folgenden Untersuchungen haben dasselbe Streben. Dagegen sehen wir die Regierungen gar häufig den entgegengesetzten Weg einschlagen. Sie vermeinen durch Niederhaltung der Preise aller Art leichter zu ihrem Ziele zu gelangen, und bezeigen sich in dieser Rücksicht nicht allein stiefmütterlich gegen den einen Theil ihrer Kinder, die Producenten, sondern vernachläßigen oder verletzen vielmehr durch diese verkehrte Sorge das Ganze. Nach Gewinn strebt der Mensch, bestehe dieser in einem sinnlichen oder geistigen Genusse; seinetwegen unterzieht er sich Mühe und Gefahren, seinetwegen treibt der Bauer den Pflugstier, durchwühlt der Bergmann die Eingeweide der Erde, befährt der Schiffer die stürmische See, durchwacht der Gelehrte die einsamen Nächte. Gewinn und Arbeit also sind eng mit einander verbunden, und wer jenen nimmt, zerstört die Lust zur Arbeit. Kann eine Regierung wohl so thöricht sein, dieses zu wollen?! Durchaus nicht! Thut sie es; so thut sie es im Irrthume. Sie verwechselt die Begriffe von kostbar und theuer. Während sie gegen die Theurung streben will, bekämpft sie die Kostbarkeit, und weiß sich oft sehr viel damit, wenn es ihr gelungen, einen Preis zu erniedrigen, nicht ahnend, daß es ihr zugleich gelungen, die Produktion, womit dieser Preis zusammenhing, zu untergraben. Die verschiedenen Arbeits- und Verlagsanwendungen suchen sich immer in ein gewisses Gleichgewicht ihres Einkommens, ihres Genusses zu versetzen, und ein Preis, welcher nichts anders will, als dem Producenten ein diesem Gleichgewichte gemäßes Einkommen verschaffen, ist ein gerechter, ein angemessener Preis. Ohne ihn zu erlangen, fühlt sich der Producent in seinen wohlgegründeten Ansprüchen verletzt, aus einer Lage entrückt, in welche ihn der Entwickelungsgang der gesammten Gewerbsamkeit versetzt hat. Er wird verdrossen, ja er wird oft aufhören zu arbeiten, sich abzumühen, um einen nicht mit den gerechten Gesetzen der Vertheilung des Einkommens übereinstimmenden Ersatz zu erhalten. Der Handwerker, der Fabrikant, welcher einen fremden Stoff bearbeitet, kann diesen nicht zu demselben Preise liefern, wie früher, wenn jener Stoff im Preise gestiegen ist, oder wenn die von ihm, als Verleger, beschäftigten Arbeiter einen höheren Lohn erhalten. Der Kaufmann vermag ein fremdes Produkt nicht mehr zu dem alten Preise auf den Markt zu stellen, wenn es bei der Einfuhr eine erst neueingeführte Steuer entrichten muß, oder, wenn er genöthigt ist, dasselbe aus einer entfernteren Gegend zu beziehen, oder wenn überhaupt seine Schaffungskosten vermehrt sind. In einem Mißjahre ist der Landmann nicht im Stande, den Preis beizubehalten, der zufolge einer reichlichen Erndte entstand: der geringere Ertrag mit derselben Mühe und Arbeit gewonnen, als der reichliche, erfordert die Entschädigung durch einen höheren Preis. Aber nicht allein auf die Producenten, selbst auf die Konsumenten wirkt eine willkührliche Preiserniedrigung nachtheilig, theils dadurch, daß die von einer solchen Maaßregel getroffenen Producenten ihre Arbeitsthätigkeit einschränken und also eine geringere Menge ihrer begehrten Erzeugnisse hervorgebracht wird, theils auch durch ein in der Folge noch höheres Steigen des Preises solcher Waaren. Denn die Regierung, von den gedrückten Producenten auf der einen Seite bestürmt, und auf der andern überzeugt von der nicht verminderten Nachfrage, wird endlich ihre Maaßregel aufheben müssen. — Nicht immer wird indeß die Regierung zur Einwirkung auf den Preis durch ihre eigene Meinung von der Höhe desselben geleitet, häufig läßt sie sich dazu durch die Bestürmung von Seiten der Konsumenten bewegen. Der Mensch geneigt der Mehrheit der Stimmen zu folgen, in ihr die Wahrheit zu erkennen, läßt sich auf diesem Wege leicht zu einem verkehrten Benehmen verleiten, und in dem angezeigten Falle befindet sich die Regierung immer auf der Bahn des Irrthums, wenn sie den Klagen der größeren Zahl folgt. Mag sie eine allgemeine Maaßregel in Hinsicht des Preises befolgen, oder nur eine besondere, immer wird auf der Seite der Konsumenten das Uebergewicht sein. Alle eigentliche Producenten in eine Klasse geworfen, machen nicht die ganze Zahl der Konsumenten aus, da sie ja selbst wieder als Konsumenten erscheinen und in jedem Staate außer den eigentlichen Producenten noch eine Menge von entweder blos mittelbaren Producenten oder reinen Verzehrern vorhanden ist. Die Producenten werden also überstimmt. Aber noch mehr ist dieses der Fall, wenn das Streben der Regierung blos gegen eine bestimmte Gattung von Gütern, etwa gegen die nothwendigsten Lebensmittel, gerichtet ist. Dann ist das Verhältniß der Klagen und Gegenklagen so verschieden, daß eine Regierung, welche ihre Maaßregeln nicht aus der Natur der Sache schöpft, sondern als Stimmensammlerin handelt, sich sehr leicht wird verführen lassen, die betreffende Klasse der Producenten zu unterdrücken.

Diese allgemeine Betrachtung der Einwirkung einer Regierung auf Theurung und Wohlfeilheit führt uns natürlich zu einer näheren Prüfung der Frage: soll die Regierung in keinem Falle den Preis der Waaren und den Arbeitslohn bestimmen, und wie kann sie dabei verfahren? Schon bei der Untersuchung über den Preis behaupten wir, daß derselbe sich durch die Konkurrenz der Verkäufer immer den Schaffungskosten zu nähern suche und daß er in der Nähe derselben schwanke, bald darüber, bald ihnen gleich, selten unter ihnen stehe. Ist nun dieses der Fall; so würde die Regierung weiter nichts zu thun haben, als dieser Konkurrenz einen so großen Spielraum als möglich zu geben, und alle Hindernisse zu entfernen, welche ihr im Wege stehen. Die Konkurrenz kann aber auf eine zwiefache Weise fehlen, auf eine natürliche und künstliche. Entweder nämlich fehlt es an der Produktion überhaupt, oder diese ist vorhanden und nur die freie Konkurrenz ist gehindert. Fehlt es an der Produktion; so muß die Regierung die ihr zu Gebote stehenden Maaßregeln ergreifen, sie zu beleben, zu erhöhen; ist aber die Konkurrenz nur auf irgend eine Weise gebunden; so muß sie die Fesseln derselben lösen, und dieser Gegenstand ist es, den wir hier näher zu betrachten haben. Die Konkurrenz kann nun auf eine doppelte Weise gebunden sein, entweder dadurch, daß die Produktion durch ein Monopol auf einen Einzelnen, oder auf Einige beschränkt ist, oder dadurch, daß die Konkurrirenden sich durch freie Uebereinkunft gebunden, den in der Natur der Konkurrenz liegenden Kampf durch übereinstimmiges Streben aufgelöset haben. Was die eigentlich sogenannten Monopole betrifft; so haben wir schon davon gesprochen, und wenden uns jetzt noch zu dem freiwilligen Uebereinkommen der Konkurrirenden in Absicht der Preisbestimmung, wie wir sie z. B. bei den Zünften finden. Die ganze Einrichtung der Zünfte stellt uns einen Staat im kleinen dar, mit einer großen Mannichfaltigkeit von Kosten zur Bestreitung der gemeinsamen Maaßregeln, zur Erhaltung des ganzen Zunftwesens, und, dieses vorausgesetzt, muß der Preis, welchen ein Zunftverband für die Waaren seiner besondern Produktion bestimmt, nothwendig um ein Bedeutendes die Schaffungskosten übertreffen, und mancher unzünftige Arbeiter dürfte leicht geneigt sein, sie zu einem niederern Preise zu liefern. Allein wir müssen dagegen erwägen, daß durch den Zunftverband seinen Gliedern ein sicheres Auskommen gewährt wurde, wenigstens ein sichereres, als die unzünftigen Arbeiter genießen, welche letztere daher ihre Unsicherheit wieder zu dem Preise ihrer Arbeiten schlagen müssen, so daß es sich im allgemeinen immer noch fragt, ob eine Zunft nicht im Stande war, für ihre Produkte einen geringern Preis zu bestimmen, als die unzünftigen Arbeiter desselben Gewerbszweiges, besonders wenn wir bedenken, daß ein Theil des Zunftaufwandes eben dahin zielte, die Sicherheit der Ernährung seiner Glieder zu bewirken, und daß er zum Theil durch die festgesetzten mancherlei Strafgelder gedeckt wurde. Außerdem fand bei dem Bestehen der Zünfte ein weit größerer Zusammenhang unter den einzelnen Gewerbszweigen statt, die doch gegenseitig als Producenten und Konsumenten zu betrachten sind, und dieses gegenseitige Einwirken auf einander konnte weit leichter einen Preis erhalten, der mit den verschiedenen Gewerbeverhältnissen übereinkam, als wenn man einem jeden Gewerbetreibenden ganz freie Hand in Bestimmung seines Preises ließ. Auch konnte es nicht in der Absicht der zünftigen Meister liegen, ihren Gesellen einen Lohn zu bewilligen, der diese zur Unthätigkeit, zum Uebermuthe und zur Widersetzlichkeit gegen sie hätte reizen können, was bei der Freiheit der Gewerbe allerdings der Fall ist, wo ein Meister dem andern durch höheren Lohn seine Gesellen zu entziehen sucht, und diese, wegen der Leichtigkeit, sich selbst ansäßig zu machen, oft nur durch hohen Lohn von diesem Vorhaben zurückzuhalten sind. Dies scheint auch schon jetzt die Erfahrung derjenigen Oerter zu bestätigen, wo früher die Zunftverfassung bestand und nach ihrer Aufhebung Gewerbefreiheit eintrat. Dieser Gesellenlohn muß aber nothwendig auf den Verlagsprofit wirken; weil nicht anzunehmen ist, daß der höhere Lohn auch ein größeres Arbeitsquantum zur Folge habe, und hieraus, wie aus den übrigen Umständen, möchten wir glauben, sei eher durch die Zunftverfassung, als durch die Gewerbefreiheit der Waarenpreis im ganzen erniedrigt worden. Läßt man die Zunftverfassung bestehen; so möchte auch schwerlich ein Verbot an die Zünfte, den Preis eigenmächtig zu bestimmen, wirksam sein; — den feierlich ausgesprochenen, aber nicht den aus stiller Uebereinkunft hervorgegangenen, dürfte man dadurch zu hindern vermögen, und wem ist es unbekannt, wie mächtig eine solche stille Uebereinkunft unter Menschen ist, die in einem geschlossenen Vereine mit einander leben. Da also diese nicht gehindert werden kann, und auf der andern der Mensch in einem bestimmt ausgesprochenen Preise eine Sicherheit seines Verzehrs erkennt, so scheint es mir zweckmäßig, von Zeit zu Zeit eine Versammlung von Abgeordneten der einzelnen Zünfte zu veranstalten, und mit ihnen gemeinschaftlich einen Preis festzusetzen. In einer solchen Versammlung wäre die eigennützige Uebereinstimmung zur Vertheurung der Waaren ganz unmöglich, weil alle Glieder derselben gegenseitig Producenten und Konsumenten der von ihren

Gewerben gelieferten Waaren sind, und zugleich würde der Regierung die Einsicht in das Aufeinanderwirken der einzelnen Gewerbszweige geöffnet und sie in den Stand gesetzt, den Preis auf eine dem Ganzen am meisten zusagende Weise festzustellen. Für manche Gegenstände würde der Preis natürlich früher, als für andere, verändert werden müssen, und manche würden ganz ausgeschlossen bleiben; immer aber würden die Abnehmer sich weit lieber einem so durch die Mitwirkung der Regierung bestimmten Preise unterwerfen, als sich den Schwankungen desselben, der Ungewißheit hingegeben sehen. Abgeordnete der bloßen Verzehrer zur Versammlung zu senden, als Militärpersonen u. s. w., wäre nicht nöthig; für diese muß die Regierung selbst als Stellvertreterin erscheinen, und dieses auch deshalb; weil die Verzehrer diejenigen sind, welche am wenigsten die Gewerbeverhältnisse zu beurtheilen wissen und durch leere Klagen zu Weitläuftigkeiten Veranlassung geben würden. Dabei würde man zugleich den Vortheil alles Gemeinsamen erlangen. Der Producent, welcher sich nicht scheut, die unwissenden Käufer zu übertheuren, wird vor den Augen einer das Volk vertretenden Versammlung nicht wagen, auf einen durch bloßen Eigennutz gesteigerten Preis zu dringen. Unzweckmäßig scheint mir ein anderes Mittel auf den Preis zu wirken, nämlich die von Zeit zu Zeit wiederholte Anzeige derjenigen, welche ihre Waare zu dem höchsten, und derer, welche sie zu dem niedrigsten Preise verkauft haben. Dadurch wird einmal Mißgunst und Zwietracht unter den oft durch freundschaftliche Bande vereinigten Gewerbsgenossen ausgesäet, und dann kann man auch nicht verhindern, daß sie mit einander übereinkommen, eine gewisse Reihenfolge in der Bestimmung ihres Preises zu beobachten. Die oben vorgeschlagene Preisbestimmung dürfte sich indeß nur auf die Producenten beziehen, welche zugleich ihre Waare selbst verkaufen, auf den Handel aber dürfte sie sich nicht ausdehnen. Dieser will, wenn er gedeihen soll, frei von Fesseln sein. — Bei eigentlichen Fabrikgegenständen und bei einigen andern hatte man früher das Schauen eingeführt, theils um zu verhüten, daß die Fabrikanten ihre Abnehmer durch schlechte Waare täuschten, theils um dem Großhandel durch die Sicherheit in Beziehung auf die Qualität und Quantität der Waaren eine Erleichterung zu verschaffen. In den Fabrikreglements ward dann vorgeschrieben, wie eine Waare von dieser oder jener Qualität und Quantität beschaffen sein müsse. Der Zweck dieser Anstalten war allerdings löblich, und die geringen Kosten und Umstände, welche zur Ausführung nöthig sind, lassen sich dadurch gewiß rechtfertigen. Zu weit würde eine Regierung freilich gehen, wenn sie zugleich festsetzen wollte, welche Art von Waaren nur fabrizirt werden solle, z. B. Silberwaaren nicht unter diesem oder jenem Feingehalte. Diese Einrichtungen, verbunden mit jenen Preisbestimmungen, würden zugleich auf den Handel selbst eine wohlthätige Wirkung hervorbringen, indem sie dem Käufer in Hinsicht der einheimischen Erzeugnisse wenigstens einen Maaßstab ihrer Prüfung an die Hand gäben, und das auf den Charakter so nachtheilig wirkende jüdische Vorschlagen und hartnäckige Abdingen einschränkten. Dieser Wettstreit ist nichts anders, als ein Versuch des Käufers sich gegen den auf seine Unkenntniß rechnenden Täuschungsversuch des Verkäufers sicher zu stellen.

Mit der Preisbestimmung ist auch die Lohntaxe verwandt, und geht, wie jene, aus einer Vorsorge der Regierung für den Konsumenten der Arbeit hervor. Indessen ist die Aufforderung zu Lohntaxen weit geringer, als die zur Festsetzung der Waarenpreise. Die Arbeiter und im ganzen von ihren Beschäftigern mehr abhängig, als diese von ihnen, wenigstens läßt sich immer eher eine Vereinigung der Verleger, als der Arbeiter zur Durchführung eines auf ihr Einkommen abzweckenden Planes denken. Je größer die Mittel sind, welche jemand in Händen hat, desto unabhängiger ist er von andern, die nicht im Stande sind, ihn darin zu überbieten, oder wenigstens es ihm gleich zu thun. Die Regierung darf daher auch nicht wegen der Verleger so sehr besorgt sein, und um so weniger, wenn wir eine Zunftverfassung annehmen. Am ersten bedürften diejenigen Gewerbe, welche unabhängige, isolirt stehende Arbeiter beschäftigen, einiger Aufsicht, und also alle in einem gewerbefreien Zustande, wo der Lohn überdies zu steigen geneigt sein wird. In einem solchen Zustande nämlich sieht ein jeder ein weites Feld des Erwerbes, ohne alle äußere Einschränkung vor sich. Die Freiheit, sich anzusiedeln, ist dem schlechten Arbeiter so gut, wie dem tüchtigen, gewährt, und er eilt sich dieser Freiheit zu bedienen. Wenige mögen gern in den untern Klassen der Arbeiter stehen bleiben; sie fangen, so gut es gehen will, ohne Kenntniß, ohne hinreichendes Kapital, einen Verlag an. Der geringeren Arbeiter werden immer wenigere, und da die Nachfrage nach ihnen nicht nachläßt, steigt nothwendig der Arbeitslohn. In der Reihe der Arbeiten, nach ihrem Werthe geschätzt, steht freilich der Arbeitslohn alsdann zu hoch; aber soll die Regierung ihn durch gesetzliche Bestimmung erniedrigen? Was würde die Folge davon sein? Es würden sich noch mehrere solchen Arbeiten entziehen, und trotz der gesetzlichen Lohntaxe würde der Lohn dennoch immer steigen; weil das Mißverhältniß zwischen Nachfrage und Angebot immer auffallender werden würde. Diese Erscheinung könnte indeß nicht lange anhalten, und sich besonders nur in einer Zeit zeigen, wo die Gewerbe aus einem Zunftzwange in einen freien übergehen; die Zahl der Verleger würde nach und nach so anwachsen, daß sie sich unter einander selbst zerstörten und nöthigten, andere Gewerbszweige zu ergreifen. Der Lohn müßte demnach wieder sinken und würde nicht verfehlen, sich zuletzt auf die ihm naturgemäß bestimmte Stufe des Werthes zu stellen. Nur wenn die Regierung lange Zeit eine große Zahl Menschen aus den untern Gewerbeklassen von der Arbeit zurückhielte, z. B. durch ein großes stehendes Heer, dann würde der Lohn über seinen natürlichen Stand steigen, und es fragt sich, ob die Regierung nicht versuchen solle, den einen Uebelstand wenigstens durch die Beschränkung eines andern zu mildern. Allein, wie wir schon vorher sagten, dieses Mittel würde nicht ausreichen, weil nicht die Lohnarbeiter den Lohn in die Höhe treiben, sondern dieses durch die Nachfrage nach ihnen geschieht, die auch gegen die Taxe den Lohn auf einem hohen Stande erhalten wird. Die Taxe könnte in diesem Falle nur die Folge haben, diejenigen abzuschrecken, welche außerdem durch den hohen Lohn zur Uebernahme der begehrten Arbeit angezogen worden wären. — Zuweilen steigt auch der Lohn gewisser Arbeiten durch Unternehmungen, welche die Regierung ausführen läßt, und sofern Handwerker dazu gebraucht werden, zeigt sich hier der Vortheil des mit dem Zunftwesen verbundenen Wanderns, wodurch die Anzahl der Arbeiter sich weit gleichmäßiger über ein ganzes Land verbreiten und also den Nachtheil verhindern kann, welcher aus einem Mangel an Arbeitern hervorzugehen pflegt. Wenn man sich also auch für eine Festsetzung der Waarenpreise entschließen sollte; so würde man doch sehr unzweckmäßig handeln, den Arbeitslohn einer Taxe zu unterwerfen.

§. 241.

Dem Handel selbst haben die Regierungen bald mehr, bald minder ihre Aufmerksamkeit gewidmet, je nachdem sie in ihm die hauptsächliche Bereicherung eines Landes erblickten, oder diese durch die Belebung der Urproduktion oder der Fabrikation zu erreichen hofften; allein in diesem Streben haben sie oft zu Maaßregeln ihre Zuflucht genommen, wodurch sie dem Volkswohlstande mehr schadeten, als nützten. Oft begünstigten sie gewisse Personen durch Monopole, oft banden sie diese an bestimmte Oerter, zuweilen wurden dem Verkehre gewisse Zeiten angewiesen, zuweilen suchte man ihn durch Prämien zu beleben.

Was zuerst die Monopole einzelner Personen beim Handel betrifft; so ist ihre Schädlichkeit bei näherer Betrachtung wohl nicht zu verkennen, wenn man auch nicht gerade einräumen will, daß die Regierungen, welche sich zu ihrer Ertheilung veranlaßt fühlten, nicht Gründe gehabt haben sollten, die wenigstens den Schein der Wahrheit an sich tragen. Es können aber die Handelsmonopole auf eine zwiefache Weise ertheilt werden, sie können den Verkauf und den Einkauf betreffen, indem sie entweder die Besitzer gewisser Waaren berechtigen, diese allein, mit Ausschluß aller übrigen Händler, zu verkaufen, oder indem sie den Begehrern gewisser Waaren das Recht ertheilen, diese, mit Ausschluß aller übrigen Begehrer, von ihren Besitzern zu kaufen. Beide Maaßregeln sind gegen das allgemeine Beste gerichtet, welches nur Vortheil haben kann, wenn die Waaren zu einem gerechten, ihnen nach dem Werthmesser des Preises zukommenden Preise verkauft werden; weil alsdann weder die Konsumenten gedrückt, noch die Producenten oder Verkäufer beeinträchtigt werden. — Wenn die Regierung jemanden, oder einer Gesellschaft, oder einer Klasse von Staatsbürgern das Recht ertheilt, eine Waare, mit Ausschluß aller übrigen Besitzer zu verkaufen; so räumt sie ihm in dem Kampfe mit dem Abnehmer der Waare über den Preis derselben einen unleugbaren Vortheil ein. Sie schneidet dem Letzteren alle Aussicht ab, sich unter verschiedenen Verkäufern der von ihm begehrten Waare den auszusuchen, von welchem er hoffen darf, den ihm annehmbarsten Preis bestimmt zu erhalten; der monopolisirte Kaufmann dagegen erhält das Recht, den Preis seiner Waare so hoch zu steigern, bis der Abnehmer derselben sich lieber zu ihrer Entbehrung, als zu ihrer Anschaffung entschließt. Es geht daraus auch schon hervor, daß, je mehr das Monopol sich koncentrirt, je wenigeren es zu Theil wird, der damit verbundene Vortheil auch desto größer sein müsse. Ein solches Monopol hat daher immer die Folge, daß es den Preis einer Waare erhöht. Entgegengesetzt wirkt das in Hinsicht des Einkaufs bewilligte Monopol im allgemeinen. Hier werden dem Einkäufer dieselben Vortheile über den Verkäufer gewährt, welche dieser in dem angeführten Falle über jenen hatte, und der Preis wird erniedrigt. — Häufig haben die Regierungen dieses Monopol bei manchen Produktionsgegenständen in Anwendung gebracht, wo es indeß mehr als ein Verbot erscheint: sie erlaubten nämlich den Producenten nur unmittelbar, also mit Uebergehung der Kaufleute an die Konsumenten zu verkaufen, und hofften dadurch den Preis zu erniedrigen, was auch nach den obigen allgemeinen Behauptungen der Fall sein müßte. Die Konsumenten erhalten offenbar in Bestimmung des Preises über die Producenten in sofern ein Uebergewicht, als die große Zahl der Kaufleute von ihrer Konkurrenz ausgeschlossen ist. Diese Behauptung scheint freilich in sofern nicht richtig zu sein, als die Kaufleute nicht als Verzehrer jener, unter der angeführten Beschränkung zu verkaufenden Waaren von ihrer Erlangung ausgeschlossen sind, und ja nur kaufen, um wieder zu verkaufen, dieselbe Summe von Waaren daher, welche ohne die Kaufleute, als solche, an die Verzehrer derselben gekommen sein würde, dennoch an sie gelangt; allein hier kommt es eben auf die Summe der Käufer an, da der Kaufmann durch den Kauf der Waare und durch ihre Hinschaffung auf den Markt zu einem Werthpoducenten wird, und nur als solcher einen höheren Preis für die Waare verlangt, als der war, zu welchem er sie selbst verkaufte. Also ein Vortheil scheint den Konsumenten durch jene Beschränkung gewährt zu sein. Betrachten wir indeß den Gegenstand näher; so werden wir uns vom Gegentheile überzeugen. Wir müssen uns nämlich theils die Bequemlichkeit des Handels für den Konsumenten, theils die Unbequemlichkeit des eigenen Handelsgeschäftes für den Producenten vergegenwärtigen. Danach wird sich denn auch die Frage beantworten lassen, ob der Kaufmann oder der Producent bereitwilliger zum Verkaufe einer Waare sei, und ob die Bereitwilligkeit in diesem Falle nicht auf die Erniedrigung des Preises der Waaren wirke? Das ganze Geschäft des Kaufmanns beruht auf Speculation, er weiß daher nicht allein die gelegenste Zeit, sondern auch den gelegensten Ort zum Verkaufe seiner Waaren zu finden, und kennt die Personen, welche die Waaren seines Verlages am meisten bedürfen, und denen er sie also am ersten und vortheilhaftesten anbieten kann. Außerdem ist er eingerichtet, eine Menge von Gütern aufzubewahren und vertraut mit den schicklichsten Mitteln ihrer Erlangung und Fortschaffung auf den Markt. Alle diese Kenntnisse und Unterstützungsmittel fehlen dagegen dem Fabrikanten und Urproducenten, und dieses verschiedene Verhältniß beider zum Handel muß bestimmen, welche von beiden, die Kaufleute oder Producenten, williger zum Tausche sind. Bei dieser Frage kann man jedoch leicht in einen Irrthum gerathen, wenn man sie nicht näher bestimmt. Man kann nämlich im allgemeinen fragen: ist der Kaufmann oder der Producent williger, seine Waaren zu vertauschen? oder man kann fragen: ist einer von beiden williger, und wer ist es, einen bestimmten, vorkommenden Tausch einzugehen? In Ansehung des ersten Punktes werden wir uns für die größere Bereitwilligkeit des Kaufmanns bestimmen müssen; denn sein ganzer Vortheil besteht in der Menge der abgesetzten Güter und in der Schnelligkeit ihres Absatzes. Dem Producenten liegt zwar auch daran, seine Erzeugnisse abzusetzen; allein ihm kommt es hauptsächlich auf die dabei zu erlangenden Vortheile, also auf die Höhe des Preises an. Bei dem einzelnen Tausche aber ist der Producent im allgemeinen geneigter, seine Waare wegzugeben, als der Kaufmann, weil jener, eben weil er Producent ist, kein eigenes Geschäft aus dem Handel machen, seine Waare nicht überall, nicht zu jeder Zeit, nicht für jedermann feil haben kann. Der Kaufmann dagegen wegen seines weiter ausgedehnten Marktes, kann die günstigsten Umstände wählen, unter denen er einen Tausch eingeht. Er ist unterstützt von Kommissionären, von eigens mit der Erweiterung seines Waarenabsatzes beschäftigten Handlungsdienern, findet leicht Gelegenheit, die Waare, welche er nicht im Augenblick absetzen kann, aufzuspeichern, und wird daher, ungeachtet seines allgemeinen Strebens nach schnellem Absatze, dennoch manchen, ihm nicht vortheilhaft genug erscheinenden Tausch vorübergehen lassen. Da es nun aber immer auf den wirklich vollzogenen Tausch ankommt: so kann man auch, wenn man die Frage ohne nähere Bestimmung aufstellt, wer von beiden, der Kaufmann

oder

oder der Producent, die größere Bereitwilligkeit zum Tausche äußere, sich für den letzteren erklären. Daraus ginge nun freilich hervor, daß der Konsument bei dem Handel mit dem Producenten gewinnen müsse; allein, wenn wir die größeren Kosten bedenken, welche dem Producenten sein Handelsgeschäft verursacht, und die mannichfaltigen Vortheile des Kaufmanns beim Ein- und Verkaufe dagegen halten; so werden wir uns leicht überzeugen, daß, ungeachtet jener größern Bereitwilligkeit des Producenten zum Tausche, er seine Erzeugnisse nicht so wohlfeil liefern könne, als der Kaufmann, der sie im großen einkauft und im kleinen verkauft, und durch die Größe des Absatzes bei geringen Preisen mehr gewinnt, als der Producent bei seinem eingeschränkteren Absatze durch den höheren Preis gewinnen könnte. Lage der Gegenden und besondere Verhältnisse werden indeß manche Ausnahmen entstehen lassen. — Dieses einsehend haben manche Regierungen ganz entgegengesetzt das Verkaufen der Producenten an die Konsumenten, mit Uebergehung der Kaufleute, verboten, oder sie haben, indem sie jene Maaßregel bei der Urproduktion für zweckmäßig hielten, die letztere bei der Fabrikation angewandt; allein, so wie sie sich dort im Irrthume befinden, verfehlen sie auch hier die Wahrheit. Den Verkäufer einer Waare darf man nicht antreiben, die vortheilhafteste Gelegenheit zu ergreifen, dieselbe abzusetzen. Dies lehrt sie ihr eigener Vortheil, und wenn daher Urproducenten ihre Erzeugnisse an Kaufleute lieber, als an die Konsumenten absetzen, werden sie nichts thun, als ihrem Vortheile folgen, so wie auch Fabrikanten nur dann an die Konsumenten ihrer Waaren diese verkaufen werden, wenn sie dabei einen größeren Gewinn sehen, als bei dem Absatze an die Kaufleute. Dieses wird man hauptsächlich in großen Städten finden, wo die Fabrikanten die Aussicht haben, unter den konsumirenden Einwohnern selbst einen bedeutenden Theil ihrer Waaren zu verkaufen und dadurch die Kosten zu decken, die der Selbstverkauf nothwendig macht. — Einen ähnlichen Zweck, wie durch diese Monopole, suchen die Regierungen auch bisweilen durch das Verbot des Aufkaufs und durch die Ertheilung des Vorkaufsrechtes, jenes gegen die Kaufleute und Händler gerichtet, dieses zum Vortheile der Konsumenten denselben bewilligt, zu erreichen. Beide stehen mit einander in genauer Verbindung.

Die Handelsmonopole, von welchen wir bisher gesprochen haben, gehen auf die Begünstigung einer ganzen Staatsbürgerklasse, sie werden aber auch Einzelnen oder ganzen Gesellschaften ertheilt, und die letzteren sind es, welche, wegen ihrer Wichtigkeit und wegen des ihnen irrig beigelegten Vortheils, unsere Aufmerksamkeit vorzüglich verdienen. Die Regierungen häufig von dem Streben ergriffen, dem auswärtigen Handel des Landes, besonders dem aktiven und direkten, eine größere Ausdehnung zu verschaffen, haben nicht selten, um diesen Zweck zu erreichen, Gesellschaften von Kaufleuten ein Privilegium ertheilt, indem sie hofften, was Einzelne nicht zu Stande bringen würden, möchte Mehreren gelingen. Ganz irrig war dieser Schluß nicht; allein es mußte bei der Ausführung sehr wohl die Einrichtung eines neuen Handelszweiges und seine monopolisirte Betreibung unterschieden werden. Wie bei Erfindungen in andern Zweigen der Betriebsamkeit müßte der Staat auch hier verfahren, nur mit einigen Modificationen. Er müßte eine Zeit bestimmen, während welcher das Privilegium nur Gültigkeit haben dürfte, damit nicht durch dasselbe der übrige Theil der Handeltreibenden und der ganze Staat Nachtheil erleide, und dieses immer nur, wenn man überzeugt wäre, daß derselbe

Zweck nicht auch ohne Privilegium erreicht werden könnte.

Solcher privilegirten Handelsgesellschaften giebt es aber zwei Arten, wovon man die eine regulirte, die andere Handelsgesellschaften mit vereinigtem Fonds zu nennen pflegt. Die regulirten Handelsgesellschaften haben große Aehnlichkeit mit den Zünften, indem ein jeder Kaufmann darin aufgenommen werden kann, wenn er sich gewissen Bedingungen unterwirft. Alsdann mag er den Handel mit eigenen Kräften und nach eigener Einsicht ungestört treiben. Wenn man sich geneigt fühlt, den Zünften unter den Handwerkern das Wort zu reden; so könnte man sich leicht verführen lassen, auch diese Handelsgesellschaften zu vertheidigen, allein so sehr der Handel von den Handwerken unterschieden ist, so sehr ist auch der Nutzen, welchen jene regulirte Handelsgesellschaften leisten, von dem Nutzen, welchen wohleingerichtete Handwerkszünfte stiften, verschieden. Der Handel will frei von allen Fesseln sein: sein Vortheil besteht in der Ergreifung der sich augenblicklich darbietenden günstigen Gelegenheit, und seine Sicherheit in der richtigen Speculation des Kaufmanns und in zweckmäßig eingerichteten Versicherungsanstalten. Weiter kann ihm keine Gunst erzeigt werden, die sich mit dem Nationalwohlstande vertrüge, es sei denn, daß er nach Gegenden hin getrieben würde, welche, wegen ihrer Unsicherheit des Zusammentretens mehrerer Kaufleute erforderten, wie wir diese Erscheinung im Mittelalter im großen und kleinen finden. Dann ist aber wieder ein Privilegium unnöthig. Nehmen wir daher eine regulirte Handelsgesellschaft an; so kann diese keinen andern Zweck haben, als einen solchen, der sich auch ohne sie erreichen läßt, oder die Konkurrenz zu verhindern. Dieser letztere Zweck liegt zwar auch in dem Streben der Zünfte; allein seine Nachtheile heben sich wieder, theils durch die Eigenthümlichkeit derselben selbst, theils lassen sie sich durch Modificationen heben, welche, ohne den Zunftverband zu zerstören, den Nationalwohlstand vor Gefahren schützen. Bei ihnen nämlich läßt sich eine ungefähre Abwägung zwischen dem Bedarfe an Waaren, die von ihnen geliefert werden, und der zur Bestreitung desselben nöthigen Anzahl von Arbeitern anstellen; diese Abwägung findet aber bei dem Handel durchaus nicht statt, und um so weniger, als die Vortheile des Kaufmanns oft eine Verbindung der verschiedenen Handelsformen nöthig machen, und man überhaupt den Handel nicht in eine gewisse Grenze des Gewinnes einschränken darf. Bei dem allen werden aber die regulirten Handelsgesellschaften, wenn man auch noch eine Begünstigung der an der Spitze stehenden Kaufleute und durch sie eine der mit ihnen näher verbundenen hinzurechnet, nie so nachtheilig wirken, wie Handelsgesellschaften mit vereinigtem Fonds, weil bei ihnen doch Konkurrenz, wenn auch eine beschränkte, statt findet.

Die Handelsgesellschaften mit vereinigtem Fonds haben entweder das Privilegium, mit einem besondern Handelsgegenstande, oder mit einer bestimmten Gegend ausschließlich zu handeln. Ein solches Monopol muß immer sehr nachtheilig sein, und zwar theils in Beziehung auf die Aufhebung der Konkurrenz, theils durch die Form des Handelsbetriebes. Jene wirkt nachtheilig auf den Preis der Waaren, die unter einem solchen Monopole stehen, diese nachtheilig auf die Handelsproduktion. Eine Gesellschaft mit vereinigtem Fonds kann natürlich nicht anders bestehen, als durch Aktien, und muß von einigen, oder einem Direktor geleitet werden. Ist es gleichwohl der Fall, daß die Direktoren den Aktionären von Zeit zu Zeit Rechenschaft ablegen müssen; so werden sie doch größtentheils willkührlich zu verfahren im Stande sein, da die meisten Aktionäre, wie wir mit großer Wahrscheinlichkeit annehmen dürfen, nichts von dem Handel überhaupt, oder doch von dem Handel der Gesellschaft verstehen, und sich mit der ihnen von Zeit zu Zeit ausgezahlten Dividende begnügen. Die Direktoren werden diese Lage der Dinge benutzen, um ihren eigenen Vortheil auf Kosten der Gesellschaft zu befördern, und eben so werden die Unterbeamten der Gesellschaft handeln, am wenigsten aber werden alle kleine Vortheile für das Ganze aufgesucht werden*; man wird sich bei allen Gelegenheiten mit einer gewissen Freigebigkeit und Nachläßigkeit benehmen, und die Gesellschaft wird bei weitem dem Handel und also auch dem Volkswohlstande den Nutzen nicht gewähren, welcher durch die freie Konkurrenz erreicht werden würde. Die Erfahrung bestätigt dieses auch durch mehrere Beispiele. Privilegirte Gesellschaften dieser Art sind zu Grunde gegangen, während von einzelnen Kaufleuten derselbe Handelszweig mit Vortheil getrieben wurde; ja die Erfahrung zeigt uns, daß solche Gesellschaften nicht einmal nöthig sind, einen neuen Handelszweig in Gang zu bringen; da die meisten Unternehmungen dieser Art, worauf man sich gewöhnlich beruft, von Privatpersonen mit eigenen Mitteln und auf eigene Gefahr angefangen worden sind. Dazu kommt noch, daß eine Gesellschaft von bedeutendem Umfange es weit eher dahin bringt, die Regierung für sich zu gewinnen und in unglücklichen Umständen leicht zu einem bedeutenden Aufwande verführt. Man will nicht gern aufgeben, was einmal mit bedeutenden Kosten angefangen ist, und bedenkt nicht, daß die Folgen falscher Handelsspeculationen oft zu der größten Gefahr, dem Bankerott der Unternehmer Veranlassung geben, und nur durch ein schnelles, wenn auch mit Verlust verbundenes Einlenken abgewandt werden können.

§. 242.

Ein Mittel die Konkurrenz zu befördern und dadurch einen gerechten Waarenpreis hervorzubringen, sahen die Regierungen häufig auch in der Beschränkung des Handels auf einen gewissen Ort, eine Maaßregel, wovon die Geschichte der staatswirthschaftlichen Regierungskunst eine Menge von Beispielen aufzuweisen hat. In den neuern Zeiten hat man oft, und mit Recht, dagegen gekämpft, und ein jeder wird sich dagegen erklären, welcher die Eigenthümlichkeit des Handels begriffen hat. Die Konkurrenz läßt sich durchaus nicht erzwingen, wenn man nicht wahrhaft despotisch verfahren und den Besitzern einer Waare geradezu ihr Eigenthum entreißen will. Dieses hat man denn mitunter auch wirklich gethan, wenn man sich von der Unvollständigkeit des angeführten Mittels überzeugte und doch nicht davon abstehen wollte. Man kann zwar jemand allenfalls nöthigen, einen bestimmten Marktplatz zu besuchen; aber damit ist es noch nicht gethan, man muß ihn auch nöthigen, auf diesem bestimmten Marktplatze seine Waare zu verkaufen und sie nicht etwa heute oder morgen zu verkaufen, sondern wieder zu einer bestimmten Zeit. Hieße dieses aber nicht eben so viel, als über das Besitzthum jemandes willkührlich gebieten?! Ist ein bestimmter Marktplatz für den Verkauf gewisser Waaren angesetzt; so geht daraus schon hervor, daß dieser Marktplatz nicht allen Verkäufern der Waare, vielleicht nur wenigen gelegen ist, ja daß derselbe auch nicht allen Käufern zusage; weil im allgemeinen die Käufer die Waaren nach sich ziehen und nicht die Waaren die Käufer. Es werden gewöhnlich ökonomische Ursachen daran Schuld sein, und die Ueberwindung derselben macht auf der einen Seite die Käufer unbereitwillig zu einem hohen und selbst zu dem gewöhnlichen Preise zu kaufen, und bestimmt auf der andern die Verkäufer auf einen ungewöhnlichen Preis zu bestehen. Es ist also hier nicht das allgemeine Streben sichtbar, wonach jeder beim Tausche so viel wie möglich zu gewinnen sucht; sondern es zwingt die Nothwendigkeit viele Käufer und Verkäufer darauf auszugehen. Dabei sind aber mehrere Fälle denkbar: entweder sind Angebot und Nachfrage gleich, oder zwischen beiden ist ein Mißverhältniß. Ist das Angebot der Nachfrage gleich, dann kann sich allerdings ein angemessener Preis erzeugen, wenigstens ein solcher, welcher ohne jene für beide tauschenden Theile unvortheilhaften Umstände angemessen gewesen sein würde. Nimmt man aber auf diese Umstände Rücksicht; so wird der Preis, welcher den Käufern als angemessen erscheint, für den Verkäufer ein unangemessener sein, und umgekehrt; weil in beiden Fällen einer von beiden Theilen nothwendig seine Ansprüche auf den Ersatz für die Ueberwindung der Hindernisse, welche mit der Besuchung eben dieses Marktes verbunden waren, aufgeben muß. Aber selten wird das Angebot der Nachfrage gleich sein, und dann werden entweder die Verkäufer oder die Käufer das Uebergewicht haben, was denn entweder die Erhöhung des Preises über seine Angemessenheit, oder die Erniedrigung desselben unter die Schaffungskosten zur Folge hat. Also auf eine Verletzung des einen oder andern Theils läuft dieses Verfahren immer hinaus, es möge die Waare sein von welcher Art sie wolle; doch werden die angezeigten Erscheinungen anders hervortreten, je nachdem die Waare eine mehr oder minder nothwendige ist. Die letztere wird gewöhnlich den Vortheil auf die Seite des Verkäufers neigen, jene dagegen öfter einen für deu Käufer günstigen Preis erhalten. — Man hat am häufigsten in Zeiten der Kostbarkeit oder Theurung der ersten Lebensmittel zu dieser harten Maaßregel gegriffen; aber die Noth entschuldigt nicht den Irrthum.

In gewisser Beziehung zu dieser Maaßregel steht auch die Errichtung von Märkten und Messen, obgleich freilich nicht geleugnet werden kann, daß sie sich füglich unter einem andern Gesichtspunkte auffassen lassen. Es sei uns erlaubt ihre Betrachtung hier anzuknüpfen. Im allgemeinen, müssen wir bemerken, übt auch hier die Natur des Verkehrs ihr Recht aus; sie geht den Regierungen mit einer leuchtenden Fackel voran. Indeß die Kunst geht über die Natur hinaus, nicht um sie zu tödten, sondern sich ihrer zur Erregung der schlummernden Kräfte zu bedienen; und darum dürfen die Regierungen auch im besondern, wo die Natur den Weg noch nicht gebahnt hat, wirksam sein. Wenn wir daher behaupten wollten: hier haben sich die natürlichen Verhältnisse zur Entstehung von Märkten und Messen gebildet, hier störe die Regierung nicht, hier helfe sie nach, aber weiter gehe sie nicht; so würden wir zu viel sagen. Die Regierung verliere nie aus den Augen, daß ihr Hauptzweck sein muß, sittlichen Genuß und mannichfaltigen Wohlstand so viel wie möglich gleichmäßig über ein Land zu verbreiten. Vermag sie das aber schon, wenn sie sich auch heiser ruft: arbeitet, arbeitet! Die Arbeit will ihren Lohn; indem die Regierung daher zur Produktion ermuntert, zeige sie sogleich im Hintergrunde den Genuß. Dazu dienen nun auch, neben ihren andern Bestimmungen, die Märkte. Wir müssen also eine doppelte Richtung in der Aufmerksamkeit der Regierung auf die Märkte anerkennen: einmal muß sie die Entstehung von Märkten da begünstigen, so weit es ohne irgend einen Druck geschehen kann, wo die natürliche Gestaltung der Betriebsamkeit ihre Entstehung wünschenswerth macht; und dann muß sie da die Entstehung von Märkten durch künstliche Mittel, selbst durch einen Staatsaufwand, zu bewirken suchen, wo die Unkultur jede Empfänglichkeit für einen ausgedehnteren Genuß in Fesseln hält. — Der Handel zeigt sich immer in einer doppelten Gestalt, als Groß- und als Kleinhandel, und wenn ihn ein reges Leben begleiten soll, muß er in beiden Gestalten sich rasch zu bewegen Gelegenheit finden. Für den Kleinhandel bieten diese Gelegenheit die Märkte dar, und dieses ist daher auch ihre eigentliche Bestimmung. Es ist zwar nicht zu leugnen, daß mit der Erweiterung des Verkehrs, mit seiner möglichst freien Entwickelung Kaufleute sich überall in einem Lande festsetzen werden; aber theils sind wenige Länder, ja wenige Gegenden bis auf diese Stufe der Kulturverbreitung gekommen, theils wird dadurch noch nicht die für den Konsumenten so nothwendige Konkurrenz der Kaufleute herbeigeführt. Die Erfahrung zeigt uns, daß die wenigen Kleinhändler auf dem Lande und in kleinen Städten gewöhnlich schlechte Waaren halten und sie zu einem hohen Preise verkaufen, also die Landleute zwingen, die Städte zu besuchen, um dort ihren Bedarf an Gegenständen der Fabrikation und solchen Urprodukten einzukaufen, welche bei ihnen selbst nicht gewonnen werden. Dagegen würden die Städter genöthigt sein, sich mit Urprodukten vom Lande aus durch eigene Herbeischaffung zu versorgen, wenn nicht für diese Erzeugnisse in den Städten selbst Märkte statt fänden. Wer kann daher die Vortheile der Märkte leugnen? Aber sie können auch sonst noch nützlich wirken, indem sie Veranlassung zur Ansiedelung von Kaufleuten geben, welche die Gegenstände des Marktes vornehmlich feilbieten, den diesen besuchenden Kaufleuten ihre Waaren im großen abkaufen, um sie im kleinen wieder an die Konsumenten abzusetzen. Sie bewirken ferner durch Feilbietung der Produkte der ländlichen Handwerker für die ärmern Volksklassen unter den Stadtbewohnern eine wohlthätige Konkurrenz mit den städtischen Erzeugnissen ähnlicher Art, und veranlassen endlich den für das gesellige Leben so wohlthätigen Zusammenfluß von Menschen verschiedener Oerter, die Aufrechthaltung einer Gastfreundschaft, welche die durch Eigennutz getrennten Menschen nur noch zusammenzuhalten vermag. — Aber nicht blos nachhelfen soll die Regierung, auch entgegenkommen. Durch mancherlei ihr zu Gebote stehende Begünstigungen muß sie Oerter zu Marktplätzen erheben, wo der Mensch in roher Unkultur nur für die Noth des Lebens vorhanden zu sein scheint; durch Aufstellung der die Thätigkeit anregenden Genüsse muß sie auf die Produktion zurückwirken, indem sie die Menschen auf die mancherlei Annehmlichkeiten aufmerksam macht, welche der Lohn der Anstrengungen, des Wohlstandes sind. Verlieren kann durch solche Begünstigungen niemand, weil der dazu nöthige Aufwand sich hundertfältig durch die dadurch bewirkte Vergrößerung der Produktion ersetzt. — Die Messen hat man bei dem gegenwärtigen Zustande des Handels häufig für überflüssig gehalten; aber eben, daß sie noch immer besucht werden, zeigt die damit verknüpften Vortheile an. Hier ist es, wo die Kaufleute und Fabrikanten der entferntesten Gegenden ihre Waaren ausbreiten, wo der Fortschritt der einen Nation in der Betriebsamkeit die andere zur Nacheiferung auffordert, wo der Kleinhändler seinen Verlag nach seinen Bedürfnissen auswählen kann, wo die Kaufleute einander persönlich kennen lernen, ihre Zahlungen gegenseitig berichtigen und durch neuen Kredit dem Handel neuen Umschwung geben.

§. 243.

Außer den Beschränkungen des Verkehrs auf gewisse Personen und Oerter kommen oft auch solche vor, welche ihn nur zu einer bestimmten Zeit erlauben. Diese können von verschiedener Art sein, entweder alle Käufer und Verkäufer betreffen, und dann finden eben die Nachtheile statt, welche wir bei der Beschränkung des Verkehrs auf einen bestimmten Ort angegeben haben, oder es kann mit der gedachten Beschränkung zugleich ein Monopol verbunden sein. Dieser letztere Fall findet am häufigsten statt, und soll dazu dienen, entweder die einheimischen Käufer, oder die einheimischen Verkäufer, jene vor den fremden Käufern, diese vor den fremden Verkäufern zu begünstigen. Es dürfte sich indeß finden, daß durch diese Maaßregel gerade das Gegentheil von dem bewirkt wird, was man erreichen will. Gesetzt es wird den fremden Käufern nur zu einer gewissen Zeit zu kaufen erlaubt; so wird der einheimische Verkäufer, auf diesen Zwang rechnend, und daraus einen Vortheil für den Preis seiner Waaren zu ziehen gesonnen, mit dem Verkaufe derselben so lange zurückhalten, bis der fremde Käufer berechtigt ist, mit dem einheimischen zu konkurriren; statt also den Preis zu erniedrigen, wirder ihn erhöhen, und um so mehr, als er sich von der Nothwendigkeit überzeugt, welchei den fremden Käufer den Markt zu besuchen zwingt. Zuweilen können zwar seine Berechnungen fehl schlagen, aber im ganzen wird er doch eher Vortheil als Nachtheil von der Staatsmaaßregel haben. Der einheimische Käufer wird also keineswegs gewinnen, und es würde schon die vergrößerte Ungewißheit über den Preis als Verlust zu betrachten sein. Diese Ungewißheit muß aber in dem angezeigten Falle nothwendig zunehmen; weil zu den mancherlei Umständen, von welchen das Uebereinkommen zwischen Käufer und Verkäufer über den Preis abhängt, noch die Speculation des letzteren auf den fremden Käufer hinzukommt. Am wichtigsten ist indeß wohl der Nachtheil, welcher nicht den Preis unmittelbar, sondern die Produktion trifft. Die fremden Kaufleute, welche einem solchen Zwange unterworfen sind, und anstatt für diesen

Zwang durch einen geringern Preis entschädigt zu werden, einen noch höheren, als den gewöhnlichen Marktpreis bezahlen müssen, werden Gelegenheit suchen, sich auf eine andere Weise ihren Bedarf zu verschaffen und zum Theil von dem Markte ganz wegbleiben. — Trifft der Zwang die fremden Verkäufer; so liegt dieser Maaßregel offenbar die Absicht zum Grunde, die einheimischen Verkäufer von ihrer Konkurrenz zu befreien. Allein in den meisten Fällen wird das Gegentheil geschehen: die Käufer, in der Hoffnung, von den Fremden zu einem geringern Preise zu kaufen, werden, wenn es ihre Bedürfnisse zulassen, die Ankunft derselben erwarten, und es wird die Konkurrenz, die frei gelassen sich über einen langen Zeitraum verbreitet hätte, und deshalb in ihren Folgen unbedeutend gewesen wäre, auf einen Zeitpunkt zusammengedrängt. Die einheimischen Verkäufer werden alsdann von den fremden abhängig, und es bleibt im ganzen unentschieden, ob der Preis gerade niedrig oder hoch sein werde. Wenigstens ist also auch in diesem Falle wieder eine für den Handel nachtheilige Unsicherheit des Preises zu bemerken, und, je nachdem der Sieg auf Seiten der einheimischen oder fremden Verkäufer ist, ein Nachtheil für die fremde oder einheimische Produktion zu befürchten. Denn nöthigen die fremden Verkäufer die einheimischen, ihre Waaren unter den Schaffungskosten zu verkaufen; so erhält offenbar die einheimische Produktion einen Stoß, und können dieses Verfahren die einheimischen Kaufleute gegen die fremden ohne eigenen Nachtheil durchführen; so werden sie sich vielleicht ganz von der fremden Konkurrenz befreien können, und die fremde Produktion wird leiden. — Bei allen diesen Umständen fragt es sich alsdann immer noch, ob unter den fremden Käufern und Verkäufern Bewohner desselben Staates zu verstehen sind, oder nicht. Im erstern Falle übt die Regierung eine Ungerechtigkeit aus, und nöthigt Produktion und Handel sich immer mehr in sich zurückzuziehen, sich auf einzelne Oerter zu konzentriren. Im andern Falle stört sie den Verkehr mit dem Auslande, und entzieht sich einen Theil der Vortheile, welche aus diesem hervorgehn, wie wir noch weiter unten sehen werden, wo sich ebenfalls eine passende Gelegenheit darbieten wird, über die Prämien zu sprechen.

§. 244.

Die Regierungen haben sich oft nicht allein bestrebt, dem Handel durch die angegebenen Maaßregeln, nach ihren Ansichten von Vortheilen und Nachtheilen, die er unter gewissen Verhältnissen hervorbringen soll, eine besondere Richtung zu geben, sie haben ihn auch noch mehr im großen zu leiten gesucht, und waren deshalb bemüht, auf die einzelnen Handlungszweige hinzuwirken. Sie folgten dabei den Werthstufen derselben, wie sie die von besondern Verhältnissen absehende Theorie aufzufassen pflegt. Allein in der Wirklichkeit ist nichts ein Allgemeines, alles wird zum Besondern, und Maaßregeln, welche die Regierung ergreift, um unmittelbar auf die Gewerbsamkeit einzuwirken, können nur zufolge der Eigenthümlichkeit erwählt worden sein, wenn sie ihre Wirkung nicht verfehlen sollen. Dieses ist aber ganz vorzüglich beim Handel der Fall. Nicht allein hängt er von der einheimischen Produktion, sondern auch von dem ganzen Kulturzustande des Landes und von seiner Lage gegen das Ausland ab. Bald sind diese Umstände dem auswärtigen Bedarfshandel, bald dem Zwischenhandel; bald dem aktiven, bald dem passiven; bald dem direkten bald dem indirekten Handel günstig. — Das Princip, welches die Einwirkung der Regierung auf den Handel bestimmen muß, ist im allgemeinen nicht der Handel, sondern die Wirkung des Handels auf die Produktion. Nur in einem Falle ist der Handel Zweck und Mittel zugleich, wenn er Zwischenhandel ist; weil bei diesem die Produktion nur als Nebensache und der Gewinn beim Handel selbst als Hauptsache betrachtet wird. Wir können daher auch nicht anders über die Maaßregeln der Regierung zur Leitung des Handels sprechen, wenn wir nicht vorher untersucht haben: ob die Regierung ein besonderes System in Begünstigung der Produktion beobachten solle, und wenn sie es soll, welches? Man sagt: ein jeder Staat muß sich so viel wie möglich selbstständig zu entwickeln, seine Eigenthümlichkeit in den mannichfaltigen Verhältnissen mit andern Staaten aufrecht zu erhalten suchen, — und man hat Recht. Man sagt: die Eigenthümlichkeit eines Landes zeichnet einem Staate den Weg vor, welchen er in seiner Entwickelung einschlagen müsse, — und man hat wieder Recht. Sollten sich diese beiden Behauptungen nicht vielleicht widersprechen, eine die andere aufheben? Verliert nicht ein Staat seine Selbstständigkeit, wenn er genöthigt ist, seine Lebensmittel aus der Fremde zu ziehen? Verliert er sie nicht, wenn er der fremden Materialien zum Bestehen seiner Gewerbe bedarf? Verliert er sie nicht, wenn er seine Fabrikwaaren dem Ausländer abkauft? Und doch kann der Boden vielleicht nicht die Menge von Lebensmitteln hervorbringen, deren seine Bewohner zu ihrem Unterhalte bedürfen; doch kann es im Lande selbst an Materialien fehlen, um die ganze Menge der Handwerker und Fabrikanten zu beschäftigen; doch können die einheimischen Fabrikwaaren von der Art sein, daß sie dem Wunsche der Begehrer nicht entsprechen, und sie bestimmen, den ausländischen den Vorzug zu geben! Wäre hierin ein Widerspruch; so müßte der Staat nicht gestatten, daß seine Bürger auf eine andere Weise einen Unterhalt suchten, wenn sie nicht durch die einheimische Produktion von Lebensmitteln erhalten werden könnten, daß sie Fabrikwaaren verbrauchten, wenn diese aus der Fremde gezogen werden müßten, und daß sie fabrizirten, wenn sie nicht durch einheimische Produktion die ihnen nöthigen Materialien zu erhalten im Stande wären. Wir wollen die hiebei entstehenden Zweifel zu lösen suchen. Zuerst fragen wir: kann ein Staat durch den Verkehr mit einem andern abhängig werden, und was heißt hier abhängig? Die Abhängigkeit heißt hier weiter nichts, als die Nothwendigkeit seine Bedürfnisse durch Austausch des eigenen Ueberflusses gegen den fremden zu befriedigen. Verstehen wir dieses darunter; so sind alle Staaten, die in den Weltverkehr eingreifen, wechselsweise von einander abhängig. Der eine giebt dieses und empfängt jenes von dem andern, und damit der eine von dem andern empfangen kann, muß er geben. So ist bei beiden ein Bedürfniß, zu empfangen und zu geben, und da zum Abschlusse eines Tausches das Gleichgewicht der Bereitwilligkeit zu geben und zu nehmen erfordert wird; so macht einen Staat das Geben eben so abhängig, als das Nehmen. Giebt es indeß nicht vielleicht der Verschiedenartigkeit der Güter gemäß manche, durch deren Begehr ein Staat abhängiger werden kann, als durch den Begehr anderer? Jeder Staat kann immer auf eine doppelte Weise gefährdet werden, entweder an der Sicherheit der Existenz seiner Bürger, oder an der Selbstständigkeit ihrer Entwickelung. Die Sicherheit des bloßen Daseins hängt, sagt man gewöhnlich, von denjenigen Erzeugnissen ab, die ein Bedürfniß der Naturnothwendigkeit befriedigen und unter welchen die ersten Lebensmittel die Hauptstelle einnehmen; — ich möchte aber sagen: die Sicherheit des Daseins hängt überhaupt von der Möglichkeit ab, seinen

Unterhalt zu finden, seine naturnothwendigen Bedürfnisse zu befriedigen. Sobald es in einem Staate nicht blos Ackerbauer und andere Urproducenten giebt, welche die Bedürfnisse der Naturnothwendigkeit liefern; sondern auch solche, die sich mit Fabrikation, mit Gewinnung von Materialien, mit Künsten und Wissenschaften und andern Zweigen der sogenannten mittelbaren Produktion beschäftigen; so muß für sie die Möglichkeit vorhanden sein, durch Austausch ihrer produktiven Kraftäußerungen sich die Güter zu verschaffen, welche ihr Dasein sichern. Dies führt uns denn zu der wichtigen, hier entscheidenden Frage: werden sie sicher sein, wenn sie ihren Bedarf unmittelbar von ihren Landsleuten ziehen, oder wenn sie ihn aus der Fremde nehmen, also durch auswärtigen Handel? Da alle Staaten sich aus der Urproduktion entwickelt haben, da, wenige Länder ausgenommen, überall Lebensmittel der ersten Nothwendigkeit hervorgebracht werden können, und da die auf ihre Gewinnung gerichtete Urproduktion, als eine angenehme und sichere Erwerbsquelle, immer viele Hände zu ihrer Betreibung findet; so wird auch niemals allgemeiner Mangel daran sein. Einzelne Gegenden werden vielleicht leiden, andere aber durch ihren Ueberfluß aushelfen können. Indeß da man doch eine solche theilweise Gefahr nicht ableugnen kann; so dürfte man daraus auf die Nothwendigkeit schließen, womit jede Regierung vor allem dahin zu streben hätte, daß die Bevölkerung des Staates hinreichenden Unterhalt für sich fände. Auf diese Weise nämlich scheint es, wird ein solcher Staat auf eine doppelte Art gegen die Noth geschützt: durch seine eigene Produktion und durch die Produktion anderer. Allein wir könnten dagegen erinnern: zu jedem Verkehre mit dem Auslande gehören gewisse Anknüpfungen, er läßt sich nicht plötzlich, so wie die Noth gebeut, aus nichts hervorrufen. Wenn daher ein ackerbauender Staat, der, statt Getreide einzuführen, früher andere Länder mit seinem Ueberflusse versorgte, durch Mißwachs leidet; so wird es für ihn schwer halten, seinen Bedarf aus der Fremde zu ziehen. Ein Staat dagegen, wo der Ackerbau nur Nebensache ist, wird sich stets eine Menge von Wegen offen halten, auf welchen er zu seinem Bedarfe gelangen kann. Seine Getreidemagazine, die Speicher seiner Kornhändler werden gefüllt sein und sich bei einem entstehenden Mangel öffnen. Es lehrt auch die Erfahrung, daß kornarme Länder weniger durch Hungersnoth gelitten haben, als solche, bei denen der Ackerbau die Hauptnahrungsquelle ist. Man kommt zwar häufig auf Beispiele, welche diese Behauptung zu widerlegen scheinen; allein man läßt sich nur zu leicht durch den Anschein eines Ereignisses täuschen, und vergißt seine Quelle aufzusuchen. Was man oft für die Folge des Mangels an Lebensmitteln hält, ist blos die Folge des Mangels an Erwerb: es fehlt nicht an Getreide, aber es fehlt an Mitteln, sich dasselbe anzuschaffen. Eine solche Hungersnoth kann daher auch beim Ueberflusse an Getreide entstehen. Dadurch also, daß ein Staat von einem andern, oder von zehn andern, einen Theil seiner Lebensmittel zieht, ist er noch nicht der Gefahr ausgesetzt, seine Existenz zu verlieren. Eben so wenig ist dieses aber auch der Fall, wenn er seine Materialien, seine Fabrikwaaren aus der Fremde herbeiholt. — Zweitens müssen wir fragen: kann ein Staat durch den Verkehr mit andern in seiner selbstständigen Entwickelung gehindert werden? Auf diese Frage zu antworten, möchte äußerst schwer sein, wenn wir uns nicht vorher über den Ausdruck — selbstständige Entwickelung — erklären. Die Aufgabe des Staates ist es, die Menschheit in der Form des Staates zu entwickeln. Was daher die Entwickelung des Menschen fördert, ohne die Eigenthümlichkeit des bürgerlichen Vereins unmittelbar zu zerstören, darf von dem Verkehre mit dem Auslande nicht ausgeschlossen sein. Der bürgerliche Verein beruht aber auf seiner Verfassung, seiner Verwaltung, seinen Gesetzen, und auf der Sprache und den Sitten seiner Glieder. Nun fragen wir: können fremde Urprodukte, können Erzeugnisse einer fremden Fabrikation zerstörend auf diese Bindemittel des Staates wirken? Was zuerst die Naturprodukte betrifft; so haftet durchaus an diesen keine fremde, durch den Menschen ihnen beigelegte Eigenthümlichkeit. In ihnen spricht sich blos die Mannichfaltigkeit des Naturlebens aus, mögen sie in unmittelbaren Genußmitteln oder in Materialien bestehen. Anders erscheinen schon die Fabrikationsgegenstände; allein auch sie vermögen nur wenig oder gar nicht die Selbstständigkeit der Volksentwickelung zu lähmen, wenn mit ihnen zugleich nicht ein zerstörender Genuß eingeführt wird. Sie zeigen im allgemeinen nur die fremde Entwickelungsstufe der Kunstfertigkeit, wirken also unmittelbar auf Bildung des Menschen nach dieser Richtung hin, indem sie Muster der Nachahmung und Antrieb zur weiteren Gestaltung werden. In sofern sie freilich, wie manche Gegenstände der Urproduktion zum Luxus Veranlassung geben, fremde Moden verbreiten helfen, ist von ihnen zu fürchten, und dann mag der Staat unmittelbar und mittelbar gegen sie wirken. Am nachtheiligsten ist einem Staate immer der geistige Verkehr mit dem Auslande, aber nur, wenn seine Bewohner nicht die Kraft in sich tragen, wodurch sie dagegen geschützt werden können. Ihn verhindern zu wollen, würde indeß sehr thöricht sein; denn die Vortheile, welche er gewährt, sind bei weitem größer, als die Nachtheile, die er hervorbringt. Die Volksbildung allein kann gegen das fremde Gift bewahren. Ist in dieser das sittliche Streben nicht zu verkennen, dann werden auch die einzelnen Glieder des Staates sich gegen die Unsittlichkeit zu schützen wissen.

Von allen diesen Betrachtungen ist indeß die Untersuchung über die Art der Produktion, welche den Nationalwohlstand am meisten befördert, unabhängig. Auch sie findet hier passend eine Stelle, in sofern es darauf ankommt, das System, welches man für das zweckmäßigste in Beziehung auf den Nationalwohlstand erkannt hat, durch den Handel zu begünstigen. Daß sich ein ganzer Staat blos mit dem Zwischenhandel beschäftigen werde, ist im allgemeinen nicht wohl denkbar, daß aber die Urproduktion hier, die Fabrikation dort die eigentliche Quelle der Bereicherung sein könne, beweiset die Erfahrung, und die Frage kann daher nur sein: soll der Staat diesen oder jenen Weg der Bereicherung vorziehen, soll er das Urproduktionssystem, für welches man iedoch das Landbausystem zu setzen pflegt, weil der Landbau der Hauptzweig der Urproduktion ist, oder soll er das Fabriksystem befolgen? Für das Landbausystem scheint die sichere Ernährung, welche man davon erwartet, und für die Urproduktion überhaupt, die Nothwendigkeit derselben für die Fabrikation zu sprechen; für die Fabrikation dagegen die unbegrenzte Ausdehnung derselben durch Arbeitstheilung und durch die Anwendung von Maschinen. Wenn der Mensch fabriziren soll, müssen zuerst Lebensmittel, müssen Materialien vorhanden sein. Dieses kann nicht bezweifelt werden, sobald man einen Staat abgesondert für sich betrachtet; allein der Zusammenhang mit andern Staaten giebt seiner Produktion oft eine ganz andere Richtung, und während der eine bei der Urproduktion stehen bleibt, wird der andere durch Fabrikation und Handel blühend. Die Staaten theilen sich auf diese Weise, wie die Bewohner eines und desselben Staates in verschiedene Gewerbszweige, je nachdem sie bei diesem oder jenem größere Vortheile zu erlangen hoffen. Entschieden werden sie dabei der Natur ihres Bodens nicht entgegentreten: die Bewohner eines dem Ackerbau günstigen Landes werden nicht für andere fabriziren, und ein an Materialien reiches Land wird nicht von seinen Bewohnern als Ackerland benutzt werden, um Lebensmittel für jene zu liefern, die von der Natur keine Aufforderung zur Fabrikation haben. Weise Regierungen werden daher alle Umstände wohl erwägen: theils die Natureigenthümlichkeit des einheimischen Bodens, theils die Verhältnisse zum Auslande. Ein Streben nach Unabhängigkeit, wo doch keine Abhängigkeit ist, kann nur zum Irrthume führen. Zuweilen ist indeß das Uebergewicht des Auslandes in Hinsicht irgend einer Produktionsart nur an Umstände gebunden, die sich durch eine andere, als die gewöhnliche Anwendung der Kapitalien und producirenden Kräfte ebenfalls herbeiführen lassen. Ist dieses der Fall und zugleich ein Vortheil vorauszusehen; dann mag die Regierung sich auf einen Kampf mit dem Auslande einlassen. Auf bloße Vermuthungen darf indeß der Ausgang dieses Kampfes nicht berechnet sein; er muß sich auf eine genaue Kenntniß der mit einander wetteifernden Kräfte gründen. Dieses ist besonders in Hinsicht der Fabrikation der Fall, die oft durch Anwendung von Kapitalien, durch Belebung eines entsprechenden Zweiges der Urproduktion erweitert werden kann. Aus den Augen darf die Regierung dabei aber immer den besondern Stand der Kultur des Landes nicht lassen. Wo keine hinreichende Betriebsamkeit herrscht, kann häufig viel durch die Regierung, häufig jedoch gar nichts durch sie gewirkt werden. Die besondern Verhältnisse der Stände zu einander thun viel zur Sache. Wo Leibeigenschaft herrscht, wo zwischen Stadt und Land eine starke Grenze gezogen ist, vermögen Aufmunterungen der Regierung oft wenig. Am sichersten geht die Regierung, fühlt sie das Vermögen in sich, auf die Gewerbsamkeit zu wirken, wenn sie nicht einseitig verfährt. Am wenigsten duldet eine solche Einseitigkeit das Ackerbausystem. Wegen der vielen in der Natur liegenden Aufforderungen zum Ackerbaue findet immer eine große Konkurrenz der Lebensmittel statt, und diese hat einen geringen Preis derselben zur Folge. Selbst in Zeiten des Mangels steigt er selten so hoch, als das Verhältniß der dann gewonnenen Menge zu der in glücklichen Jahren erzeugten verlangt. Wo der Ackerbau recht gedeihen soll, müssen nicht allein entfernte ausländische Abnehmer vorhanden sein, der eigene Staat muß eine hinreichende Nachfrage bewirken, und dies kann nur geschehen, wenn zugleich die Fabrikation begünstigt wird. In der Nähe großer Städte ist daher der Ackerbau mit seinen Nebenzweigen gewöhnlich in einer weit größeren Blüthe, als entfernt davon, wo wenig Abnehmer vorhanden sind, oder die gewonnenen Erzeugnisse erst mit einem bedeutenden Kostenaufwande fremde Märkte aufsuchen müssen. Was helfen alle sonstigen Aufforderungen, den Ackerbau zu treiben, wenn ihm die Aussicht des Gewinnes durch den vortheilhaften Absatz seiner Produkte fehlt. Aber auch die gleichmäßige Belebung des Ackerbaues und der Urproduktion überhaupt, nebst der Fabrikation, würde wieder von weniger Wirkung sein, wenn nicht dem Verkehre mit den durch diese verschiedenen Produktionszweige gewonnenen Erzeugnisse ein freier Spielraum gelassen wäre. Wenn der Staat daher positiv auf die Urproduktion wirkt; so muß er größtentheils auf den Handel nur negativ, Hindernisse entfernend, wirken.

§. 245.

Auf den Handel suchen die Regierungen gewöhnlich unmittelbar zu wirken, indem sie entweder die Ausfuhr oder Einfuhr von Waaren verbieten, oder durch darauf gelegte Abgaben erschweren, oder durch Wiedererstattung der Einfuhrzölle und anderer Abgaben die Ausfuhr erleichtern, oder die Ausfuhr oder Einfuhr von gewissen Waaren durch Prämien begünstigen, oder den passiven Handel in einen aktiven, den indirekten in einen direkten, den Speditions- und Commissionshandel in einen eigenen Handel zu verwandeln bemüht sind, oder endlich indem sie den Verkehr durch Handelsverträge oder Kolonien zu erweitern streben.

§. 246.

Da der Handel nur durch möglichst großen Absatz recht befördert werden kann; so scheint die Ausfuhr von Waaren nicht allein erlaubt, sondern, wo es sich ohne Nachtheil thun läßt, begünstigt werden zu müssen. Indeß haben wir schon gesehen, daß Beschränkungen und Begünstigungen des Handels im allgemeinen nicht ihn, sondern die Produktion zum letzten Ziele haben, und so ist es auch hier der Fall.

Es ist aber das Ausfuhrverbot entweder auf die Lebensmittel gerichtet, um die sichere Ernährung eines Landes keinem Zweifel zu unterwerfen, oder auf die Materialien, um den Fabrikanten den Stoff möglichst wohlfeil zu liefern, dessen sie als Gegenstand der Bearbeitung bedürfen. Ob sich die Regierung in der Wahl dieser Mittel nicht täusche, fragt sich. Sobald die Ausfuhr von Lebensmitteln unbedingt verboten ist, wird ihrer Produktion eine bestimmte Grenze angewiesen. Sie kann, ohne den Producenten der Gefahr, Verlag und Arbeit ohne Vortheil aufgewendet zu haben, nicht weiter getrieben werden, als der Landesbedarf verlangt. Wer mag aber diese Grenze bestimmen? Es kann daher leicht kommen, daß noch weniger gewonnen wird, als zur Ernährung der Landesbevölkerung nothwendig ist, um so eher, als eine solche Maaßregel den Preis der Grundstücke zu erniedrigen strebt, und dem Landwirthe die Lust und den Muth zur Anstrengung seiner Kräfte raubt. Man kann sich freilich auf die Einfuhr berufen; aber welcher Kaufmann wird seine Waare auf einen Markt schaffen, der ihm einen so ungewissen Vortheil zeigt, und durch das Ausfuhrverbot alle Rückkehr abschneidet. Selbst wenn den eingeführten Lebensmitteln die Ausfuhr erlaubt wäre, und die von ihnen erhobenen Zölle wiedererstattet würden, könnte der auswärtige Kaufmann sich nicht geneigt fühlen, einen solchen Markt aufzusuchen. Wer würde ihm die bedeutenden Fortschaffungskosten ersetzen, die wegen des großen Raumes, den die Lebensmittel einnehmen, sich um so höher belaufen? Wer sich auf einen entfernten Verkauf seiner Waaren einläßt, wird dies immer nur thun, wenn er mit großer Wahrscheinlichkeit auf einen vortheilhaften Absatz rechnen kann. Dieses einsehend, haben daher die Regierungen einen andern Weg zu demselben Ziele eingeschlagen; sie haben entweder die Ausfuhr frei gelassen und verhängen nur in Zeiten des Mangels ein Verbot derselben, oder sie haben die Ausfuhr an eine gewisse, fortwährend geltende, gesetzlich ausgesprochene Bedingung geknüpft. Im ersten Falle wird die Regierung eher einen Mangel, eine Theurung herbeiführen, als ihr abhelfen; denn die einheimischen Getreidebesitzer, ein Ausfuhrverbot voraussehend, werden entweder mit ihren Vorräthen zurückhalten, um einen recht hohen Preis abzuwarten, oder sie werden, wenn sie von einer Täuschung der Regierung in Hinsicht des Getreidemangels überzeugt sind, eilen, ihre Vorräthe im Auslande so vortheilhaft wie möglich zu verkaufen; die auswärtigen Getreidehändler aber werden ein Land vermeiden, wo doch immer eine große Konkurrenz möglich und ihr Absatz so wenig gedeckt ist. — Aehnlich verhält es sich mit der an eine bestimmte Bedingung geknüpften Ausfuhr, wovon uns England ein wiederholtes Beispiel darstellt. Die Ausfuhr des Getreides ist nämlich nur dann erlaubt, wenn dasselbe einen bestimmten niedrigen Preis hat. Hierdurch wird offenbar die Getreideproduktion gehemmt; weil dem Producenten die Aussicht abgeschnitten ist, den möglichsten Vortheil von seinem Gewerbe zu ziehen, und daher wird auch das Getreide in einem Lande, wo ein solches Gesetz statt findet, selten den zur Ausfuhr nothwendigen niedrigen Preis haben. Die Noth, welcher man vorbeugen wollte, wird daher eher begünstigt, als entfernt. — Auf den Getreidehandel und durch ihn auf die Produktion des Getreides wirkt die Regierung außerdem noch durch Anlegung von Magazinen, mögen diese nun auf die gewöhnliche Weise eingerichtet sein, indem die Regierung Getreide zu geringem Preise in guten Jahren aufkauft und in Zeiten der Noth unter dem Marktpreise verkauft, oder mögen sie nach Sodens Vorschlage (ideales Getreidemagazin) in einem bestimmten von einem jeden Staatsbürger für den Staat zurückgelegten Theile seines Getreideeinkommens, oder endlich nach Köpken (Was ist Kornwucher? 1818.) sich auf Assekuranz gründen. Am ersten möchten sich noch Magazinanstalten in Ländern rechtfertigen lassen, die wenig oder gar kein Getreide bauen; allein, was hier Magazine leisten können, wird der freie Getreidehandel eben so vollständig und ohne so großen Aufwand bewirken. Aller Irrthum solcher Maaßregeln floß aus der verkehrten Ansicht vom Kornhandel. Wo man freilich diesen untersagt, muß man zu Magazinanstalten seine Zuflucht

neh-

nehmen. Das Verbot des Bierbrauens und Branntweinbrennens gründet sich auf eine eben so falsche Ansicht. Bier und Branntwein kann der Mensch eher, als Brod entbehren, und die starke Nachfrage nach diesem wird von selbst das Bierbrauen und Branntweinbrennen einschränken.

Das Verbot der Ausfuhr von Materialien bezieht sich besonders auf solche, die der Fabrikation als Stoff der Bearbeitung dienen; allein es läßt sich wohl bezweifeln, daß dadurch die Fabrikation gehoben werden könne. Das Ausfuhrverbot erniedrigt zwar unmittelbar den Preis der Urprodukte, welche von dieser Einschränkung getroffen werden; aber, indem es dieses thut, wirkt es mittelbar nachtheilig auf die Produktion, und erhöht durch das nun entstehende Mißverhältniß zwischen dem Angebot und der Nachfrage den Preis von neuem. Haben dabei die fremden Producenten die Aussicht, ihre Waaren auf diesem Markte mit Vortheil abzusetzen; so muß die einheimische Produktion der konkurrirenden Erzeugnisse immer mehr eingeschränkt werden, und das Land verliert vielleicht einen Produktionszweig, der ganz in seiner Natur liegt. Weit zweckmäßiger wäre es, die Ausfuhr der Materialien wenigstens so frei wie möglich zu machen. Dann würde ihre Produktion zunehmen, der Preis würde mit ihrer Zunahme sinken, und die einheimischen Fabrikanten würden mit größerem Vortheile und selbst zum größern Vortheile der Konsumenten fabriziren können. Etwas anders ist es, wenn die Erhaltung der Selbstständigkeit eines Staates die Ausfuhr von gewissen Materialien und selbst Fabrikwaaren zu beschränken anräth. Dann aber pflegt die Regierung die Gewinnung und Fabrikation derselben zu einem Staatsmonopole zu machen, und sobald dieses geschieht, ist ein Ausfuhrverbot ganz überflüssig.

§. 247.

Denselben Zweck, wie die Ausfuhrverbote, haben auch die Einfuhrverbote — Begünstigung der einheimischen Produktion — und scheinen mir im ganzen mehr zum Ziele zu führen, als jene. Es giebt oft in einem Staate Produktionsquellen, die nur einer kleinen Begünstigung zu ihrer Eröffnung bedürfen. Materialien können in hinreichender Menge vorhanden sein, aber wegen der Konkurrenz mit dem Auslande unterbleibt ihre Gewinnung; weil es an hinreichenden Kapitalien fehlt, um die ersten Auslagen zu machen und gleich für den Anfang die niedrigen Preise der fremden gleichen Materialien ertragen zu können. Oder Materialien werden zwar gewonnen; allein ihre Fabrikation unterbleibt; weil die Ausländer in derselben schon solche Fortschritte gemacht haben, daß es den einheimischen Fabrikanten, wenigstens für den Anfang unmöglich sein würde, mit jenen Preis zu halten. Dasselbe läßt sich auch auf die Zweige der Urproduktion anwenden, welche Lebensmittel liefern. Nun kann man zwar einwenden: sobald es einem Volke möglich ist, fremde Fabrikate, oder Materialien, oder Lebensmittel einzutauschen, muß doch irgend ein Zweig der Gewerbe die Mittel des Austausches liefern. Man lasse daher dem Staate seinen Ackerbau, oder seine Gewerbe zur Gewinnung von Materialien, oder seine Fabriken, und tausche von den Fremden im ersten Falle Fabrikate, im andern Lebensmittel und Fabrikate und im dritten Materialien und Lebensmittel ein. Was verschlägt es, aus welcher Quelle er seinen Unterhalt zieht, wenn er ihn überhaupt nur sichert. Allein einmal gehört zur allseitigen Entwickelung des Menschen auch allseitige Anwendung seiner produktiven Kräfte, und dann kann auch nur ein Staat einen hohen Grad des Wohlstandes erreichen, wenn die verschiedensten Gewerbszweige in einander eingreifen. Gegen die Natur läßt sich freilich nicht ankämpfen: manche Länder sind zur Armuth verurtheilt! Finden jedoch die angegebenen Umstände nicht statt, wobei die Regierung immer mit großer Sorgsalt verfahren muß, um sich nicht durch falsche Vordersätze zu falschen Schlüssen verleiten zu lassen; so sind Einfuhrverbote entweder nachtheilig oder unnöthig: jenes, wenn den inländischen Urproducenten oder Fabrikanten für immer, oder wenigstens für eine nicht bestimmbare Zeit, ein Monopolpreis bewilligt werden muß; weil alsdann, um diese künstliche Preiserhöhung zu bezahlen, die Konsumenten ihren Genuß oder ihre eigene Produktion einschränken müssen; dieses, wenn die einheimischen Urproducenten oder Fabrikanten auch ohne das Einfuhrverbot mit dem Auslande konkurriren können.

§. 248.

Einen geringeren Grad der Hemmung des Verkehrs nehmen die Aus- und Einfuhrzölle ein. Jene sollen die Konsumenten von Waaren in den Stand setzen, sich dieselben zu einem niederern Preise anzuschaffen, als er ohne jenen Zoll sein würde, diese dagegen sollen die Konkurrenz der fremden Verkäufer mit den einheimischen erschweren. Was daher von den Aus- und Einfuhrverboten gesagt worden ist, findet mit Modification auch auf die Aus- und Einfuhrzölle Anwendung. Die letzteren könnten daher als eine Fortsetzung der für zweckmäßig erachteten Einfuhrverbote angesehen werden, so daß, wo diese aufhörten, an ihre Stelle Einfuhrzölle eintreten müßten, bis auch sie als unnöthig erachtet würden, um die einheimischen Producenten in den Stand zu setzen, mit den fremden konkurriren zu können. Die Wiedererstattung der Einfuhrzölle und anderer Abgaben, welche den Verbrauch einer Waare im Inlande erschweren, ist durchaus zweckmäßig, sobald dieselbe wieder ausgeführt wird; sie ist nichts, als eine Gerechtigkeit, welche man gegen den fremden Verkäufer ausübt. Ohne sie würde dieser oft gezwungen sein, seine Waare zu verkaufen, um nicht jene Kosten ohne allen Vortheil übernommen zu haben, und er würde nur dann den für ihn so nachtheiligen Markt wieder besuchen, wenn er an einem günstigen Erfolge seiner Unternehmung gar nicht mehr zweifeln dürfte.

§. 249.

Prämien auf die Ausfuhr oder Einfuhr von Waaren können nur gerechtfertiget werden, in sofern sich überhaupt Begünstigungen der Ausfuhr oder Einfuhr rechtfertigen lassen; dann aber möchte noch immer statt der Ausfuhrprämie eine Prämie auf die Produktion des Gegenstandes, welcher durch die Ausfuhrprämie begünstigt werden soll, den Vorzug verdienen; weil man den Grundsatz, den Handel so frei wie möglich zu lassen, auf keine Weise verletzen muß, wenn es noch ein anderes Mittel giebt, zu seinem Zwecke zu gelangen, und weil Vergrößerung der Produktion, ohne Vergrößerung der einheimischen Nachfrage, immer eine Vergrößerung der Ausfuhr nach sich zieht. Was dagegen die durch die Einfuhrprämie begünstigten Waaren anbetrifft; so hängt die Hervorbringung derselben nicht von dem Staate unmittelbar ab, welcher jene Prämie bewilligt. Nun behauptet man zwar: sobald die Nachfrage groß genug sei, um den fremden Kaufleuten einen ihrem Unternehmen angemessenen Vortheil zu gewähren, würde die Einfuhr ihrer Waaren von selbst nicht unterbleiben, sobald aber die Nachfrage allein dieses nicht bewirke, würde es auch die Prämie nicht möglich machen, da die Kaufleute durch die Konkurrenz wieder am Preise verlieren würden, was sie an der Prämie gewönnen; allein, was den letztern Punkt betrift, so können wir einen solchen

Erfolg nicht zugeben; weil wir sonst jeder Art von Konkurrenz denselben beilegen müßten. Die Prämie ist es ja eben, welche den natürlichen Nachtheil der Konkurrenz unter den Kaufleuten vermindert, und den Käufern zugleich die Möglichkeit zu kaufen erleichtert. Das Einzige, was hauptsächlich gegen die Prämien einzuwenden wäre, ist die Besteuerung, die sie veranlassen, uud zu welcher ein jeder, er mag der Waare, worauf die Prämie gegeben wird, bedürfen oder nicht, beitragen muß. Indeß dieses ist der Fall mit jeder Auflage, die zur Fortentwickelung eines Staates angewandt werden soll: viele sind immer, welche unmittelbar keinen Vortheil davon haben. Dieses wird aber nie eine Regierung abhalten dürfen, eine wirklich zweckmäßige Maaßregel auszuführen. Dient daher die Einfuhr irgend einer Waare zur Erhöhung des allgemeinen Wohlstandes; so kann die Bewilligung einer Prämie eben so wenig als eine Verletzung der Gerechtigkeit angesehen werden, als man die Aufbringung der Kosten zur Ziehung eines Kanals als eine solche betrachten kann.

§. 250.

Was die verschiedenen Zweige des Handels betrifft, ob er aktiv oder passiv, direkt oder indirekt getrieben werde, ob er ein eigener Handel oder ein Commissions- oder Speditionshandel sei, dieses möge eine Regierung nicht kümmern. In die einzelnen Verhältnisse des Kaufmanns einzudringen vermag sie nicht, und sie überlasse daher einem jeden, wie er seinen Handel am vortheilhaftesten einrichten möge. Hat sie andere politische Zwecke im Sinne, wie England bei der Schifffahrtsakte, und sind diese überwiegend, dann muß sie ihnen gemäß verfahren; aber nach blos staatswirthschaftlichen Gründen würde sie den Handel eher hemmen, als befördern, wenn sie in seine innersten Verhältnisse eindringen und diese willkührlich bestimmen wollte.

§. 251.

Endlich suchen Regierungen ihren Handel auch durch Handelsverträge mit fremden Staaten und durch Kolonien in entfernten Gegenden zu befördern. Daß ihnen jenes bisweilen gelingen werde, läßt sich dann am ersten annehmen, wenn man die mannichfaltigen Beschränkungen voraussetzt, denen der auswärtige Handel in den meisten Ländern unterworfen ist. Handelsverträge dienen alsdann hauptsächlich dazu, die Ketten zu lösen, unter denen der Verkehr seufzt. Außerdem können sie nichts mehr bewirken, als was die Freiheit des Handels durch sich selbst bewirkt, sofern wir nicht annehmen wollen, daß ein Staat einen andern, zu seinem eigenen Nachtheile, Vortheile einräumen werde.

Durch die Kolonien ziehen die Staaten allerdings einen großen allgemeinen Vortheil, wie wir schon bei einer andern Gelegenheit gezeigt haben; ob aber der besondere Vortheil, den das Monopol des Handels mit Kolonialwaaren einem Lande gewähren soll, so groß sei, als man oft behauptet, darf wohl bezweifelt werden, indem er bedeutend durch die Hemmung der ganzen Entwickelung der Kolonieländer vermindert wird. Was also unmittelbar die Kaufleute des Mutterlandes gewinnen, geht durch die Beschränkung des Verkehrs der Kolonien verloren, ja es fragt sich noch, ob der Handel des Mutterlandes durch die Begünstigung der Gewerbsamkeit der Kolonien nicht ebenfalls mittelbar gewinnen würde, was er unmittelbar durch die Bedrückung derselben gewinnt. Die neuere Geschichte Englands scheint dieses wenigstens zu beweisen.

§. 252.

Mehr als alle diese oft ganz wiedernatürlichen Mittel, den Verkehr zu beleben, wirken, leistet eine Regierung häufig durch die Erleichterung und Herbeiführung guter Verbindungswege. Landstraßen, Kanäle, schiffbare Flüsse, Brücken, Posten geben den Handel eine außerordentliche Lebhaftigkeit, indem sie die Kosten der Fortschaffung von Waaren bedeutend erleichtern und eine fortwährende Verbindung unter Kaufleuten, Producenten und Konsumenten erzeugen. Wer mag berechnen, wie tief sie in den Verkehr eingreifen! aber wenn man bedenkt, daß sie hauptsächlich auf den innern Handel eines Landes wirken, und daß dieser die Grundlage des äußern ist, dann wird man nicht zweifeln, daß die Regierung hier ein reiches Gebiet der Wirksamkeit vor sich habe. Wo übrigens dergleichen Verbindungswege am zweckmäßigsten angelegt werden können, muß die Oertlichkeit bestimmen.

Indeß bliebe durch alle diese Maaßregeln der Regierung unvollständig für den Handel gesorgt, wenn sie seine Sicherheit nicht durch richtige Maaße und Gewichte aufrecht erhielte. So wie das Geld den Umlauf der Güter möglich macht, so gewähren richtiges Maaß und Gewicht den tauschenden Parteien Gewißheit über die Quantität der zu vertauschenden Gegenstände. Geld und Maaß und Gewicht haben in dieser Hinsicht Aehnlichkeit mit einander, so wie in Hinsicht der die Lebhaftigkeit des Umtausches der Güter vermindernden Umstände. Beide Mittel des Verkehrs sind nämlich nach verschiedenen, Landschaften, Gegenden und selbst Oertern sehr verschieden und vermehren daher die Gründe, welche von den tauschenden Parteien bei Vollziehung des Tauschgeschäftes berücksichtigt werden müssen, wenn die eine oder die andere sich nicht einer Täuschung hingeben will.

Eine Regierung hat daher, wenn es sich nicht wohl sollte bewerkstelligen lassen, in dem ganzen Staate gleiches Maaß und Gewicht einzuführen, wenigstens die Pflicht, die sichere Vergleichung der verschiedenen Arten so viel wie möglich zu erleichtern.

FSC
www.fsc.org
MIX
Papier | Fördert gute Waldnutzung
FSC® C083411

Kolibri 360 GmbH
Ferdinand-Jühlke-Straße 7
99095 Erfurt, Deutschland
produktsicherheit@kolibri360.de